司法文明论坛

（2015年卷）

司法文明论坛

（2015年卷）

主　　编　江国华
执行主编　何盼盼　阳曼怡
编　　辑　陈珊珊　姜梦婷　张　权
　　　　　罗仙凤　孙胜东

WUHAN UNIVERSITY PRESS
武汉大学出版社

图书在版编目(CIP)数据

司法文明论坛. 2015 年卷/江国华主编. —武汉:武汉大学出版社,2016.12
ISBN 978-7-307-18895-2

Ⅰ. 司… Ⅱ. 江… Ⅲ. 司法制度—中国—文集 Ⅳ. D926-53

中国版本图书馆 CIP 数据核字(2016)第 286845 号

责任编辑:林 莉 辛 凯 责任校对:汪欣怡 版式设计:马 佳

出版发行:**武汉大学出版社** (430072 武昌 珞珈山)
(电子邮件:cbs22@whu.edu.cn 网址:www.wdp.com.cn)
印刷:虎彩印艺股份有限公司
开本:787×1092 1/16 印张:12.75 字数:288 千字 插页:2
版次:2016 年 12 月第 1 版 2016 年 12 月第 1 次印刷
ISBN 978-7-307-18895-2 定价:35.00 元

总　　序

理想·国情·建设

周叶中　武汉大学副校长

法学乃公平正义之学，亦经国济世之道。法科研习者，非但要皓首穷经，探究法学之原理、源流、范畴与技术，亦当苦心孤诣，涵养公平正义之气质、经国济世之情怀。法科研习之大义者，正在于：蓄经纶之才学，养浩然之正气，胸怀韬略，足踏实地，以建设性的心态审视现实，以建设者的角色构建未来。故值此《司法文明论坛》出版之际，我提“理想·国情·建设”六个字，与大家共勉。

法学的意义不特在于法律规则之阐释，亦在于理想生活之导向。通过阐释规则来阐释世界，乃法学之皮囊；通过建构规则来构筑理想，则法学之骨髓。习法者，不可以满足于法律规则之阐释，更应着眼于理想生活之导向。因历史多有惯性，生活常存惰性；用法律来导航历史，以规则来引导生活，实为法学之使命，亦法学者之使命。而法律之所以能够导航生活，与其归结于法之强制，毋宁出自于法之正义。强制助产畏惧和怨愤，正义酿生公信与权威。强制的效力缘非暴力，实出正义；正如同正义的力量源非强制，实出自社会对于正义的共同体认和信念。法之强制再强大亦不足以威逼社会惟法是从，法之正义虽无形却是导航社会之真正动力。是故，我之所谓理想，实则包含双重含义：一则主张法科研习者当志向远大，着眼未来；二则期望法学者能够形成大致共同的正义观念，树立用良善之法构筑善风良序、导航法治国家之信念。其中前者是动力，后者是目标。

理想是对现实的超越，但须以现实为根据。法治建设有其必须遵循的普遍规律，但也须尊重特定的历史条件和社会环境。中国之法治建设既要放眼世界，更须立足国情。法科研习者既要探究法治的一般规律，亦当研究中国的基本国情。长久以来，中国社会存在着两种倾向：一是法治浪漫主义，以为将西方法治理论与模式移植中国，即可以实现法治中国，故主张用西方法治主义的标准来度量中国的法治实践，全然不顾中国的基本国情，对其法治进程中的成就熟视无睹，对其中的问题却夸饰有余。二是以中国特殊的国情为借口，否认在中国建设法治国家之可行性，故拒绝法治改革，迷信道德教化与政治动员在社会改良中的作用。对于中国法治建设而言，这两种倾向都是有害的。唯有将法治的普遍原理与中国的具体国情结合起来，才能够真正推动中国法治建设之进程。是故，我主张欲兴法学教育，必先兴国情教育；欲深入研习法律，必先行深入研习国情。一个优秀的法学研习者，必同时亦是优秀的国情专业人。

国情乃法学研究立足之点，但研究国情绝非法学之真正目的；国情研究，实为法治建设服务。因为法学之精义在于建设。法学研习者当体悟法学之精义，树立建设者之使命感和责任感，养成建设性的心态和心理，直面法治建设过程中的种种问题，积极探寻解决问题的途径与方略。概言之，即所谓经世致用。国人皆知，自先秦以来，经世致用即成中国知识者之传统，学人以“道”诱“势”，以文化改造社会，其情其志，勃然如生。今日之法科研习者，当秉承“经世”之传统，弘扬“致用”之学风。是故，我之所谓“建设”者，用意有二：一是主张学行结合。“学”无定理，“行”有真知。此即古人之所谓“披五岳之图以为知山，不如樵夫之一足；谈沧溟之广以为知海，不如估客之一瞥；疏八珍之谱以为知味，不如庖丁之一啜”。二是主张破立有道。世间万物皆有其道，破之者易，立之者难。市井百态皆有其因，做批评者易，做建设者难。今日之青年学子，不仅要有“破”之勇气，而且更要有“立”之责任；既要有批判精神，更应具建设性心态。

中国的未来属于青年，属于所有的中国人；建设更加美好的法治中国，有赖于每一个青年人的努力，也有赖于所有中国人的共同努力。让我们每一个法律研习者都认识到自身的历史责任和时代使命，让我们所有的人都行动起来，从点滴做起，为法治中国建设贡献一份智慧和力量。

目　　录

司法改革评论

专题讨论

要案评析

立法解读

学理争鸣

司法改革评论

人民法院改革评论

——《最高人民法院关于全面深化人民法院改革意见》的评析

刘 畅

摘 要：党的十八届三中全会之后，最高人民法院结合法院工作实际，在深入开展调研、广泛征求意见的基础上，研究制定了《人民法院第四个五年改革纲要（2014—2018年）》。党的十八届四中全会从科学立法、严格执法、公正司法、全民守法等方面，又提出了一系列新的重大改革举措，其中由人民法院牵头推进的有29项、配合参加的有65项。与此同时，随着改革深入推进和试点工作展开，最高人民法院在四中全会之后，第一时间组织力量再次对"四五改革纲要"进行修订，并制定了《最高人民法院关于全面深化人民法院改革的意见》，阐述了全面深化人民法院改革总体要求、基本原则、主要任务、工作要求等，提出7个方面65项重大改革举措。本文将主要针对本次改革意见的重点部分，即建立与行政区划适当分离的司法管辖制度，建立防止干预司法活动的工作机制，推进法院人员的正规化、专业化、职业化建设，改革审判委员会工作机制，构建开放、动态、透明、便民的阳光司法机制等方面进行解读，并提出个人的看法和关于实现途径的意见，以期我国的司法体制改革能够真正落到实处，发挥其真正的价值。

关键词：司法改革；司法管辖制度；审判委员会；阳光司法机制；依法治国

一、《最高人民法院关于全面深化人民法院改革的意见》概述

（一）提出的背景及意义

司法是社会公正的最后一道防线，司法也是一个社会最为持重稳定的力量。司法体制改革是全面深化改革的重头戏。党的十八届三中全会作了部署，中央全面深化改革领

导小组第二次会议、第三次审议通过的有关文件，明确了深化司法体制改革的目标、原则，确定了路线图和时间表，并对重点难点问题确定了政策导向。法院改革是司法体制改革的重中之重。早在1999年，最高人民法院就发布了第一个五年改革纲要，拉开了法院改革的大幕。15年间，法院改革次第推进，逐渐步入深水区。如果从1999年人民法院第一个五年改革纲要算起，当下正在进行的司法改革是第四轮。如果用法官的形象作个简单的比喻，那么一开始是穿起法袍，拿起法槌，后来又强调放下法槌，走向“田间地头”。现在，“职业特点”、“司法规律”等提法预示着，司法改革再次回归到“职业化”这个本质。

党的十八大从发展社会主义民主政治、加快建设社会主义法治国家的高度，作出了进一步深化司法体制改革的重要战略部署。党的十八届三中全会通过的《中共中央关于全面深化改革若干重大问题的决定》，确定了推进法治中国建设、深化司法体制改革的主要任务。党的十八届四中全会通过的《中共中央关于全面推进依法治国若干重大问题的决定》，将建设中国特色社会主义法治体系、建设社会主义法治国家作为全面推进依法治国的总目标，从科学立法、严格执法、公正司法、全民守法等方面提出了一系列重大改革举措。人民法院司法改革正面临前所未有的重大历史机遇。为贯彻党的十八大和十八届三中、四中全会精神，进一步深化人民法院各项改革，2015年2月26日上午十点，最高人民法院举行新闻发布会，通报《最高人民法院关于全面深化人民法院改革的意见》(以下简称《意见》)，即修订后的《人民法院第四个五年改革纲要(2014—2018)》进行贯彻实施。①

(二)总体思路

《意见》基本框架的搭建，依托于“两个理论基点，一条逻辑主线”。“两个理论基点”，一是审判权作为中央事权和判断权的司法性质论；二是“让人民群众在每一个司法案件中感受到公平正义”的司法价值论。“一条逻辑主线”，就是要建立具有中国特色的社会主义审判权力运行体系。

《意见》确立了全面深化人民法院改革的总体思路：紧紧围绕让人民群众在每一个司法案件中感受到公平正义的目标，始终坚持司法为民、公正司法工作主线，着力解决影响司法公正、制约司法能力的深层次问题，确保人民法院依法独立公正行使审判权，不断提高司法公信力，促进国家治理体系和治理能力现代化，到2018年初步建成具有中国特色的社会主义审判权力运行体系，使之成为中国特色社会主义法治体系的重要组成部分，为实现“两个一百年”奋斗目标、实现中华民族伟大复兴的中国梦提供强有力的司法保障。②

---

① 张春波、孙若丰：《最高法发布关于全面深化人民法院改革的意见》，载《中国审判》，2015年第4期。

② 张春波、孙若丰：《最高法发布关于全面深化人民法院改革的意见》，载《中国审判》，2015年第4期。

(三)主要内容

提出了全面深化人民法院改革的5项基本原则；并围绕建成具有中国特色的社会主义审判权力运行体系这一关键目标，提出了7个方面65项具体司法改革举措。《意见》是在2014年7月9日发布的《人民法院第四个五年改革纲要(2014—2018)》基础上修订而成的，它全面吸收了党的十八届四中全会提出的改革新举措，充分考虑了法院改革推进过程中的新情况新问题，对原纲要的结构和内容进行了调整。

《意见》提出的65项改革举措，在6个方面体现了改革创新精神：一是在法院组织体系上，推动形成行政区划法院、跨行政区划法院和专门法院分工管辖、各司其职的法院组织体系新格局。二是在法院人员管理上，推动建立分类科学、符合规律的法院人员管理新序列。三是在审判权力运行上，建立完善以审判权为核心、以审判监督权和审判管理权为保障的审判权力运行新机制。四是在司法公开、便民机制和信息化建设上，构建体系完备、规范便捷的阳光司法新平台。五是在司法人权保障上，推动形成以审判为中心的诉讼新制度，提出刑事被告人不得穿识别服出庭等新举措。六是在司法外部环境上，推出提升司法权威、强化法官履职保障的新思路。

二、《意见》亮点解读

(一)建立与行政区划适当分离的司法管辖制度

1.《意见》内容

司法管辖制度是我国司法制度的重要组成部分。司法管辖制度作为一种审判制度，为我国司法机关的审判实践提供了制度上的保障，在推动我国法治化和建设法治国家方面发挥着重要作用。但不可否认的是，我国的司法管辖制度也存在许多问题，受到各领域的专家学者和大量实务工作者的关注和抨击。比如，司法管辖中的“主客场”现象和司法行政化一直是影响公正司法的重要因素。《意见》突出强调建立与行政区划适当分离的司法管辖制度，具体主张设立最高人民法院巡回法庭，探索设立跨行政区划的人民法院集中审理跨区域的民商事案件、行政案件、环境资源案件等，从体制上进一步排除地方因素对司法公正的干扰确保少数涉及地方利益的案件得到公正处理，促进国家法律统一正确实施。①

2. 必要性与可行性

一是有利于审判机关、检察机关依法独立公正行使审判权、检察权，维护国家法制统一。我国是单一制国家，司法权从本质上说是中央事权。地方各级法院、检察院是国家设立在地方代表国家行使审判权、检察权的法院、检察院，而不是地方的法院、检察

---

① 贺小荣、马渊杰：《人民群众的期盼是全面深化人民法院改革的不竭动力——〈最高人民法院关于全面深化人民法院改革的意见〉的背景解析》，载《人民法院报》，2015-02-27。

院。建立与行政区划适当分离的司法管辖制度，有助于法院、检察院在工作中排除外部干扰，尤其是阻却地方保护主义的干扰，确保国家法律的统一正确实施，维护国家法制统一。

二是有利于树立司法权威，提升司法公信力。一方面，可以从形式上充分保障法院、检察院居中行使审判权、检察权，通过增强法院、检察院中立性，树立司法权威；另一方面，可以消除人民群众"信访不信法"的思想根源，打消其通过司法途径不能有效维护自身权利的思想顾虑，减少通过上访等形式维护自身权利的现象，从而赢得人民群众的信任①。

三是有利于合理配置司法资源，提高司法效率。针对一些地方法院、检察院在案件数量、办案条件等方面存在一定差异的司法现状，充分考虑解决司法资源地区性失衡的问题，可以减少一些地方法院、检察院案多人少的矛盾，促进司法资源配置的优化和司法效率的最大化。

建立与行政区划适当分离的司法管辖制度，不仅是必要的，而且综合各方面的条件考虑，还具有相当的可行性。一是凝聚了充分的改革共识。对于建立与行政区划适当分离的司法管辖制度，从中央到地方，从理论界到实务界，已凝聚了充分的改革共识，有着浓厚的思想基础。二是积累了丰富的司改经验。在17年的司法改革过程中，对于司法体制改革的认识不断深化，对于推进司法体制改革的具体路径和方法更加明确，积累了宝贵经验，可以有效降低改革"试错"的成本。三是部署了相关的改革试点。当前，中央在上海、广东、吉林、湖北、海南、青海6个省市部署开展省以下地方法院检察院人财物统一管理等四项司法体制改革试点，客观上为改革创造了有利条件。② 四是进行了有益的实践探索。有少数法院、检察院的管辖没有与之相对应的行政区划，尽管设立这些法院、检察院的初衷，是为了解决某些具体问题，并不直接指向司法制度改革，但仍然为这一改革措施提供了可靠的实践支撑。

3. 实现路径

首先，与省以下地方法院检察院人财物统一管理等四项司法体制改革试点配套，探索建立与行政区划适当分离的司法管辖制度。在地域管辖方面，按照"分院模式"，整合各级法院、检察院，调整其管辖地域。当前，应立足于省以下法院、检察院，按照现行司法管辖制度中四个直辖市设立地市级法院、检察院的模式，整合地市级、基层法院、检察院，适当缩小地市级、基层法院、检察院数量，适当扩大其管辖地域。在级别管辖方面，建立提级管辖、集中管辖机制。比如说，考虑到交通运输领域案件大都跨行政区划，同时，为进一步增强知识产权授权标准的一致性和权利内容的统一性，可以对知识产权案件、交通运输领域案件也实行提级管辖、集中管辖，适当扩大案件范围。

其次，逐步建立跨省级行政区划的管辖制度。在现行法律框架下，配合省级以下地

① 罗琳、罗堂庆：《建立与行政区划适当分离的司法管辖制度探究》，载《人民检察》，2014年第22期。

② 李娜：《建立与行政区划适当分离的司法管辖制度》，载《党政论坛》，2015年第1期。

方法院统一管理，设立跨省(区、市)的法院或在省、自治区内设立跨行政区划法院尚存在制度障碍，设立跨行政区划高级法院缺乏法律依据。在法律没有修改或取得法律授权之前，“设立跨行政区划法院”这项改革举措只能在直辖市内试点。但是，随着改革的推进，在条件成熟后，可以借鉴中华人民共和国成立初期设立东北、华北、华东、中南、西南、西北六大行政区的模式，整合省级法院、检察院，调整其管辖地域，适当减少省级法院、检察院的数量，适当扩大其管辖地域，建立一个具备强大的抗干扰能力的司法管辖制度，发展和完善中国特色社会主义司法制度①。

综上所述，建立与行政区划适当分离的司法管辖制度不仅必要，而且可行。在推进改革措施落实的过程中，既要从实际出发，又要与时俱进，不照抄照搬，进一步强化顶层设计，细化操作措施，确保审判机关、检察机关依法独立公正行使审判权、检察权。

(二)建立防止干预司法活动的工作机制

1.《意见》相关规定

《意见》首次提出配合中央有关部门，推动建立领导干部干预审判执行活动、插手具体案件处理的记录、通报和责任追究制度。按照案件全程留痕要求，明确审判组织的记录义务和责任，对于领导干部干预司法活动、插手具体案件的批示、函文、记录等信息，建立依法提取、介质存储、专库录入、入卷存查机制，相关信息均应存入案件正卷，供当事人及其代理人查询。

之前，十八届四中全会《中央关于全面推进依法治国若干重大问题的决定》就提出，要完善确保依法独立公正行使审判权和检察权的制度。各级党政机关和领导干部要支持法院、检察院依法独立公正行使职权。建立领导干部干预司法活动、插手具体案件处理的记录、通报和责任追究制度，建立健全司法人员履行法定职责保护机制。中办、国办近日也印发了《领导干部干预司法活动、插手具体案件处理的记录、通报和责任追究规定》。接着，中央政法委也印发《司法机关内部人员过问案件的记录和责任追究规定》。这充分说明了中央现在对领导干部干预司法审判的重视，对实现排除司法干扰、保证审判权和检察权的独立行使，具有重要的现实意义。

2. 领导干部干预司法活动的范围界定

领导干部就司法中的具体个案打招呼，加剧了司法中的关系案、人情案和金钱案等现象，滋长了社会上“信访而不信法”的风气，给有关司法机关和承办人员增加了不必要的压力，严重损害法律权威和司法公正。我国宪法明文规定，人民法院依照法律规定的独立行使审判权，人民检察院依照法律规定独立行使检察权，不受行政机关、社会团体和个人的干涉。② 这次四中全会再一次强调依法治国首先是依宪治国，因此，我们要把领导干部干预司法活动、插手具体案件处理上升到违反宪法的高度，来下大力气解决

---

① 罗琳、罗堂庆：《建立与行政区划适当分离的司法管辖制度探究》，载《人民检察》，2014年第22期。

② 潘洪其：《要让官员“不能”干预司法》，载《法律与生活》，2014年第22期。

这一顽症，为司法权的健康运作提供一个良好的外部环境和内部环境。

要解决好这个问题，首先必须对“领导干部干预司法活动、插手具体案件处理”的范围作出界定。目前，打招呼的案件突出表现在以下四类：一是基于私情的关系案、人情案和金钱案；二是某些地方党委、政府为维稳或进行地方保护主义，插手具体案件的处理；三是在一些重大、疑难或敏感案件中，政法委以协调为名，干预案件的处理；四是上级司法机关基于种种原因，给下级司法机关打招呼。所有这些做法，今后都应该严格禁止。①

3. 现实问题

建立领导干部干预司法活动、插手具体案件处理的记录、通报和责任追究制度，对领导干部干预司法进行“全程监控”，给予严厉的追究惩处。然而，要真正做到这些谈何容易？领导干部不得干预司法活动，不得妨碍司法机关独立行使审判权和检察权，一直以来我们都是这样宣示和要求的，这并不是一个新的法律原则。问题在于，这个法律原则在司法实践中有时被打折扣，少数领导干部有意无意地干预司法已经成为一种习惯，甚至成为一种下意识的思维，以至于他们有时竟浑然不觉。另外，规定意欲对非法干预司法运行的行为全程留痕。除了极少数有恃无恐、明目张胆或者因为巨大利益所在而孤注一掷的人以外，绝大多数人可能都会选择巧妙、隐蔽的方式施加干预，对于这些默示如何记录？在司法人员的待遇保障、身份保障制度并不十分健全的情况下，又如何有足够的制度激励让司法人员鼓起勇气记录？② 而且一个科学的制度安排必须给予因规定执行不当而受到损害的人以必要的权利救济，而在这方面还需要出台具体措施加以完善。

（三）推进法院人员的正规化、专业化、职业化建设

1. 推动法院人员分类管理制度改革

《意见》提出要建立符合职业特点的法官单独职务序列。健全法官助理、书记员、执行员等审判辅助人员管理制度。其实司法人员分类管理，实务中已有探索。如2014年3月深圳召开的政法工作会议，公布《深圳市法院工作人员分类管理和法官职业化改革方案》。结合各地不同做法，可将法院、检察院工作人员分为三类：一是司法官，仅指法官和检察官，负责办案；二是司法辅助人员，包括法官助理、书记员、执行员和司法警察，为办案服务；三是司法行政后勤人员，包括办公室人员、财务会计人员等，负责人事管理、法院和检察院的日常管理、司法预算的执行、财务管理、建筑维修、交通工具管理、档案管理等。③ 不同类型的人员采取不同的管理办法：司法官，采省一级统

① 刘仁文：《从宪法高度认识领导干部干预案件处理》，载《人民检察》，2014年第22期。

② 秦前红：《中办、国办文件能找回司法失去的权威吗》，作者财新网博客，原文地址：http：//opinion. caixin. com/2015-04-02/100797142. html，最后访问时间2015年3月2日。

③ 肖建华、宋艳菊：《司法改革的使命——中共十八届三中全会司法改革内容解读》，载《河南财经政法大学学报》，2014年第29卷第6期。

管，“垂直领导”，建立司法官单独序列的管理制度；司法行政人员、法官助理、书记员按照综合管理类公务员进行管理。以此打破法院、检察院各类人员“一体化”的管理体制，建立各类人员的分类发展模式和差异化的管理机制。

2. 建立法官员额制度

法官员额制是指根据审判工作量、案件的复杂疑难程度以及经济发展水平等因素，确定法院的法官员额，将符合条件的人员选任为法官的一项司法制度。① 法官员额制度，是司法官管理体制中的重要一环，缺少它，法官增补机制就无法运行。从国外立法例看，法官员额制度是一项普遍为各国所采纳的制度，如美国联邦最高法院法官为9人，日本最高裁判所大法官为15人，韩国大法院大法官为11人，德国联邦宪法法院法官为16人。② 法官员额制度对于实现法官精英化和专业化，提高法官地位有着重大的意义。

目前，我国法院内部法官职务序列与非法官职务序列界限不清，没有把审判工作与其他行政性、辅助性工作进行合理划分，而是套用行政系统公务员的管理模式，除司法警察已单独成为一个序列外，其他行政、辅助人员都往法官序列上靠。大量行政人员不审理案件，却占用了大量法官职务。另外，我国法官队伍整体素质不高，办案效率相对较低，所以只能靠增加法官人数承担繁重的审判任务，很多在国外属于法官助理承担的事务性工作，在我国得由法官来做。在中国，还存在这样一种现象，法官职务被当做一种福利待遇，许多具有审判职称的人员一辈子都没审理过案件。再者，我国法院绝大数担任院长、庭长职务的法官主要任务是参与审判管理和出席各种会议，并不直接行使审判权，如此多的资深法官并不直接审理案件。而充当审判主力的，常常是一些年轻的、缺乏审判经验的助理审判员③。

本次《意见》提出根据法院辖区经济社会发展状况、人口数量(含暂住人口)、案件数量、案件类型等基础数据，结合法院审级职能、法官工作量、审判辅助人员配置、办案保障条件等因素，科学确定四级法院的法官员额。根据案件数量、人员结构的变化情况，完善法官员额的动态调节机制。之所以推进法官员额制改革，一是要确保法官数量与案件数量相匹配，改变目前案多人少、忙闲不均的状况。二是要确保审判辅助人员数量与法官数量相匹配，优化审判资源配置，切实减少法官事务性工作负担。三是要确保优秀法官集中在审判一线，压缩“不办案的法官”数量。四是要确保法官职业保障有效落实，使一线办案法官即使不担任行政领导职务，也可以晋升至较高的法官等级、享受较高的待遇。归根结底，就是要推动建立以法官为中心、以服务审判工作为重心的法院

① 胡道才:《推行法官员额制改革的两个基础问题》，载《唯实》，2014年第11期。

② 肖建华、宋艳菊:《司法改革的使命——中共十八届三中全会司法改革内容解读》，载《河南财经政法大学学报》，2014年第29卷第6期。

③ 郑清、陈思远:《浅谈法官员额制》，载《楚天法治》，2014年第9期。

人员配置模式。①

3. 改革法官选任制度

建立符合职业特点的司法人员管理制度，必须改革法官选任制度。我国法官法明确了法官的任职条件、任免程序，但在推动法官的正规化、专业化、职业化方面，仍有修改完善空间。例如，四级法院法官的入职通道都面向法学院应届毕业生敞开，法官任职条件差距不大，部分上级法院法官的审判水平和司法阅历很难让下级法院法官信服。又如，省级以下地方法院人事统管后，如何在省一级遴选出优秀法官，也需要依托一定的制度平台。因此，《意见》根据十八届三中、四中全会精神，提出了法官选任制度的改革思路。②

第一，法官遴选委员会的设置。根据《意见》，未来将在国家和省一级分别设立由人大、政协、法学专家、律师代表和法官代表组成的法官遴选委员会，制定公开、公平、公正的选任程序，确保品行端正、经验丰富、专业水平较高的优秀法律人才成为法官人选。法官遴选委员会将从专业角度提出法官人选，由组织人事、纪检监察部门在政治素养、廉洁自律等方面考察把关，人大依照法律程序任免。

第二，健全上级法院法官遴选机制。四中全会《决定》提出："初任法官由高级人民法院统一招录，一律在基层法院任职，上级人民法院的法官一般从下一级人民法院的优秀法官中遴选。"因此，《意见》要求健全初任法官由高级法院统一招录，一律到基层法院任职机制，建立上级法院法官原则上从下一级法院遴选产生的工作机制。这就意味着，今后法学院应届毕业生仍可经过统一招录和训练，到各级法院从事审判辅助或司法行政工作，但符合法官任职条件的，只能在经过法官遴选委员会把关后，到基层法院任职。满足一定任职年限，审判业绩特别优秀的，也必须经过法官遴选委员会遴选后，才能到上一级法院担任法官。

第三，完善不同层级法院法官的任职条件。《法官法》第 9 条第 1 款第六项明确了不同层级法院法官的任职条件，这一规定适应了当时的审判需要，但是，考虑到未来四级法院职能定位将进一步调整，初任法官的任职年龄和任职门槛都将提高，绝大多数上级法院法官将从基层法院逐级遴选产生，因此，有必要推动修改法官法，针对不同层级的法院，设置不同的法官任职条件。

总之，建立中国特色社会主义审判权力运行体系，必须坚持以审判为中心、以法官为重心，全面推进法院人员的正规化、专业化、职业化建设，努力提升职业素养和专业水平。

（四）改革审判委员会工作机制

审判委员会制度，为我国所特有。它肇始于革命根据地时期，成文于 1949 年后。

---

① 《贯彻实施〈关于全面深化人民法院改革的意见〉应当把握的几个重要关系和问题》，原文链接 http：//www. court. gov. cn/zixun-xiangqing-13881. html，最后访问时间 2015 年 3 月 21 日。

② 《贯彻实施〈关于全面深化人民法院改革的意见〉应当把握的几个重要关系和问题》，原文链接 http：//www. court. gov. cn/zixun-xiangqing-13881. html，最后访问时间 2015 年 3 月 21 日。

1954年，《人民法院组织法》明确各级法院设审判委员会。它是强调党对审判工作的领导和发挥集体智慧的历史产物。审判委员会是人民法院的最高审判组织，其在总结审判经验，审理疑难、复杂、重大案件中具有重要的作用。① 但是随着社会发展，审判委员会“集体智库”的功能定位受到诸多挑战，存在很多问题。我国的审判委员会的产生和发展是历史的产物，其职能的发挥是由其特有的历史背景和传统因素决定的，因此，它带有较强的等级色彩，强调上位权力对下位权力的制约与指导，法院体系结构带有浓厚的官僚层级味道，尤其是对刑事案件具有实体审判权，更是导致了“审者不判，判者不审”的尴尬局面。现行的审委会制度不仅是在组织形式上、职能定位上，还是在工作方式和程序上的弊端日益显露，与公正、高效的司法价值已有所不适应，有违直接言词原则和回避制度，改革的大流势不可当。② 有学者概括存在三个方面的问题：第一，组织结构有问题，如审判委员会的资格、人数、任期等无法律依据；人员构成单一，委员几乎全是有领导职务的人，有时甚至包含不懂法律的行政领导；办事机构不健全。第二，职能定位有问题，如讨论案件范围不明确，何为“重大”，何为“疑难”难以判断；审判委员会主要职能发挥失衡，变成以讨论案件为主角，其他功能为配角。第三，工作规则存在问题，如案件启动程序不规范，随意性大；案件讨论采取会议制，违反公开审判原则和直接言辞原则；保障制度建设落后，缺乏审判委员会委员回避制度和错案追究制度③。

本次《意见》主要对审判委员会的职能，讨论案件的范围以及公示方面进行了规定，提出要合理定位审判委员会职能，强化审判委员会总结审判经验、讨论决定审判工作重大事项的宏观指导职能。建立审判委员会讨论事项的先行过滤机制，规范审判委员会讨论案件的范围。除法律规定的情形和涉及国家外交、安全和社会稳定的重大复杂案件外，审判委员会主要讨论案件的法律适用问题。但是，针对我国的现状，在推进审判委员会的“去行政化”、专业化；改革完善审判委员会的表决方式；明确审判委员会讨论案件的范围；保障当事人申请回避的权利；以及切实加大对审判委员会办案的监督制约等方面仍需提出具体规定加以贯彻实施④，确保以审判权为核心、以审判监督权和审判管理权为保障的审判权力运行机制的完善，落实审判责任制。

（五）构建开放、动态、透明、便民的阳光司法机制

司法公开是司法独立和实现公平正义的可靠制度保障。其已成为法治国家一项重要的司法原则。司法权是公权力，具有公共性。公共性特质要求保证社会公众的司法知情

---

① 何洁莹：《我国司法去行政化问题研究》，广西大学硕士学位论文，2014年。

② 王静：《改革我国审判委员会的设想》，载《法制与社会》，2012年第4期。

③ 肖建华、宋艳菊：《司法改革的使命——中共十八届三中全会司法改革内容解读》，载《河南财经政法大学》，2014年第6期。

④ 王文建：《司法现代化与审判委员会制度改革》，载《人民论坛》，2013年第32期。

权，即司法程序向社会公众公开，允许新闻采访、允许旁听，审判实务、裁判结果等公布于众。司法公开能保证司法公正。司法公开后，当事人双方通过积极举证质证，充分就案件证据和事实充分辩论，使法院在查明案件事实真相的基础上，实现个案的公平正义。不仅如此，而且“阳光是最好的防腐剂”，司法公开后，法官在审判和执行程序中受到当事人以及社会公众的监督，在一定程度上避免了外在因素的干预，保障了审判独立，实现了公众对社会公平正义的渴望。

2009年最高人民法院印发《关于司法公开的六项规定》，确定了司法公开的范围，即立案、庭审、执行、听证、文书、审务。这弥补了过去司法公开范围稍窄的不足，确保全方位的公开司法程序。2010年最高人民法院《司法公开示范法院标准》和2013年最高人民法院印发《关于推进司法公开三大平台建设的若干意见》的通知，初步完成了司法公开制度化、系统化。2013年以来，最高人民法院大力推动各地法院司法公开的三大平台建设，即审判流程公开、裁判文书公开、执行信息公开三大平台建设。① 而本次《意见》中，除了这三个方面，还提出建立减刑、假释、暂予监外执行公开制度，司法公开督导制度，诉讼服务中心制度等制度。

并且，在庭审公开方面，《意见》提出建立庭审公告和旁听席位信息公示与预约制度。对于依法应当公开审理，且受社会关注的案件，人民法院应当在已有条件范围内，优先安排与申请旁听者数量相适应的法庭开庭。有条件的审判法庭应当设立媒体旁听席，优先满足新闻媒体的旁听需要。庭审公开是公开开庭审理的重要内容。绝大多数案件能保障当事人参与到庭审中来，但是在保障庭审向社会公开上仍不够，应增加庭审直播的案件数量，使社会公众了解庭审；还应完善案件旁听制度，只要案件不属于法定不得公开的事项，均应允许群众旁听，新闻记者采访。裁判文书公开，是近几年最高人民法院力推的司法改革，各地法院积极推进生效裁判文书网上公开制度。但仍存在一些问题，如对什么类型的法律文书可以公开没有明确的规范。此外，立案公开、听证公开、审务公开仍旧处于起步阶段，许多省法院“案件流程查询”、“诉讼资产查询”等仍在建设中。执行公开范围窄，实务中对个案执行程序公开不足。因此将来几年司法公开中“三大平台”建设仍旧任重而道远。

除了上述谈到的几点以外，本次《意见》在推动建立以审判为中心的诉讼制度、完善主审法官、合议庭责任制、推动裁判文书说理改革、完善审级制度、强化人权司法保障机制、健全法官履行法定职责保护机制、改革人民陪审员制度、完善分案制度、完善案件质量评估体系等方面也作了一些创新性规定，如规定刑事被告人禁穿囚服受审，设立法官惩戒委员会，让审理者裁判由裁判者负责，实行随机分案并予以公示，旁听庭审将可上网预约等。这些也是值得关注和探讨的问题。

---

① 肖建华、宋艳菊：《司法改革的使命——中共十八届三中全会司法改革内容解读》，载《河南财经政法大学》，2014年第6期。

三、对司法改革的评价及未来展望

司法体制改革作为我国推进政治体制改革、推进法治建设的关键点和切入口，是凸现“法治中国”的标志和宣言，足以激荡起全社会的法律信仰和法治情怀，对国家法治建设及未来发展都将产生深远的影响。司法改革的力量源泉，来自于对司法权性质的正确认知和对改革阻力的准确估量。在这场举足轻重、复杂艰巨的改革中，面对横亘在现实面前的深层困境，需要改革者的智慧、勇气、魄力和担当。同时，我们也应该在这次改革的大背景下找到改革仍然存在的不足之处，并积极地对改革路径加以完善，最终让每一起案件的裁判不论特殊与否，都只遵循法律判断而无其他因素的纷扰，让每一个公民都能在自己所亲历的司法体验中确定无疑地见证到公平。只有这样，才能最终实现司法改革的目标，从而完善我国的司法制度，以达到加快我国法制化进程的目标，实现司法公正。

（作者简介：刘畅，武汉大学法学院2014级宪法与行政法学硕士研究生。）

◎ 点　评

司法是国家治理体系中保守的部分，是法律适用的机构，维护的是现有社会秩序。改革的力量和保守的力量应相互制衡，司法领域的改革不应该成为社会改革和政治改革的切入点和重头戏。盲目的司法改革可能会导致社会主流价值观陷入混乱，使人民失去是非判断。司法改革方案要尊重基本的司法规律。审判权的国家属性不等于中央事权。另外，我们在进行司法改革时还应考虑其正当性与必要性的问题。司法改革是需要成本的，司法领域的改革需要更高更充分的依据来辅证其合法性、正当性，如设置跨行政区域的巡回法庭的设置是否必要就值得我们进行深入思考。同时，改革要与社会发展阶段相适应，应具有可行性和可操作性。

（点评人：武汉大学法学院　江国华教授）

人民检察院改革评论

——《关于深化检察改革的意见》评析

宋　静

摘　要：2015年2月25日，最高人民检察院发布了《关于深化检察改革的意见》，明确提出构建开放、动态、透明、便民的阳光检察机制，进一步深化检务公开。此举是司法体制改革的重要组成部分，共提出了六大项42点具体的司法改革举措，主要涉及检察权的行使、检察人员的管理、检察权的运行、反腐、法律监督和检查监督等六个方面。此次《意见》在传统的司法改革路径上尝试提出了一些新的检察改革思路，诸如探索设立跨行政区划的人民检察院、推动省级以下地方检察院人财物统一管理、建立符合职业特点的检察人员管理制度、强化法律监督和健全冤假错案防范纠正责任追究机制以及探索建立检察机关提起公益诉讼制度等。本文即尝试对这次改革中的亮点和热点进行全方位的解读。

关键词：检察改革；跨行政区划检察院；人财物统管；冤假错案；公益诉讼

一、《关于深化检察改革的意见》概述

在《最高人民法院关于全面深化改革的意见》出台的前一天，也就是2015年的2月25日，最高人民检察院发布了《关于深化检察改革的意见(2013—2017年工作规划)》(2015年修订版)，明确提出构建开放、动态、透明、便民的阳光检察机制，进一步深化检务公开。① 法院和检察院的改革是司法改革中的重头戏，因此，最高人民检察院和最高人民法院的出台的改革意见则是此次司法改革中的重要范本。《关于深化检察改革的意见(2013—2017年工作规划)》作为《最高人民法院关于全面深化改革的意见》的姊妹篇，两个意见涉及的具体的改革内容有很多相似之处，如均提及推动省以下的人财物统一管理和与司法行政事务管理权的分离，均指出可以探索设立跨行政区划的人民法院

① 《关于深化检察改革的意见(2013—2017年工作规划)》，载《检察日报》，2015-02-26，第3版。

和人民检察院以办理跨地区案件，都要完善防范外部干预司法的机制，并在内部建立法官或检察官惩戒委员会制度等。整体来看，2015 年 2 月，中国公检法系统在司法改革的大背景下均出台了全面深化改革的指导文件，它们分别是：中央审议通过的《关于全面深化公安改革若干重大问题的框架意见》、最高人民法院公布的《最高人民法院关于全面深化人民法院改革的意见》和最高人民检察院出台的《关于深化检察改革的意见》，三项改革《意见》共涉及 200 余项改革措施或任务，成为司法改革过程中的主要环节。下面，我们对最高人民检察院的《关于深化检察改革的意见》(以下简称"意见")从出台的背景、总体目标、主要内容以及部分亮点和热点进行解读，对其进行进一步的探讨。

(一)《意见》出台的背景

党的十八大提出，要进一步深化司法体制改革，坚持和完善中国特色社会主义司法制度。党的十八届三中、四中全会确定了推进法治中国建设、深化司法体制改革的主要任务，并对深化司法体制改革进行了全面部署。

但同时，与国家和社会发展对法治的要求和人民群众对司法的期待相比，与推进国家治理体系和治理能力现代化的目标相比，现在的司法体制和实践工作中仍然存在许多问题。其中，司法地方化的问题日益凸显。在司法实践中，司法机关的人财物受制于地方造成法官产生的逐渐地方化和司法机关与同级行政机关的关系地方化。司法权运行的内部监督制约机制尚未完全形成，司法外部环境亦有待优化，司法不规范、不严格、不透明、不文明现象仍然存在，导致人民群众反映强烈的立案难、诉讼难、执行难等问题仍然没有根本解决，司法不公和腐败现象仍有发生。这些问题，不仅影响了司法的独立和公正，损害了司法机关的形象，也损害社会公平正义和人民群众合法权益。

为了贯彻落实中央部署，对十八届四中全会全面推进依法治国的顶层设计进行细化与落实，全面深化检察体制改革，最高人民检察院颁布了该《意见》。该《意见》围绕如何全面推进依法治国的总目标和建设公正高效权威的社会主义司法制度、进一步完善检察体制、优化检察职权配置、着力解决影响司法公正和制约司法能力的深层次问题和强化法律监督、强化自身监督、强化队伍建设提出了诸多要求，为发展和完善中国特色社会主义检察制度、保障公民合法权益、理顺司法体制和努力让人民群众在每一个司法案件中感受到公平正义提供了制度上的支持和保障。①

(二)深化检察改革的总体目标

深化检察改革的总体目标，作为《意见》的重要组成部分，主要包括五点：一是保障依法独立公正行使检察权的体制机制更加健全，党对检察工作的领导得到加强和改进，检察机关宪法地位进一步落实；二是检察机关与其他政法机关既相互配合又依法制约的体制机制更加健全，法律监督的范围、程序和措施更加完善，在权力运行制约和监

① 《关于深化检察改革的意见(2013—2017 年工作规划)》，载《检察日报》，2015-02-26，第 3 版。

督体系中的作用得到充分发挥；三是检察权运行机制和自身监督制约机制更加健全，法律监督的针对性、规范性和公正性、权威性进一步增强，司法公信力进一步提高；四是对人权的司法保障机制和执法为民的工作机制更加健全，人民群众的合法权益得到切实维护，检察工作的亲和力和人民群众对检察工作的满意度进一步提升；五是符合检察职业特点的检察人员管理制度更加健全，检察人员政治业务素质和公正执法水平明显提高，基层基础工作显著加强。①

深化检察改革的总体目标概括起来就是依法独立公正行使检察权、加强改进党的领导、加强外部监督和自身监督制约机制、加强人权保障以及完善检察人员管理制度五大点，这也是最高人民检察院分别从检察权与执政党的关系、与其他政法机关的关系、与人民群众的关系以及内部的运行监督和管理机制五个角度为改革提出了方向，从而形成了检察改革的总体目标。

(三)《意见》主要内容

该《意见》共提出了六大项42点具体的司法改革举措，主要涉及六个方面：一是完善保障依法独立公正行使检察权的体制机制；二是建立符合职业特点的检察人员管理制度；三是健全检察权运行机制；四是健全反腐败法律监督机制，提高查办和预防职务犯罪的法治化水平；五是强化法律监督职能，完善检察机关行使监督权的法律制度，加强对刑事诉讼、民事诉讼、行政诉讼的法律监督；六是强化对检察权运行的监督制约。②

《意见》主要内容既涉及了宏观上检察权运行体制上的变革，也提出了微观上人财物如何管理的变动，既对检察人员的管理提出了制度上的要求，又规范了检察权的动态运行机制；不仅强化了传统的检察监督职能，而且也应时对反腐败提出了新的挑战。整体来看，《意见》在内容上涵盖面较为广泛，覆盖点相对深刻，基本顺应了时代对新一轮检察改革的要求。其中，完善保障依法独立公正行使检察权的体制机制、建立符合职业特点的检察人员管理制度等是对深化司法体制改革的大胆尝试，亦是此次检察改革中的关键任务。

二、《意见》亮点与热点解读

此次《意见》在传统的司法改革路径上尝试提出了一些新的检察改革思路，诸如推动省以下地方检察院人员统一管理、推动省以下地方检察院财物统一管理、探索设立跨行政区划的人民检察院等，形成了许多亮点和可供讨论的热点。以下，本文就《意见》中提出的探索设立跨行政区划的人民检察院、省级以下地方检察院人财物统一管理、健

---

① 《关于深化检察改革的意见(2013—2017年工作规划)》，载《检察日报》，2015-02-26，第3版。

② 《关于深化检察改革的意见(2013—2017年工作规划)》，载《检察日报》，2015-02-26，第3版。

全检察人员管理制度、健全冤假错案防范、纠正、责任追究机制和公益诉讼五个方面进行解读，并对这些改革亮点和热点的合理性以及实现路径两个角度进行具体分析。

(一)探索设立跨行政区划的人民检察院

《意见》第5条提出，探索设立跨行政区划的人民检察院。以科学、精简、高效和有利于实现司法公正为原则，协同中央有关部门，探索设立跨行政区划的人民检察院，构建普通类型案件由行政区划检察院办理，特殊类型案件由跨行政区划检察院办理的诉讼格局，完善司法管辖体制。这点的目的是通过司法管辖与行政区划的适当分离来实现司法权的去地方化、去行政化，以进一步促进司法公正。

1. 设立跨行政区划人民检察院的合理性

从世界范围来看，跨行政区划司法机关发展已经相对成熟，司法管辖区制度不仅在英美法系被普遍采用，在大陆法系国家也占据主导地位。中华人民共和国成立之初，由于受当时经济以及社会等方面的制约，为了破解交通不便、经济不发达、便利诉讼等难题，我国曾按照东北、西北、华东、中南、西南五大区域设立了跨省行政区划的检察署，但这种体制随着中央部分司法权向地方的转移被取消。① 在国家经济、文化和社会水平已极大提高的今天，跨省行政区划的检察体制基于去行政化和去地方化的目的再次被提及。虽然建国之初的跨省行政区划的司法管辖制度与当今《意见》中所涉及的跨行政区划人民检察院无论是在设立目的和制度层面均大不相同，但曾经的尝试可以转化成为今天深化司法体制改革的优质资源，为实现检察权的公正提供可供借鉴的制度模式。

在我国建立和行政区划适当分离的司法管辖制度，设立跨行政区划的人民检察院，在法理层面与司法实践中均存在相当的合理性基础。在法理上，检察权作为司法权的有机部分，是司法正义最后一道防线中的重要力量，检察机关作为检察权的守护者，维护其不受地方行政权力的干涉是司法中立和司法正义的应有之义。设立跨行政区划检察院法理基础即在于遵从“检察一体”原则，尊重了检察权的国家事权性质，通过监察系统和行政区划的有机剥离来避免地方行政势力的干扰和影响，彰显了平衡利益冲突、修复受损秩序、维护公平公正、保障人民权益、促进社会和谐、增进人民福祉的价值功能。② 在实践中，我国曾基于历史原因于特定领域如铁路、海事等设置过一些专门司法机关，这些专门司法机关在实践积累中已经形成了一套比较成熟的制度构架和实践运行可供借鉴。比如，全国铁路运输系统的司法机关设置体制在中华人民共和国成立后的几次改革中不断趋于成熟。在铁路司法系统中，铁路公安、检察、法院一应俱全，各路铁路检察机关与铁路公安、铁路法院形成了相互配合和相互制约的铁路专门司法体系和法律监督体系，铁路运输检察机关作为专门检察院移交地方后，铁路检察分院和和基层铁

---

① 徐汉明：《积极稳妥地推进设立跨行政区划检察院》，载《检察日报》，2014-12-31，第3版。

② 徐汉明：《积极稳妥地推进设立跨行政区划检察院》，载《检察日报》，2014-12-31，第3版。

路运输检察院业务统一归属省级检察院的领导，其人财物由省一级统一管理，不受制于地方。① 又如，我国作为世界上少数专门设立海事法院的国家之一，海事法院的管辖权划分以河流为坐标系进行划分，实行长臂管辖，避开了与行政区域的重合，其人财物亦由所在省进行管理，法官的任免机制也不同于普通的法院，在避免地方保护主义的干扰和维护海事审判权公正方面取得了良好的效果。②

在司法实践中，一些地方保护主义、一些说情、干预等法外因素时常出现且难以避免，对公正司法造成干扰和冲击，因此，探索设立跨行政区划检察院，实行检察院的司法管辖区划与行政区划相分离，不仅有利于破除地方干预，重塑司法公正的权威，树立良好的社会形象，而且便于集中专业的法律人才办理专业案件，统一办案标准，提升办案质量，实现办案的公平公正，这对于国家的法制统一和依法治国的进程都有极大的助益。

2. 实现路径

探索司法管辖与行政区划适当分离，设立跨行政区划的人民检察院，可以从以下几个方面入手：第一，设立与行政体制改革相适应的跨行政区划的人民检察院，可在某些省份或几个省的区域内设立试点，积累经验，完善跨行政区域的划分标准，由点到面地推行；第二，配套实行省级以下地方检察院人财物统一管理和新的法官任免机制等配套措施，从财政、人事和政策上为跨行政区划的人民检察院的运行提供充分的支持和保证；第三，可以尝试设立最高检察院巡回检察分院，审理区域内的重大案件，以促进检察权重心的下移，便利当地群众的诉讼；第四，选择性地借鉴铁路、海事等专门检察机关的经验，从其管辖、人事、财政等制度设计中提取可供参考的资源。

进行司法管辖与行政区划适当分离的改革无疑会牵涉对现有司法版图的重新划分，在这一过程中，既有对现有司法机关从业人员的调整和司法资源的重新整合，又有对一些现有利益的解构和具体利益的再分配，牵涉的问题比较复杂，稍微实施不当就可能牵一发而动全身，影响整个司法体制运行的通畅。因此，在建立司法管辖区制度的过程中，既要考虑现实情况，以摒除地方干扰为着力点，又要兼顾历史因素，科学合理地划分司法区，使整个司法体系结构合理、层级分明、管理高效、运转顺畅；同时，司法区的设立要贯彻方便诉讼的原则，充分考虑方便群众诉讼的需求，使人民群众通过司法区的设立感受到程序的简便和司法的公正，进而提高司法的公信力。此外，在进行顶层设计时一定要注重抓好相关配套措施的落实，在人事管理制度、物质保障制度、监督惩戒制度等方面进行必要地改革，才能使司法管辖区制度有可靠的支撑。

(二)推动省级以下地方检察院人财物统一管理

《意见》的第1、2条对省级以下地方检察院人财物统一管理作出了具体部署：推动

① 参见阎敏才：《我国铁路运输检察院管理体制改革若干问题》，载《河南社会科学》，2010年第3期。

② 参见邓娜：《论我国探索建立与行政区划相分离的司法管辖制度——以美国法院和我国海事法院体制为分析视角》，载《广西社会主义学院学报》2014年2月第25卷第1期。

省以下地方检察院人员统一管理改革。配合中央有关部门，建立省以下地方检察院检察官统一由省提名、管理并按法定程序任免的机制，建立省以下地方检察院政法专项编制统一管理制度。推动省以下地方检察院财物统一管理改革。配合中央有关部门，建立省以下地方检察院经费由省级政府财政部门统一管理机制。推动省以下地方检察院人财物统一管理的改革可以为探索设立跨行政区域的检察院提供人事、财政和物质上的保障。

1. 省级以下地方检察院人财物统管的合理性

目前，我国实行与行政区划相对应的检察院的设置体制，整个检察系统人财物的管理是依据行政区划的层级，以地方党政部门管理为主、上级检察院管理为辅的模式。①这种管理模式容易造成地方检察员对地方党委以及政府机关人财物上的依赖，极大地损害了检察权的中立性和司法的公正性。因此，推动省级以下地方检察院人财物统一管理也是司法权“去地方化”、“去行政化”的一个关键点，一旦地方检察院的人事任免权和地方解除了关系，和地方财政也解除了关系，这在一定程度上就可以摆脱地方保护的影响，完善保障依法独立公正行使检察权体制机制。

人财物的独立对于检察机关能否独立行使职权具有十分重要的意义。早在2013年的《中共中央关于全面深化改革若干重大问题的决定》中已经明确提出要改革司法管理体制，推动省以下地方法院、检察院人财物统一管理，保证国家法律统一正确实施。此次出台的《意见》对于人财物的统管具体作了部署，这对于目前的管理体制来说是一个重大的进步，它将地方司法机关从无处不在的地方干预中拉了出来，可以极大地促进法制的健全与统一。

2. 如何处理司法管辖与行政区划适当分离与省级以下地方检察院人财物统一管理二者之间的关系

随着司法体制改革的进程，我国正逐渐尝试设立与行政区划适当分离的检察院，今后很可能走上设立司法管辖区的道路。彼时的检察机关在管辖上将遵从与行政区划相分离的司法管辖区，在人财物的管理上却仍由省级统一管理，如何处理检察院在司法管辖与行政区划适当分离和人财物与行政区划相结合二者之间的冲突和张力将成为一个新的问题。在改革中，我们既要实现司法管辖与行政区划的适当分离，又要做好省级以下地方检察院人财物统一管理工作。因此，随着司法改革进程和大司法管辖区的设立的加快，有必要保持司法管辖与行政区划适当分离与人财物统一管理二者之间的平衡，全面协调好司法改革中人事、财物制度与管辖区划的关系。

（三）建立符合职业特点的检察人员管理制度

《意见》提出，在检察人员的管理上进行分类管理，将检察人员划分为检察官、检察辅助人员和司法行政人员三类，建立检察官员额制度，合理确定检察官与其他人员的比例。同时，建立检察官专业职务序列及与其相配套的工资制度，完善检察官职业准入

① 参见陈书平、王晓辉：《省以下地方检察院人财物统一管理模式探究》，载《中国检察官》，2015年第3期。

和选任制度。在遴选制度上，建立检察官遴选委员会制度，建立从符合条件的律师、法学专家中招录检察官制度。此外，建立军事检察官转任地方检察官衔接制度，畅通具备条件的军队转业干部进入检察队伍的通道，建立检察官宪法宣誓制度。“徒法不足以自行。”对检察人员管理制度的改革是2015年司法改革中的一个重点和难点。要依法行使检察权，要实现司法公正，人无疑是最重要的因素。该《意见》创新性地提出了检察人员的分类管理，对检察人员进行了大刀阔斧的改革，对检察官配套实行员额制度，意欲将现在的检察官通过司法改革划分为“员额内的法官”和“员额外的法官”，进一步规范检察官队伍，促进检察队伍的专门化和职业化。此外，为了保障人员分类的改革，还配套性地对检察官职业准入、选任、遴选和工资待遇等制度进行调整。

其实关于检察官的分类管理，最高人民检察院在2004年已经提出了类似的分类方式，并在一些地方进行了试点改革。从上海、重庆、山东等地的试点状况来看，检察人员的分类管理最大的成效就是突出了检察官的主体地位，在这种以检察官为主的人事制度下，检察官的职业荣誉感和认同感得到了增强，检察官可以在自己的职业序位里专注于案件的质量和水平，不必再接受行政职务晋升的考验；此外，人员的分类管理也使得内设部门有所减少，办事机构得到了精简，办事效率提高。① 从试点的成效来看，对检察人员分类管理无疑是司法改革中的一个正确方向。

然而，在检察人员的分类管理的改革中也存在一些问题。比如，实行员额制后，由于只有员额内的检察官才能独立办案，检察官的任务强度加大，再加上终身责任制的实行，检察官的办案压力明显增加，但工资待遇却增幅有限，“权、责、利”并未实现统一，打击了员额内检察官的积极性。对于员额外的检察人员，员额制的实行使得晋升途径变窄，导致很多优秀人才的流失，甚至有些地区的法检系统掀起了“离职潮”。此外，其他人员待遇的不足、晋升途径的不明朗加剧了司法人员的流失。可以看出，现有的改革措施触及了一批司法系统内部人员的利益，成为司法改革的“绊脚石”。在当前中国社会进入矛盾凸显期以及全面推进依法治国的双重背景下，这必将使司法改革中领导层的研判能力和决策智慧备受考验。当前所面临的，就是必须去考虑如何才能吸引一批优秀的法律专业人士以及如何才能留住他们安心工作的问题，这也应当是司法改革进行中仅当解决的首要问题。

《意见》第10条还提出，建立军事检察官转任地方检察官衔接制度，畅通具备条件的军队转业干部进入检察队伍的通道。军队转业干部进入检察队伍对维护检察机关的稳定、解决一些疑难复杂案件、安置转业军人等发挥着重要作用，但实践中部分转业干部的不专业的司法行为也曾饱受诟病。因此，该《意见》在提出这一点时，有必要对军队转业干部进入检察队伍的资质要求、考核方式以及可以担任的职务等进行具体的规范。

---

① 参见上海市浦东新区人民检察院课题组：《检察人员分类管理比较研究及思考》，载《第十届国家高级检察官论坛论文集》，2014年版，第523~535页。

（四）强化法律监督，健全冤假错案防范、纠正、责任追究机制

《意见》在重点任务的第五点中提出：要完善侦查监督机制，探索建立重大、疑难案件侦查机关听取检察机关意见和建议的制度，建立对公安派出所刑事侦查活动监督机制；同时，完善刑事审判监督机制，加强和规范刑事抗诉工作，健全死刑复核法律监督机制；进行以审判为中心的诉讼制度改革，全面贯彻证据裁判规则，进一步明确检察环节非法证据排除的范围、程序和标准；完善对限制人身自由司法措施和侦查手段的司法监督，加强对刑讯逼供和非法取证的源头预防；强化诉讼过程中当事人和其他诉讼参与人权利的制度保障，完善诉权救济机制；实行办案质量终身负责制和错案责任倒查问责制，统一错案责任认定标准，明确纠错主体和启动程序。《意见》提出的举措意欲通过加强检察机关对侦查、审判的监督和非法证据排除规则的落实加强对冤假错案的防范，通过权利保障和救济制度的落实加强对冤假错案的纠正，通过实行办案质量终身负责制和错案责任倒查问责制对相关人员的责任进行追究。

1. 刑事诉讼中现存的问题

近年来，刑事冤假错案的出现，给当事人及其家属造成了极大的伤害，严重影响了司法的公信力和法律的权威。冤假错案的形成与公检法三机关之间监督制约职能未能充分发挥有很大的关联，尤其是检察院，作为职务犯罪的侦查机关、刑事案件的批捕机关和法律监督机关，在冤假错案的防范中有不可推卸的责任和不可忽视的作用。

在目前的司法实践中，由于现有司法体制的不完善，个别司法人员的执法理念存在偏差，仍未摆脱传统的“有罪推定”思想，不能严格遵循“疑罪从无”的原则，这种错误的执法理念成为造成冤假错案的根源；此外，传统侦查模式尚未得到根本改变，一些地方检察机关依然沿袭“由供到证”的传统侦查模式，重口供、轻证据，甚至采用刑讯逼供等非法手段，再加上审查逮捕、审查起诉把关不严，捕后诉前的侦查活动监督缺位，非法证据排除难以落实，成为冤假错案产生的直接原因；① 再加上一些地方部门的影响、被害人和公众施加的压力和媒体“未审先判”的舆论压力，这都给冤假错案的形成打开了缺口。②

健全冤假错案防范、纠正责任追究机制，并实行办案质量终身负责制和错案责任倒查问责制，对于维护司法公正是非常必要的。分析近年来出现的冤假错案的成因，可以发现这些错误大多都是可以避免的。因此，检察机关作为刑事诉讼监督的主体，应当正视其职能定位，强化法律监督，健全冤假错案防范、纠正、责任追究机制，并从以下几点进一步规范检察工作。

2. 健全防范、纠正冤假错案的工作机制

要进一步完善防止和纠正冤假错案的工作机制，充分发挥检察机关防止和纠正冤假

① 参见陈国庆、李昊昕：《健全防止和纠正冤假错案工作机制》，载《检察日报》，2013-09-16，第3版。

② 参见王方：《论冤假错案的成因与防范路径》，载《云南大学学报》（法学版），2013年第6期。

错案的职能作用，可以结合《意见》中第21~25条的规定从以下几个方面着手深化检察改革：

第一，全面贯彻非法证据排除规则。刑讯逼供一直是诱导冤假错案产生的主要因素，尤其是近年来被曝光的多起冤假错案中基本上都有刑讯逼供的存在。尽管《刑事诉讼法》修订后明确确立了“不得强迫任何人证实自己有罪”的原则，并具体规定了非法证据排除的范围和程序，但非法证据排除制度在司法实践中并未落实到位。把非法证据排除制度从法律层面落实到刑事诉讼过程中的每一个环节才是防止冤假错案发生的关键。随着诉讼制度改革的中心向审判环节的转移，检察机关应贯彻罪刑法定和疑罪从无的原则，严格规范取证程序，对非法收集的言词证据采取绝对排除的原则，对于不符合法定程序收集的物证、书证，可能严重影响司法公正的，采取裁量排除的原则。诉讼当事人或其他参与人提供刑讯逼供等非法取证行为相关线索和材料的，检察机关应当受理并及时进行审查。完善讯问职务犯罪嫌疑人全程同步录音录像制度，对于有条件的地区，严格执行讯问全程同步录音、录像制度。在审查逮捕、审查起诉时，录音、录像要随同案卷和证据材料一同移送。如未严格执行相关规定，或者在执行中弄虚作假造成不良后果的，要追究相关人员的责任。

第二，强化检察机关对侦查、审判等诉讼过程的监督。完善侦查监督机制，对于重大、疑难案件，公安机关应主动听取检察机关意见和建议的制度，检察机关可派代表对公安派出所的刑事侦查活动进行监督，充分发挥检察机关防止违法侦查、过滤错案的功能。在审判环节，加强和规范检察机关的刑事抗诉工作，既重视无抗有、轻抗重，又要重视有抗无、重抗轻。① 健全死刑复核法律监督机制，省级检察院和最高检察院在办理复核时，应当充分发挥审查作用。完善检察机关对羁押、刑罚执行等刑事执行活动和强制医疗监督机制。

第三，加强对诉讼当事人和其他参与人合法权利的保障。一方面，检察机关要切实保障诉讼当事人和其他参与人的知情权、陈述权和申诉权等合法权利，诉讼权利受到不当限制或者非法侵犯的当事人提供畅通的救济渠道。检察机关要特别重视对申诉的受理和审查，进一步健全刑事申诉案件的接收、受理、办理、移送、答复及跟踪监督制度，这对于纠正冤假错案具有重要作用，如张氏叔侄冤案得以平反，很大程度上得益于检察官张飚对当事人申诉的重视。② 对于可能存在问题的申诉案件，要高度重视，依法进行复查，并将结果及时通知申诉人。另一方面，检察机关在刑事诉讼中应当依法保障辩护律师的会见、阅卷、取证、辩护等各项诉讼权利，完善听取辩护律师意见机制。在侦查和审查逮捕环节，检察人员可以主动听取辩护律师的意见；辩护律师要求当面提出意见的，检察人员应当听取意见；在审查起诉环节，检察人员应当听取辩护律师的意见。在司法诉讼活动中，检察机关应多听取辩护律师的实体辩护、证据辩护和程序辩护，重视

① 参见朱孝清：《冤假错案的原因和对策》，载《中国刑事法杂志》，2014年第2期。

② 参见陈国庆、李昊昕：《健全防止和纠正冤假错案工作机制》，载《检察日报》，2013-09-16，第3版。

多维证据的搜集与运用，主动发挥辩护律师在防范冤假错案中的功效。①

第四，实行办案质量终身负责制和错案责任倒查问责制。实行主审法官在职责范围内对所办案件终身负责的制度，明确检察人员工作职责、工作流程、工作标准，案件一旦出现问题，应严格追究责任人员的行政责任乃至刑事责任。同时，统一错案责任认定标准，明确纠错主体和启动程序，因法律认识的不同、自由裁量权等因素产生的不同定案结果不属于需要承担责任的范围。在改革中，要正确发挥错案责任追究机制的作用，一方面，要对造成错案的责任人员依法严肃处理，提高办案人员的责任心；另一方面，也要防止办案人员因为怕承担责任而放弃履行职责或者影响冤案的纠正。② 对于已经发生的冤假错案，采取倒查问责制，依法追究相关责任人员的行政责任和刑事责任。

此外，改变传统的简单通过办案指标和各种统计数据来考评案件的做法，确立科学、合理的考评体系来强化对案件的流程监控和质量管理，定期对案件质量进行分析通告，③ 严格控制起诉标准，依法行使起诉裁量权，充分行使法律赋予的不起诉权，④ 建立专业化、精英化、职业化的检察队伍等做法都有助于从检察机关的视角防范和纠正冤假错案。

(五)探索建立检察机关提起公益诉讼制度

该《意见》第 30 条提出了探索建立检察机关提起公益诉讼制度，探索提起公益诉讼的条件、适用范围和程序，明确公益诉讼的参加人、案件管辖、举证责任分配，同时健全督促起诉制度，完善检察建议工作机制，成为此次司法改革的另一亮点。

顾名思义，公益诉讼是与私益诉讼相对的一种诉讼方式。传统的公益诉讼包括民事公益诉讼和行政公益诉讼，这是按照适用的诉讼法的性质和被诉客体的不同划分的。从理论上讲，如果考虑到提起公益诉讼的主体性质，公益诉讼又可以划分为检察机关提起的公益诉讼、其他社会团体和个人提起的公益诉讼。

《民事诉讼法》确立公益诉讼制度后，关于检察机关能否有效承担公益诉讼人角色的问题一直处于争论之中，不少学者认为我国的检察机关作为法律监督者提起公益诉讼并不具有理论上的正当性。⑤ 十八届四中全会通过的《中共中央关于全面推进依法治国若干重大问题的决定》中提出的“探索建立检察机关提起公益诉讼制度”对这一问题已经予以回应和解决。在此次《意见》中，关于检察机关提起公益诉讼的相关制度进一步得到了确认和细化，成为司法改革中检察改革的一个重要方向。探索建立检察机关提起公益诉讼制度，不仅有利于检察机关充分发挥法律监督的功能，而

---

① 参见王方：《论冤假错案的成因与防范路径》，载《云南大学学报》(法学版)，2013 年第 6 期。

② 参见陈国庆、李昊昕：《健全防止和纠正冤假错案工作机制》，载《检察日报》，2013-09-16，第 3 版。

③ 参见朱孝清：《冤假错案的原因和对策》，载《中国刑事法杂志》，2014 年第 2 期。

④ 参见胡常龙：《论检察机关视角下的冤假错案防范》，载《法学论坛》，2014 年第 3 期。

⑤ 参加杨秀清：《我国检察机关提起公益诉讼的质疑》，载《南京师大学报》(社会科学版)，2006 年第 6 期。

且也进一步丰富了检察机关法律角色的内涵，使其更好地发挥保护国家和社会公共利益的职能。

检察机关提起公益诉讼的理论源于西方的“私人检察总长理论”。① 随我国着市场经济和社会的发展，大量的不正当竞争、垄断经营、环境污染、侵害消费者合法权益、国有资产流失等违法行为层出不穷，这些严重损害社会利益的违法行为或是无人起诉，或是私人起诉但无力应诉。② 甚至在某些行政机关不作为、乱作为严重损害了国家和社会的公共利益的时候，由于缺乏具体的相对人，或是相对人不敢、不能提起公益诉讼，国家和社会的公共利益得不到应有的保护。建立检察机关提起公益诉讼的制度，可以使检察机关作为国家的法律监督机关，作为公共利益的代表，作为公益诉讼的原告方，维护国家和社会的公共利益。作为国家的司法机关，检察机关拥有法定的检察权，能够更好地维护国家和社会公共利益，此外，检察机关独立的法律地位也是检察机关能够更好地履行公益诉讼的职责的天然优势。

建立检察机关提起公益诉讼制度也可以尝试与跨行政区划的人民检察院制度相结合。当前，跨行政区划乃至跨境案件越来越多，诸如国有资产保护、生态环境污染和资源保护等案件往往涉及数省，由案件发生地的检察院提起公益诉讼容易受到地方行政化的干扰，不便于检察机关行使保护国家和社会公共利益的职能。探索在省(自治区、直辖市)范围内或是跨行政区域设立公益诉讼检察院，也是检察机关提起公益诉讼制度一个大胆的突破。

探索建立检察机关提起公益诉讼制度，可以从研究制定探索建立检察机关提起公益诉讼的工作方案和设立试点开始。检察机关提起公益诉讼的案件范围应当从污染环境、侵害众多消费者合法权益、国有资产保护、国有土地使用权转让、生态环境和自然资源保护等典型的民事公益诉讼和行政公益诉讼案件开始，然后依据实施情况不断向其他类型的案件扩展并最终确定管辖案件的范围。此外，检察机关提起公益诉讼的主体资格应当得到法律的确认和保障。

检察机关发现上述领域中存在损害到国家和社会公共利益的违法行为时，即使该案件与公民、法人和其他社会组织没有直接利害关系，检察机关也可以以公益诉讼人身份向人民法院提起公益诉讼，维护国家利益、社会公共利益。在探索建立检察机关提起公益诉讼制度的初期，为了规范检察机关在公益诉讼活动中的行为，检察机关一定要坚持公益原则、必要原则和不干涉行政管辖权的原则。③ 具体来讲，探索建立检察机关提起公益诉讼的制度时，仍应遵守司法的谦抑性，以保护国家和社会公共利益为准，不应过

① 刘祥林等:《检察机关提起公益诉讼的价值分析和制度设计》，载《法学杂志》，2010 年第 5 期。

② 刘祥林等:《检察机关提起公益诉讼的价值分析和制度设计》，载《法学杂志》，2010 年第 5 期。

③ 刘祥林等:《检察机关提起公益诉讼的价值分析和制度设计》，载《法学杂志》，2010 年第 5 期。

度干预法律规定的机关和有关组织的诉讼权利。另外，可以确定省、市检察机关作为试点区域，率先在民事诉讼中开展公益诉讼活动，渐次向行政公益诉讼扩展，并将案件范围主要确定在污染环境、破坏自然资源、侵害众多消费者合法权益、不正当竞争和行业垄断、国有资产流失等领域，条件成熟后再逐渐向其他案件扩展。

三、对该《意见》的评价

总体来说，该《意见》颇具亮点，也有很多值得期待的地方，对进一步优化国家的检察权和司法权、保障公民合法权益、理顺整个检察体制应该会起到比较大的促进作用。但是，一分部署，九分落实，该《意见》的42项改革举措到底能起到多大作用，主要还是看落实情况如何。比如，跨行政区划的人民检察院就涉及现有的司法体制的重大变革，甚至会引发财政体制、人事制度的变动，实施起来并顺利进入正轨并非易事。又如，检察官员额制的推行、人事管理的变动、待遇的调整等问题，都是牵一发而动全身，需要财政体制的匹配、法官遴选机制的改革等，而如何精细地设计这些具体制度，还需要进一步研究。

此外，司法体制的改革要符合司法实践规律，重视听取下级检察院尤其是基层检察院的意见和建议，避免一些"闭门造车"和不切实际的做法。在改革中，尤其是要注意检察官的"权、责、利"的统一，调动人员积极性，谨防一些改革措施被规避和异化。

改革的成功从来都不是一个简单、孤立的问题，司法体制的改革更是如此，包含该《意见》在内的整个司法体制的改革措施看似只有200多项，但其实牵涉的深层次问题很多。我们应该在这次改革的大背景下找到改革仍然存在的不足之处，并结合实际情况和《意见》精神积极地对改革路径加以完善，只有这样，才能最终实现检察改革的目标，从而完善我国的司法制度，真正实现司法公正、依法治国。

（作者简介：宋静，武汉大学法学院2014级宪法与行政法学硕士研究生。）

司法行政改革评论

何盼盼

摘　要：司法行政改革是我国全面深化改革的重要一环，其对于形成公正高效权威社会主义司法制度、推进法治国家建设具有重要作用。司法行政部门目前已经在社区矫正制度、律师制度、法律援助制度、监狱制度、人民陪审员制度等方面进行了卓有成效的改革，针对这些改革内容，在结合改革背景以及制度现状的情况下，提出了对于各项改革内容的评价。最后对整个司法行政改革进行了总体的评价，认为其改革方案和进路既符合了各项制度的改革需求，还体现了对法治主义的恪守和遵循，每项改革都以相应的法律或法规为依托，保证了改革的有序合法进行。

关键词：司法行政改革；社区矫正；律师制度；法律援助制度；监狱制度；人民陪审员制度

一、全面深化司法行政改革概述

(一)司法行政改革背景

司法行政制度是为国家司法活动和法治建设提供服务和保障的一项法律制度。司法行政机关承担着监狱、戒毒、社区矫正、法治宣传教育、律师、公证、法律援助、人民调解、司法考试、司法鉴定管理、司法协助与外事等职能，在服务人民群众、维护社会和谐稳定、保障经济社会发展中具有重要地位和作用。

近年来，司法行政工作快速发展，司法行政职能不断强化，机构队伍日益壮大，司法行政法制建设也取得了重大成绩，具有中国特色的司法行政法律制度体系已经基本形成。法制是制度的重要载体，也是一项制度最权威的体现，这也标志着中国特色社会主义司法行政制度基本形成。总的来看，我国司法行政制度符合中国国情，符合现阶段经济社会发展和人民群众需要，具有鲜明的中国特色和优越性司法行政制度不断健全完善。① 总体上

① 郝赤勇：《我国司法行政制度及其改革发展》，载《中国司法》，2011 年第 9 期。

看，我国司法行政体制是适应我国国情和发展要求的，但随着经济社会发展、民主法制进步和人民群众司法需求的增长，也存在一些不适应的问题，必须通过深化改革加以破解。

党的十八届三中、四中全会《决定》将司法行政改革纳入全面深化改革、全面依法治国总体布局。全面深化司法行政改革是充分发挥司法行政职能作用、更好地服务经济社会发展和民主法制建设的必然要求，是加快建设公正高效权威社会主义司法制度、维护司法公正的必然要求，是完善和发展中国特色社会主义制度、推进国家治理体系和治理能力现代化的必然要求，是建设中国特色社会主义法治体系、建设社会主义法治国家的必然要求。

(二)司法行政改革主要内容

司法部所推动的司法行政改革主要内容包括健全完善执行矫治体系、法治宣传体系、法律服务体系、司法行政保障体系，进一步完善司法行政法律制度，全面提升司法行政机关履职能力和水平。

一是健全社区矫正制度，推动制定社区矫正法，建立健全监狱刑罚执行和社区矫正相互衔接、统一协调的刑罚执行体系，加强专群结合的社区矫正工作队伍建设，加强社区矫正经费保障、场所设施和信息化建设。进一步鼓励引导社会力量参与社区矫正工作，解决好社区服刑人员就业就学和社会救助、社会保险等问题提出政策措施。

二是深化律师制度改革，加强律师队伍思想政治建设，完善律师违法违规行为惩戒制度。完善律师执业保障和执业权利救济机制。推动落实律师行业发展扶持保障政策。推动建立相互尊重、相互制约、良性互动的律师与司法人员关系。

三是完善法律援助制度，扩大法律援助范围，完善法律援助经费保障体制。进一步加强案件质量管理，完善办案质量监督管理机制。

四是深化监狱制度改革，深化狱务公开，严格规范减刑、假释、暂予监外执行工作，规范监狱提请减刑、假释工作，健全监狱执法办案责任制，加强罪犯人权保障，继续深化监狱体制改革。

五是改革人民监督员选任管理方式。改革人民监督员选任机制和管理方式，明确人民监督员的选任程序。

二、司法行政改革具体解读

(一)健全社区矫正制度

1. 社区矫正制度概述

社区矫正制度的主要内容是将罪犯置于开放式的社区，通过专门的社区矫治人员或者专门人员与志愿人员相结合的方式，来最终矫治罪犯的病理品格，并矫正其不良甚至反社会的行为定式，以使犯罪人重新回归社会并令社会得以恢复其正常而安宁的秩序①。我国的社区矫正开始于2003年，最高人民法院、最高人民检察院、公安部、司法部联合下达了《关于开展社区矫正工作的通知》，进行社区矫正工作试点。随后，"两院两部"又在2005年和2009年分两批将试点区域扩大到全国范围。2011年刑法修正案八获得通过，明确了适用社区矫正的情形，2012年，新的《刑事诉讼法》相应作出修改，规定"对被判处管制、宣告缓刑、假释或者暂予监外执行的罪犯，依法实行社区矫正，由社区矫正机构负责执行"，为了配合《刑法》和《刑事诉讼法》的修改和实施，"两高两部"又联合制定了《社区矫正实施办法》，这些法律法规的出台表明社区矫正在立法层面正式得到了确认。

虽然我国开始实行社区矫正制度的历史相对较短，但是取得的进展却很可观。截至2014年底，社区服刑人员73万余人，累计接收近224万人，社区服刑人员矫正期间再犯罪率处于0.2%的较低水平。这表明社区矫正制度在中国已经成为改造罪犯的重要手段，并且也起到了良好的社会效果。党的十八届三中全会《决定》提出"健全社区矫正制度"，党的十八届四中全会《决定》明确要求"制定社区矫正法"。随之，2014年8月两高两部发布《关于全面推进社区矫正工作的意见》，12月司法部联合六部委联合发布了《关于组织社会力量参与社区矫正工作的意见》，这两个文件对于社区矫正工作提出了很多新的措施和方法，下面对其主要的内容进行简要介绍：

(1)严格落实监管制度，防止社区服刑人员脱管、漏管和重新违法犯罪；(2)建立健全教育矫正质量评估体系；(3)加强社会适应性帮扶工作，协调解决社区服刑人员就业、就学、最低生活保障、临时救助、社会保险等问题；(4)积极推进社区矫正制度化规范化法制化建设。除此之外，司法部发文特别强调了组织社会力量参与社区矫正工作，提出向社会力量购买社区矫正社会工作服务、引导社会组织参与社区矫正工作、发挥基层群众性自治组织的作用、加强社区矫正志愿者队伍建设等措施加强社区矫正专群结合的队伍建设。

2. 评论：健全社区矫正制度，扩大非监禁刑罚方式的应用

社区矫正制度的特有意义在于其人道价值，对于判处管制、缓刑、假释等刑罚的罪犯来说，他们犯罪的主观恶性较小，社会危险性不大，对其采取监禁刑罚方式，反而可能对其心理造成不利影响，甚至在监狱内和其他罪犯交叉感染。社区矫正的实行，在不影响社会基本秩序的前提下，帮助被课以社区矫正的受刑人，能够获享最大限度的自由、安全及其人生价值的实现。

在许多国家中，社区矫正中的非监禁刑罚方法已经成为成熟的法律制度写进法典，适用对象宽泛，且适用的种类繁多，除缓刑、假释之外，还有社区服务、暂时释放、工作释放、学习释放、电子监控等多种，而且已在刑罚体系中占主导地位。如在美国，处以社区矫正的缓刑和假释罪犯是监禁人数的两倍之多。相比之下，我国的刑罚还处于以监禁刑为主的阶段，法律在社区矫正方面的规定亟待改革与完善。在司法部已有的改革

① 屈学武：《中国社区矫正制度设计及其践行思考》，载《中国刑事法杂志》，2013年第10期。

措施之外，笔者建议还可以在以下方面进行规范：

首先，是扩大社区矫正的适用范围。可考虑将处以拘役刑犯纳入社区矫正范围，判处拘役的被告人，重于管制，轻于缓刑，主观恶性不大、人身危险性不重，被排除在社区矫正之外是不太合理的①。笔者认为社区矫正既然是变封闭式为开放式、监禁刑为非监禁刑的现代行刑方式，就不应仅仅立足于原属开放的、非监禁刑的对象。因为现行社区矫正的适用对象，无论是管制刑犯、缓刑犯、假释犯还是监外执行人员，本来就是不会收监执行的，社区矫正存在与否对其而言意义不大。现在我国的拘役刑犯因其刑期短，大多在审决前就被羁押在看守所内服刑，这样的直接后果是：鉴于看守所的人满为患，比之于监狱，更难做到分管分押，因而反可导致不同恶习的未决犯与服刑人员之间的相互濡染与教习，进而更加难以矫正。何况，与监狱相比，看守所的主要任务是羁押未决犯，从事侦查、预审、羁押等任务，对服刑人员的身心矫治并不在其主要职能范围之列，在确知实行社区矫正不至于为害社会的情况下，与其将被判处拘役刑的人投诸看守所，毋宁对其进行社区矫正②。

其次，是统一居住地标准。目前社区矫正采用的是居住地原则，即由居住地的社区矫正机关来执行社区矫正，这相对于之前的户籍地原则无疑是一种进步，但是各地居住地的标准又不统一，由此造成社区矫正人员往往无法在其居住地而被迫回到户籍地接受社区矫正，甚至时有矫正人员档案在两地之间转移，造成矫正人员脱管的现象。笔者建议应当统一居住地标准，简化社区矫正人员在不同区域间转移的流程，这样的话有利于对社区矫正人员的管理，也有社区矫正人员正常生活秩序的进行。

再次，加强对社区矫正人员的分类分级管理。司法行政机关对社区矫正人员的管理是统一的，虽然个别地区会针对矫正人员在矫正期间的行为划分管理等级，但是统一和有效的分级分类制度目前还是没有任何进展。社区矫正人员来源庞杂，其中不乏严重暴力犯罪以及青少年犯罪，这些人的心理状态相对特殊，统一管理往往难以兼顾到具体的细节，因此有必要通过不同的标准对社区矫正人员进行分类和分级管理，通过专业化和差别化管理，节约社会资源，也有利于社区矫正人员的改造。

最后，加强社区矫正工作的队伍建设。社区矫正的工作队伍主要是以司法行政机关执法工作人员为主体，社会工作者为辅助，社会志愿者为补充。由于大部分地区社会工作者和司法行政机关工作人员同时同地办公，由此导致了基层司法行政机关往往将社区矫正的事项全部交给社会工作者，这样不仅加大了社会工作者的行政工作负担，而且由于社会工作者没有执法主体资格，其正当性也受到怀疑。社会工作者的服务者角色被迫转换成管理者角色，身份发生冲突，必然对矫正人员的帮助和扶持效果会大打折扣。因此，有必要在制度上区分政府工作人员和社会工作者的地位和职能。

同时，社区矫正是一种非监禁的刑罚执行方式，需要专业的知识，目前参与社区矫

---

① 王翠竹、王世洲：《社区矫正在我国的现实处境及进路分析——《刑法修正案（八）》颁行后的思考》，载《辽宁大学学报》（哲学社会科学版），2012 年第 6 期。

② 屈学武：《中国社区矫正制度设计及其践行思考》，载《中国刑事法杂志》，2013 年第 10 期。

正工作的人员以法学以及社会工作专业为主，这些专业人员在应对一般的管理监督并无任何问题，但是涉及更专业的领域，如对矫正人员的心理状态进行评估和疏导等往往就难以胜任了，而事实上矫正人员往往又会面临各种这样那样的问题。因此，有必要吸引更多其他学科或者专业的人才参与到社区矫正工作中来，同时应当建立专业的团队对社区矫正人员进行教育和服务。

（二）深化律师制度改革

司法部关于律师制度改革的可以分为两个部分：一是加强律师职业道德建设，完善律师违法违规行为惩戒制度。为此司法部制定出台了《关于进一步加强律师职业道德建设的意见》，之后律协发布了《律师职业道德基本准则》对此进行细化。二是完善律师执业权利保障机制。进一步规范律师与司法人员的交往行为，推动建立相互尊重、相互制约、良性互动的律师与司法人员关系，共促司法公正、维护司法公信。目前司法部已经在会同有关部门研究制定《关于律师刑事辩护的规定》。

1. 加强律师职业道德建设

律师职业道德建设的总体要求是：大力加强律师职业道德建设，规范执业行为、严肃执业纪律，切实解决在当前执业活动中存在的突出问题，努力建设一支政治坚定、法律精通、维护正义、恪守诚信的高素质律师队伍。

《意见》还提出要健全完善律师职业道德建设的长效机制，包括完善制度体系、培训机制和监督管理机制、考核奖惩机制等。措施包括对律师违法违纪行为的处罚机制、投诉查处机制、执业信息公开机制、不良执业纪律的披露查询制度等，在此就不再赘述了。

2. 完善律师执业权利保障机制，建立良性互动的律师与司法人员关系

健全在侦查、起诉、审判各个环节保障律师执业权利、完善律师权利救济的工作机制，推动律师与司法人员建立良性互动关系。要积极争取有关部门给予政策扶持，努力拓展律师业务领域，推动律师业务转型升级，促进有条件的律师事务所向专业化、规模化、国际化发展，创造有利于律师队伍建设和律师事业发展的舆论环境。要进一步健全扶持律师业发展的保障机制，推动落实扶持欠发达地区律师事务所发展、政府购买律师公益法律服务、支持西部律师、青年律师和专业、涉外人才培养等政策措施，加大扶持保障律师业发展的工作力度。

3. 评论：保障律师权利即是捍卫法治未来

律师职业的角色定位从 1980 年《律师暂行条例》中“国家的法律工作者”，到 1996 年《律师法》“为社会提供法律服务的执业人员”，再到现在的为当事人提供法律服务，逐次展现了律师业的不同层面，也折射出其长足的发展和进步。依据《律师法》的规定，律师在司法过程中应当发挥三种职能，即作为客户代表去维护当事人合法权益、作为公益载体去维护社会正义、从司法角色出发维护法律的正确实施。①

维护当事人合法权益是律师的主要功能，律师的代理权和辩护权是公民权的自然延

① 季卫东：《律师的重新定位与职业伦理》，载《中国律师》，2008 年第 1 期。

伸，律师服务协助公民认识权利、使用权利，并协助公民维护被侵害的权利。布鲁厄姆勋爵曾言，“律师在履行职责时只应该知道一个人，即自己的客户，要把不惜任何代价、甘冒任何危险并采取一切手段和办法解救客户作为首要的甚至唯一的义务”。这一观点虽在我国现行法律框架内有失偏激，却充分体现了律师以客户为本位的性质。通过改革开放以来律师业不断的发展和完善，大多数律师都已经认识到了维护当事人权益的重要性，但是有些律师却为了当事人利益违反法律法规规定，如《意见》中所指出的“违反执业利益冲突限制性规定，利用提供服务便利牟取当事人争议的利益，甚至挑词架讼和贿赂司法人员”①等现象并不少见，在这种情况下，司法部出台《关于进一步加强律师职业道德建设的意见》对于规范律师服务行业，强化律师职业伦理和职业道德建设是很有必要的。因为，从一定程度上来看，律师职业伦理水平的提高在一定程度上也是对自己执业的保护，对律师行业声誉的维护。

但职业道德建设切不可矫枉过正，在我国律师行业自身还未建立健全之时，政治性太强的律师整风运动会再次扼杀掉律师行业发展的生机和活力，使律师在执业过程中忧虑重重，从而难以充分发挥律师自身作用，长期以往必会对我国公民权利保障和国家法治化进程造成阴影。从长远来看，解决律师职业道德的问题应当对当前律师监管模式进行革新，将律师监管的权限从司法行政机关转移到律师行业协会，实行律师行业自治。在当前律协发展羸弱且独立性不足的情况下，可以继续维持目前司法行政机关和律师行业协会的双重管理模式，但是应当根据现实的变化，适时调整两者分工和管理权限，对律师和律师事务所具体的监管职责应转移到律师协会手中，而司法行政机关只承担宏观管理、政策指导、协调配合之事项②。这一设想的完成还有赖于司法行政机关的逐步让权和律师协会逐渐独立。

在当前中国律师地位不高、权利保障严重不足，甚至缺乏人身安全的情况下，律师制度的改革理应以律师权利保障为中心，但从司法部目前推行的改革内容来看，大多还是对于律师职业道德和执业活动监管作出的规定，这种改革进路表面上看来是官方对近来律师运用媒体等多种手段对于案件审理和造成的负面影响所作出的回应，但实质上反映了其对律师执业活动依然心存疑虑，律师在他们眼中成了“麻烦的制造者”，尤其在对一些大案要案进行代理的过程中，律师所造成的舆论声势在官方看来就明显越界，律师的执业空间被严格限制在狭义的司法程序领域之内，律师存在的主要功用在于技艺的应用和诉讼程序中形式意义的彰显，其潜在的社会和政治功能并没有得到发挥，但事实上律师的政治属性也是其本质属性之一，律师政治角色的缺位影响了其对于法治建设作用的发挥，实质上将律师制度排斥出了司法制度的范畴。③

为了保障律师权利，近期应该在以下领域作出改革：一是建立健全律师执业的豁免

---

① 摘自司法部《关于进一步加强律师职业道德建设的意见》。

② 徐昕：《诗性正义》，法律出版社 2011 年版，第 153～154 页。

③ 孙文胜：《论我国律师的角色定位》，载《河北法学》，2005 年第 4 期。

权，包括明确赋予律师作证的豁免权，确立律师在刑事辩护中豁免权，律师在庭审中发表的举证、质证意见以及辩护言论不受刑事法律追究，不得以任何理由对其追究诽谤、侮辱、伪证或包庇等法律责任。律师违反职业道德和执业纪律时应给予的纪律处分，应由律师协会依照法律程序进行①。二是强化律师的调查取证权，明确规定律师承办法律事务，有权向有关单位、个人调查情况，收集证据，其应当给予支持。在律师无法取证的情形下，可申请由人民法院予以调取。三是建立和完善从律师中选任法官的制度，通过此项制度使越来越多的律师成为法官，法官和律师团体的交流才会真实可靠广泛，律师和法官之间的信任才能有望建立，而信任正是成功的司法过程的重要条件。正如意大利著名诉讼法学家卡拉玛德雷所言，“律师与法官的关系是司法过程的基本问题，法官与律师应相互理解、尊重、宽容和信任。首先，法官须理解且体认：律师在场减轻了其负担，律师承担起繁重的工作，把原始的生活事实转化为可理解的法律语言；但律师也须理解，法官的任务比自己更加棘手且富有挑战性，因为尽管律师像战壕中的士兵，能事先知晓敌人将攻击的部位和自身须射击的方向，但法官须作出选择，而且要单独为此承担可怕的责任②。”

(三)完善法律援助制度

1. 司法部《关于进一步推进法律援助工作的意见》主要内容

2013年司法部发布《关于进一步推进法律援助工作的意见》，对于法律援助制度的完善提出了以下意见和要求：

一是积极做好为困难群众提供法律援助的工作。围绕促进解决涉及困难群众切身利益的社会热点问题，积极组织办理劳动争议、环境保护、食品药品安全、医疗等领域涉及法律援助的案件，重点做好农民工、下岗失业人员、妇女、未成年人、残疾人等困难群众法律援助工作。

二是扩大法律援助覆盖面。加快建立法律援助范围和标准的动态调整机制，促进法律援助与经济社会协调发展。

三是深化法律援助便民服务。

四是提高法律援助服务质量。提高案件办理专业化水平。完善服务质量监管机制，综合运用案件质量评估、案卷检查、当事人回访等措施强化案件质量管理，努力为受援人提供优质高效的法律援助。

五是强化法律援助监管职能。完善法律援助工作制度。提高法律援助工作保障水平。加强对经济欠发达地区和律师资源短缺地区法律援助工作扶持。

2. 评论：完善法律援助，给予困者公正的期望

丹宁勋爵曾言，“自第二次世界大战以来，法律方面最重要的革命就是法律援

---

① 戴中祥：《关于我国律师执业豁免权的思考》，载《中国司法》，2005年第5期。

② ［意］卡拉玛德雷：《程序与民主》，高等教育出版社2005年版，第65页。

助"①。我国从1994年起探索开展法律援助工作，至1996年确立了这一制度，截至2014年全国共办理法律援助案件124万多件，其中刑事法律援助案件24万多件，法律援助在维护困难群众合法权益中发挥着重要作用。它通过减免费用提供法律服务的方式，打通了贫穷者寻求公力救济的途径，从而把人间纠纷的解决纳入秩序化和程序化的途径中②，使所有人都可得到平等的武装，从而实现司法更大范围上的公平正义。

根据左卫民教授的实证研究，法律援助成为被告人获得辩护的重要甚至是主要手段，是法律援助已成为严重犯罪尤其是可能判处无期徒刑或死刑案件的最主要甚至是压倒性的辩护方式。③ 虽然刑事辩护只是法律援助的部分内容，但由此大致可以看出我国法律援助工作20多年来取得的巨大成就，但同时我们也不得不承认法律援助在制度和实践上还有很多问题需要予以解决：

一是地区发展不平衡，由于社会律师受利益驱动、法律援助机构受制于经费短缺等因素，我国法律援助实施主体主要集中在大中城市、经济发达地区。二是责任不明确。法律援助是政府责任，但各级政府承担什么样的具体责任，承担的形式，责任的后果与追究等都在目前的政策和法律中没有明确的界定。与此同时律师承担的法律援助义务则过重，律师承担法律援助义务是我国的特色，这样的做法严格来讲是缺乏法理依据的。而且由于补贴过低，律师的办案积极性，案件的质量都缺乏长效的制度支撑。④ 三是范围不够广泛。目前我国的法律援助对于经济困难要求较高，而且援助事项范围较窄，对于法律援助重点的刑事辩护领域来说，法律援助的适用范围不宽以及与之相关的辩护率低下。四是法律援助保障机制不健全。法律援助的经费保障、人员保障机制还未予以常态化、制度化。五是法律援助案件质量有待提高，对服务的质量监督、考评等还缺乏有效措施和手段。六是法律援助工作社会力量参与不足。

有鉴于此，我们可以在以下方面探索完善法律援助制度。

一是制定完善《法律援助条例》配套规章和规范性文件，《条例》作为系统调整法律援助制度的行政法规过于简单，仅有的31个条文不足以详细规定整个法律援助制度，建议对《条例》进行重新修订，对我国法律援助的性质，法律援助机构的设置、职能，法律援助的对象、条件、范围、实施者，法律援助的程序，法律援助的经费，法律援助的监督及管理等作出明确的规定，以确保法律援助制度和机构统一规范，协调有序地健康发展。

二是促进法律援助的社会化。我国法律援助从起步开始就以律师承担义务来推动。发展到今天，如果仍然依靠律师的超负荷承担义务，这项工作就会缺乏生命力。⑤ 可以

① ［英］丹宁：《法律的未来》，刘庸安、张文镇译，法律出版社1999年版，第97页。
② 贺卫方：《法学：自治与开放》，载《中国社会科学》，2000年第1期。
③ 左卫民：《中国应当构建什么样的刑事法律援助制度》，载《中国法学》，2013年第1期。
④ 郝茂成：《关于完善我国法律援助制度的思考》，载《中国司法》，2014年第12期。
⑤ 郝茂成：《关于完善我国法律援助制度的思考》，载《中国司法》，2014年第12期。

考虑由政府出资购买法律援助服务，鼓励社会组织进入法律援助服务领域，尤其是扩大高校法律诊所教育中法律援助服务的影响力和规模，加强基层法律工作者在农村地区法律援助服务中的作用。

三是扩大法律援助的范围。在刑事领域，目前我国法律援助的范围偏窄①，我们建议对刑罚可能是10年以上有期徒刑的严重犯罪在一审中实行普遍的法律援助，且逐步推行在侦查阶段法律援助律师即可进入在场的制度，进一步完善值班律师制度等②。在民事领域，现在法律援助的范围主要是涉及公民基本权利事项，下一步可以根据经济社会发展的需要逐步增加诸如土地征收征用，拆迁、债务等关乎公民重大利益的案件。

四是提高法律援助的质量。司法部对此的改革意见主要集中于对案件质量的监管机制建立，我们建议可以在法律援助工作前期就加强质量要求，严格选任负责且有经验的律师或者其他法律援助工作者去代理案件等。

法律最为声名狼藉的一点在于：它赋予富人比穷人大得多的权利，③ 现代国家通过法律援助将正义应当同样给予贫困的人以及那些根据他们自己的自由裁量权行事的人④，这在更大程度上促进了司法公正的广泛实现，而司法公正则是司法权威的生成基础⑤和司法活动的最高价值和终极目标。

（四）深化监狱制度改革

1. 监狱制度改革主要内容

深化监狱制度改革的主要内容是一是深化狱务公开；二是严格规范减刑、假释、暂予监外执行工作；三是健全监狱执法办案责任制，加强罪犯人权保障，继续深化监狱体制改革。对此司法部已经通过了《关于进一步深化狱务公开的意见》、《暂予监外执行规

---

① 《法律援助条例》第11条规定：刑事诉讼中有下列情形之一的，公民可以向法律援助机构申请法律援助：（1）犯罪嫌疑人在被侦查机关第一次讯问后或者采取强制措施之日起，因经济困难没有聘请律师的；（2）公诉案件中的被害人及其法定代理人或者近亲属，自案件移送审查起诉之日起，因经济困难没有委托诉讼代理人的；（3）自诉案件的自诉人及其法定代理人，自案件被人民法院受理之日起，因经济困难没有委托诉讼代理人的。《刑事诉讼法》第36条规定：被告人没有委托辩护人而具有下列情形之一的，人民法院应当为其指定辩护人：（1）盲、聋、哑人或者限制行为能力的人；（2）开庭审理时不满十八周岁的未成年人；（3）可能被判处死刑的人。《刑事诉讼法》第37条规定：被告人没有委托辩护人而具有下列情形之一的，人民法院可以为其指定辩护人：（1）符合当地政府规定的经济困难标准的；（2）本人确无经济来源，其家庭经济状况无法查明的；（3）本人确无经济来源，其家属经多次劝说仍不愿为其承担辩护律师费用的；（4）共同犯罪案件中，其他被告人已委托辩护人的；（5）具有外国国籍的；（6）案件有重大社会影响的；（7）人民法院认为起诉意见和移送的案件证据材料可能影响正确定罪量刑的。

② 李汉昌、詹建红：《刑事法律援助制度论要》，载《法学评论》，2000年第5期。

③ ［美］布莱克：《社会学视野中的司法》，郭星华等译，法律出版社2002年版，第96页。

④ 严军兴：《法律援助制度理论与实务》，法律出版社1999年版，第4~5页。

⑤ 周伟：《司法公正：司法权威的生成基础》，载《政治与法律》，2004年第5期。

定》，修订《监狱提请减刑假释工作程序规定》。下面主要对狱务公开和减刑假释工作的改革进行介绍。

《关于进一步深化狱务公开的意见》规定了应当向社会公众公开的23项内容，应当向罪犯近亲属公开的10项信息，尤其是包括了罪犯身体健康状况、体检结果以及疾病诊治等信息。创新狱务公开方式方法，进一步完善狱务公开工作制度，落实罪犯权利义务告知制度，强化公示制度，健全完善执法监督员制度等。

《监狱提请减刑假释工作程序规定》主要对于减刑、假释程序“五审核”和“一公示”①进行了完善，在监狱设置监狱减刑假释评审委员会的基础上，省(区、市)监狱管理局也相应成立减刑假释评审委员会，增加减刑假释评审委员会成员；强化了监狱刑罚执行部门的审查。明确了监狱提请减刑、假释严格实行办案责任制，执法司法人员在职责范围内对执法办案质量终身负责。对职务犯罪罪犯的备查审查作了指向性规定，要求监狱办理职务犯罪罪犯减刑、假释案件，应当按照有关规定报请备案审查。

2. 评论：以罪犯的人权保障为核心推进监狱制度改革

罪犯也有人权，罪犯被送入监禁是作为惩罚而不是为了惩罚，被剥夺的仅是人身自由权和部分罪犯的政治权利，其余作为人所天然所有的人权，作为公民所具有的公民基本权利都应当得到继续尊重和保护。另外，由于罪犯的特殊身份，其还拥有只有罪犯才享有的权利，这种权利的目的在于感化教育罪犯，培养罪犯适应社会的能力②。

监狱并非是远离社会的净土，近年来媒体公开披露的发生在监狱内部的狱警玩忽职守、收受贿赂、滥施酷刑、虐待在押罪犯等现象令人触目惊心。有鉴于此，加强罪犯的人权保障实属必要，而且通过对罪犯权利的保障还可以促进我国监狱制度中狱务公开、减刑假释工作、执法办案责任制等工作的进步和完善。具体来说，我们建议从以下几点入手加强对其的保障：

一是对监狱行刑权和罪犯的基本权利、基本待遇的规定应尽量具体、明确、详细，增强可操作性，以限制监狱自由裁量的范围和程度③。

二是加强狱务公开。司法部通过的《关于进一步深化狱务公开的意见》已经对于此项工作作出了较为详细的规定，在此不再详述，为了提升狱务公开工作的地位可以适时地在监狱法修订中增设有关条款。

三是切实做好减刑假释工作。在实践中，出现的减刑假释工作的不透明不规范一直是广受社会诟病的部分，监狱管理机关要严格依法执行对罪犯的减刑和保释制度。罪犯

① “五审核”即分监区或者未设分监区的监区人民警察集体研究、监区长办公会议审核、监狱刑罚执行部门审查、监狱减刑假释评审委员会评审、监狱长办公会议决定。“一公示”是指在监狱评审委员会评审之后将提请减刑、假释名单及意见在监狱内公示5个工作日。经过上述程序之后提请罪犯服刑所在地的中级人民法院裁定。监狱提请死刑缓期执行罪犯的减刑，无期徒刑罪犯的减刑、假释，在经过“五审核”和“一公示”后，还需呈报省(区、市)监狱管理局审核同意后，提请罪犯服刑所在地的高级人民法院裁定。

② 赵运恒：《罪犯权利论》，载《中国刑事法杂志》，2001年第4期。

③ 于慎鸿：《罪犯权利的限制与保护》，载《河南社会科学》，2006年第4期。

在服刑改造期间，凡接受改造，确有悔改或立功表现的，都可以获准减刑；确有悔改，不再危害社会的，可以获准保释，重点要防止在减刑保释问题上徇私枉法现象的发生，确保每个罪犯都可以得到公平公正的对待。

四是加强监狱的人性化管理。在行刑执行、日常管理、生活卫生、教育改造、心理矫正等环节都恪守人道主义原则，充分给罪犯以人文关怀。监狱固有的强制性和惩罚性不能遮蔽监狱执法的人道性和文明性，监狱行刑也应当体现现代刑罚具有的谦抑、宽和、人道的精神。从一定意义上讲，监狱走向法治、人道和文明其实是一个国家真正实现高度文明的特殊而重要的标志。①

（五）改革人民监督员制度

1.《深化人民监督员制度改革方案》主要内容

2015年3月7日，最高人民检察院、司法部将《深化人民监督员制度改革方案》（以下简称《方案》）印发实施。《方案》着眼加强对检察机关职务犯罪案件查办工作的外部监督制约，明确了人民监督员制度改革的总体思路，从人民监督员选任管理方式、监督范围、监督程序、知情权保障、加快制度立法等方面提出了具体改革任务。

《方案》提出改革人民监督员选任机制，明确了人民监督员的选任机关、选任条件、选任程序等内容。规定人民监督员由司法行政机关负责选任，省级和设区的市级司法行政机关分别选任同级人民检察院人民监督员；人民监督员每届任期五年，连续任职不得超过两届；省级人民检察院人民监督员和设区的市级人民检察院人民监督员不得互相兼任；为提高人民监督员的广泛性、代表性，《方案》规定符合条件的公民可以自荐方式参加人民监督员选任，增加了从机关、团体、事业单位中产生的人民监督员一般不超过选任总数的50%的要求。

《方案》提出改革人民监督员管理方式，明确司法行政机关负责对人民监督员进行初任培训、考核、奖惩等工作。规定司法行政机关建立人民监督员信息库。

《方案》提出拓展人民监督员的监督案件范围，明确人民监督员可对检察院办理直接受理立案侦查的11种情形的案件实施监督，即应当立案而不立案或者不应当立案而立案的；超期羁押或者检察机关延长羁押期限决定不正确的；违法搜查、扣押、冻结或者违法处理扣押、冻结款物的；拟撤销案件的；拟不起诉的；应当给予刑事赔偿而不依法予以赔偿的；检察人员在办案中有徇私舞弊、贪赃枉法、刑讯逼供、暴力取证等违法违纪情况的；犯罪嫌疑人不服逮捕决定的；采取指定居所监视居住强制措施违法的；阻碍律师或其他诉讼参与人依法行使诉讼权利的；应当退还取保候审保证金而不退还的，其中，后四种事项为新增事项。

《方案》提出完善人民监督员监督程序，明确了参与案件监督的人民监督员的产生程序、案情介绍程序、评议表决及审查处理程序等。规定参与具体案件监督的人民监督员，从司法行政机关建立的人民监督员信息库中随机抽选产生，与本案有利害关系或者

① 刘武俊：《监狱问题的法理透视》，载《东南学术》，2002年第4期。

担任过本案诉讼参与人的，不得担任该案的人民监督员。同时，《方案》为有效解决人民监督员监督意见效力偏弱、多数人民监督员意见未被采纳时缺乏救济程序等问题，专门设置了复议程序，规定检察机关处理决定未采纳多数人民监督员评议表决意见，经反馈说明后，多数人民监督员仍有异议的，可以提请人民检察院复议一次。

2. 评论：完善人民监督员制度，实现对监督者良好的监督

人民监督员制度，是指依据民主法治原则加以设置，由职权机关和相关组织遵循规则推举选任的人民监督员，按照一定规范与程序，对法律监督机关管辖的职务犯罪案件行使自由裁量权进行程序性监督，以规制职务犯罪侦查权、侦查监督权以及起诉权，保障其有序、公正、廉洁地运行，维护公平正义的一种新型社会监督制度①。人民监督员制度体现了人民主权原则的要求，符合权力禀赋理论，实现了对作为法律监督机关的检察院的监督，实现了对检察权的制衡，解决了"监督者由谁来监督"的问题，同时人民监督员参与司法过程，有助于司法民主和司法权威的实现，也是现代法治国家司法文明与进步的重要标志。

改革方案在一定程度上解决了我国人民监督员制度在实践中出现的诸多问题，如人民监督员选任不够广泛、代表性不足；监督机制缺乏刚性约束，大多数成了形式化的走过场；工作机构设置在检察院，且资金主要也来源于检察院，人民监督员的独立性和威信力不足等。②

其改革的方向和措施也是正确和合理的，首先，人民监督员改由司法行政机关选任既实现了选任机构的独立性，使监督者独立于被监督者，也从源头上保证了人民监督员产生的公正性；其次，选任机制更加科学合理，改革方案增加的从机关、团体、事业单位中产生的人民监督员一般不超过选任总数的50%的要求，使人民监督员更具代表性和广泛性，使更多的民众，特别是基层民众和非公职的民众，有更多的机会担任人民监督员；再次，加强了人民监督员工作的程序性支持。人民监督员对具体案件的监督，离不开对案件事实情况和有关法律规定的了解。《方案》规定，监督前、监督中应向人民监督员充分提供、介绍有关案件事实、证据和法律适用等材料，必要时可以通过收听收看讯问犯罪嫌疑人相关录音录像了解当事人的意见；最后，完善了对人民监督员评议表决和检察机关审查处理程序，复议程序的设置提升了人民监督员意见效力的刚性。

关于人民监督员制度，笔者还提出了以下几个问题供大家参考和讨论：

一是人民监督员的监督效力是否应该具有实体性效力。针对之前人民监督员制度名存实亡，效力很低的情况，有人提出可以赋予人民监督员以实体性的强制效力，但是笔者认为这种实体性效力的赋予已经超出了人民监督员制度的应有之义，形成对检察机关事实上的分权，阻碍了检察机关正常工作的开展。其监督结果只能是像改革方案中设计的那样，通过检察机关的内部程序设计、民主机制、检察长的判断能力和上级检察机关的权力监督发挥效力。民众参与司法的作用不应是"替代性"的，而应是"补足性"的，

① 徐汉明：《人民监督员制度的根据、特征与功效》，载《法学评论》，2006年第6期。
② 陈卫东：《人民监督员制度的困境与出路》，载《政法论坛》，2012年第5期。

更确切地说应当是“查漏补缺”的性质①。

二是人民监督员的监督范围能否拓宽？人民监督员制度设计之初，检察机关主要考虑的是消除公众对自侦案件的质疑，是主动创造出的一个公众对自侦案件进行监督的机会，整个制度均由检察院设计和控制。目前，职务犯罪案件仅仅是检察机关办理的一小部分案件，刑事案件迅速增长，而司法资源是有限的。检察机关获得了越来越多的自由裁量权，滥用检察裁量权的危险性不仅存在于职务犯罪案件当中，而且也存在于普通刑事犯罪案件当中。是否可以考虑将最高检察机关对于监督范围的规定从“人民检察院直接受理立案侦查的案件”扩展到对普通刑事案件中检察院的检查监督工作②。

三、司法行政改革总体评价

从总体方向上来看，本次司法行政改革除了人民监督员制度外基本还是在沿着已有的进路进行增量改革，当然就各项改革措施来看，大多还是较为合理和科学的，既体现了对实体性事务的完善，也体现了对程序正义的要求，既考虑到了现有体制机制的实际情况，也采纳了学界对于改革的诸多建议，尤其是对于司法公开的强调，使本次改革充分体现了现代司法文明的精神，这些都值得肯定。从两高的司法改革意见到司法部的司法行政改革，虽然同属于司法改革范畴，但其中相互的联系并不强，司法改革碎片化现象严重，几个部门各自为政。司法行政部门本应该发挥其司法行政权的双重属性，承担法检部门的行政管理事务，从而使法检可以集中精力处理司法案件，但奈何长期以来司法行政机关人微言轻，没有影响整体决策层的资源和能力。如果不重视司法行政机关的权力授予及行使，那么此次改革虽然有限地解决了一些司法顽疾，如地方化和行政化，但却会促使司法机关权力独大，最终遭致更严重的司法困境，这必须引起我们的重视。

（作者简介：何盼盼，武汉大学法学院2014级宪法与行政法学硕士研究生。）

◎ **点　评**

本次司法行政改革在程序法或实体法上都有相应的依据、目标和步骤，司法行政领域也确实具有现实的改革需求，因此，较之于法院与检察院的改革方案，司法行政的改革更符合法治路径的方略。其次，本次司法行政改革基本包含了司法行政的所有主体内容，当然也有遗憾，即未能对司法执行作出制度改革。从其改革内容来说，社区矫正与监狱制度改革，应当要体现刑事谦抑主义、缓刑化和社会人性化的大趋势，对刑事责任的担负也应当体现对刑事责任惩罚性向教育、恢复功能的转变。在法律援助制度改革上，应当吸收一批志愿者参与到法律援助活动中，以弥补政府资助的亏欠及公共精神的培育。律师制度改革原则上应当向着充分地行使其权能、权利，建构起法律制度下的职

① 李卫东、维英：《人民监督员制度试行状况实证分析》，载《中国刑事法杂志》，2011年第2期。

② 黄明高：《人民监督员制度的现状与完善》，载《湖北警官学院学报》，2014年第9期。

业保障制度和职业伦理。对于监狱管理的改革，应当重视对服刑人员基本的生存保障；对于减刑、假释、保外就医等，应当在权限、标准和程序上予以更加制度化、可操作化；在监狱设施建设方面上，现在的监狱场所主要是过去十年前，甚至更久的农场、茶场等改设，现在翻倍的犯罪人员增长，已经凸显管理上的漏洞，《监狱管理法》应当适时修订颁布。

（点评人：武汉大学法学院　江国华教授）

公安改革评论

——《关于全面深化公安改革若干重大问题的框架意见》评析

林佳燕

摘　要：围绕《公安改革意见》的文本，文章首先指明公安改革的必要性和目标，然后提炼出公安改革意见的几个亮点：建设社会征信体系，完善居住证制度，健全公安机关办案制度以及建立特殊的警察管理制度和规范警务辅助人员的管理。这些亮点弥补了先前制度的诸多遗憾，推进了便民、公正的进程。在肯定公安改革进步的同时，本文也指出了当前改革中的不足，强调了进一步深化改革应予施行的措施。公安改革是整体司法改革体系下的一环，应与其他领域的改革统筹配套，协同推进。

关键词：公安改革；亮点；改革路径；司法改革

一、《关于全面深化公安改革若干重大问题的框架意见》的概述

（一）公安改革的必要性

公安机关肩负打击违法犯罪、维护国家安全和社会安定的重大任务，也承担着治安、户籍、边防、消防、出入境、交通等众多管理服务职能。相比于法院和检察院，公民生活与公安机关的联系更加紧密。公民对于社会安全、公正最直观的感受来自于公安机关的职权行为。而当前，随着社会动态化、信息化带来的巨大变化以及全面依法治国的展开，公安工作和公安队伍建设出现一些不适应发展的问题。这些不适应，既有思想理念上的滞后，也有能力素质上的差距；既有体制机制上的制约，也有警务保障上的不足。要破解这些长期困扰和影响公安工作发展进步的难题，必须迎难而上、改革创新①在全面深化改革的大背景下，公安部成立全面深化改革领导小组，经过紧锣密鼓的研究谋划、深入调研论证，形成了《关于全面深化公安改革若干重大问题的框架意见》及相

① 《公安部负责人就全面深化公安改革有关情况答记者问》，新华网，http://news.xinhuanet.com/legal/2015-02/15/c_1114379163.htm，最后访问时间 2015 年 4 月 3 日。

关改革方案稿。

(二)公安改革的总体目标

《关于全面深化公安改革若干重大问题的框架意见》(以下简称《意见》)明确了公安改革的总体目标，即完善与推进国家治理体系和治理能力现代化、建设中国特色社会主义法治体系相适应的现代警务运行机制和执法权力运行机制，建立符合公安机关性质任务的公安机关管理体制，建立体现人民警察职业特点、有别于其他公务员的人民警察管理制度。① 到2020年，基本形成系统完备、科学规范、运行有效的公安工作和公安队伍管理制度体系，实现基础信息化、警务实战化、执法规范化、队伍正规化，进一步提升人民群众的安全感、满意度和公安机关的执法公信力。②

(三)《意见》主要内容

为了达成上述目标，全面深化公安改革坚持以问题为导向，将改革的指向聚焦在三个方面：一是着力完善现代警务运行机制，提高社会治安防控水平和治安治理能力，提高人民群众的安全感。二是着力推进公安行政管理改革，提高管理效能和服务水平，从政策上、制度上推出更多惠民利民便民新举措，提高人民群众的满意度。三是着力建设法治公安，确保严格规范公正文明执法，提高公安机关执法水平和执法公信力，努力让人民群众在每一项执法活动、每一起案件办理中都能感受到社会公平正义。③ 围绕这三个方面，全面深化公安改革具体制定了100多项改革措施，可以划分为七个领域：一是健全维护国家安全工作机制；二是创新社会治安治理机制；三是深化公安行政管理改革；四是完善执法权力运行机制；五是完善公安机关管理体制；六是健全人民警察管理制度；七是规范警务辅助人员管理。④

二、《意见》亮点解读

(一)建立社会征信体系

1. 意见内容

《意见》提出推进社会征信体系建设，提升有效预防犯罪的能力。要通过改革，加快推进国家人口基础信息库建设，积极搭建部门共享、高效运转的信息平台，有效预警预防违法犯罪；加快建立以公民身份号码为基础的公民统一社会信用代码制度，推动建立违法犯罪记录与信用、相关职业准入等挂钩制度，发挥信用监督、威慑和惩戒作用，

---

① 参见《关于全面深化公安改革若干重大问题的框架意见》。

② 参见《关于全面深化公安改革若干重大问题的框架意见》。

③ 参见《关于全面深化公安改革若干重大问题的框架意见》。

④ 参见《关于全面深化公安改革若干重大问题的框架意见》。

积极促使公民自觉守法遵法；健全重点物品、重点行业安全监管机制，实现快递、物流、网购等行业实名登记等安全监管制度，完善犯罪信息通报机制。

2. 必要性

目前公民在公安机关的个人信息、办理社会保险的投保信息以及有关个人资产的银行信息等在各个部门之间并不充分共享，存在着交换的盲区。不管是公职部门处理公务还是公民办事，都经常需要跑多个部门，开不同证明。而一旦公民统一社会信用代码制度建立起来，公民在不同金融机构、行政机构、司法机构等的个人信用记录和信息能够统一收集整理并显示，相关机构在利用时能快捷、方便地获得完整、真实的信息，极大地提高了工作效率。①

建设社会信用体系，也是对完善我国社会主义市场经济体制需要的回应，对整顿市场经济不成熟时期混乱的社会经济秩序有着重大意义。当前社会中屡屡出现恶意拖欠和逃避银行债务、偷税漏税、商业欺诈、制假售假、非法集资等扰乱市场经济秩序的行为。为了解决这种市场无序、信用失范的问题，在我国的《民法通则》、《合同法》和《反不正当竞争法》中都有诚实守信的法律原则，刑法中更有对诈骗、销售假冒伪劣产品罪等不讲信用的犯罪科以重刑的规定，但多年来的实践证明，由于执法不力或者违法者巧妙利用法律漏洞，现行法律已经不能满足现实纷繁复杂的经济活动的需要，不足以根除失信行为。根据西方国家一百多年来建立信用体系的经验，只有把信用作为商品，运用市场的手段，并结合一般信用管理法律规范，才不失为解决市场经济秩序混乱、信用失范现象的好方法。② 通过建立个人信用征信制度，使信用与自身切实利益挂钩，这样人们才会为了在市场经济交往中获得更多有价值的机会，谋取最大利益，而注意规范自身言行，注重自身形象，拥有不断提高个人信用质量的动力。

由上可知，加快建设社会信用体系，对于打击失信行为，防范和化解金融风险，维护正常社会经济秩序，保护群众权益有重要的现实意义，也能推进政府更好地履行经济调节、市场监管、社会管理和公共服务的职能。

3. 建立社会征信体系的途径

虽然建设社会征信体系在社会主义市场经济下是必要而迫切的，但我们也应看到征信体系是一把双刃剑，它在便利个人生活、稳定金融秩序、增强社会程序的同时，也带来了个人信用信息泄露和滥用的巨大风险。由于社会征信体系建设直接涉及公民隐私等问题，因此必须以法律法规作为制度保障，我国现行有关信用方面的全国性的规章仅有中国人民银行颁布的《个人信用信息基础数据库管理暂行办法》。但这部规章仅仅是就个人的银行信用信息管理作出规定，调整范围狭窄，没有触及个人信用的其他方面，在当今这个以信用为基础的社会已经不能适应发展的需要。另外，由于其颁布时间较早，规范相对简陋粗糙，这部管理办法更像是银行内部的工作程序规定，没有明确划分个人隐私和可公开信息，仅对个人信息的保护作概括式的模糊规定。这种状况导致了我国个

① 李章明：《个人征信制度中隐私权的保护研究》，重庆大学硕士学位论文，2008 年。

② 刘颖：《个人信用征信中隐私权保护研究》，西南财经大学硕士学位论文，2005 年。

人征信业面临独有的尴尬与困境：一方面，由于缺乏相关法律的支持，从而难以有效地开展征信工作以获得相关数据，导致信用数据征集困难；另一方面，对公民数据的征集是在公民不知情的情况下进行的，由于没有法律对公民的信用数据加以区分，难免处于侵犯个人隐私权的尴尬境地。① 因此需要强调的是，在个人征信立法中要对保护公民个人隐私权作明确规定，以体现其他主体知情权与自身隐私权间的平衡。由于涉及公民基本权益，个人征信立法的相关法律应该由全国人大常委会起草审议。借鉴各地个人征信立法的实践经验，全国性的个人征信立法应尽量体现以下几个方面的内容：首先要明确个人信息的收集范围和程序。信息收集范围原则上应该以交易主体对信息的需求为限，一般而言，凡是有助于市场主体作出正确决策的有关自然人的行为信息或状态信息应该予以收集，这些信息最主要是公民的财产，经济状况等能反映个人信用、信誉、经济能力等方面的信息。② 同时，除了法定情形外，征信机构在收集其他个人信息时，须经被收集人许可。这样可以降低信息被滥用的风险。在个人信息收集的程序方面，征信必须符合一定的法定程序，要在国家法律、法规许可的范围内以合法的手段开展收集信息工作，而不能采取窃取、骗取、夺取等非法手段。其次，要明确个人信息的公开范围，个人信息不能随意向第三方泄露。立法中可以采取法定事由和约定事由相结合的方式，除相关信贷金融机构和国家机关行使职权外，其他主体获取个人信息需要信息主体授权，以达到隐私权与相关交易主体知情权的衡平。

除了在征信立法中对公民个人信息进行特殊保护外，在这个网络发达的时代，由于各种信息漏洞层出不穷，还应尽快出台专门的《个人信息保护法》以界定数据保密范围，规范对涉及个人隐私、商业秘密等特殊信息的保护措施，保证信息主体的合法权益。个人信息保护法在严格限制征信业者等掌握个人信息的机构对信息的处理方式，明确相关主体有防止信息泄露的作为义务的同时，最重要的是建立个人信息保护的监督救济机制，确定个人信息受到侵犯时法律责任的承担，改变当下信息泄露时投诉无门的状况。

虽然完备的征信管理法律体系是建立社会征信体系的基础和必然要求，但个人信息的收集和管理还需要专门的机构来监管。尽管中国人民银行已于 2003 年被明确赋予征信管理职能，成立了征信管理局，但人民银行作为中央银行，其制定和执行货币政策，监管金融活动的职责已十分繁重，并且随着我国个人信用的发展，其监管的难度会更大。征信局是人民银行的内设监管机构，由于商业银行本身也是征信主体，这样会造成其既当运动员又当裁判员的局面。长期以来我国征信业缺少统一的监管部门，存在多头监管与无人监管并存的状况，征信市场发展混乱。③ 虽然 2008 年中国人民银行的征信管理职能由信贷扩展至整个征信业，但由于人民银行本身业务范围的局限，其对证券资

---

① 胡国华：《我国个人征信体系存在的问题和对策研究》，上海交通大学硕士学位论文，2008 年。

② 邓敏贞：《我国个人信用征信制度的立法探讨》，载《中山大学研究生学刊》(社会科学版)，2006 年第 4 期。

③ 参见杨晖：《我国征信体系的建设与发展研究》，载《金融教学与研究》，2010 年第 1 期。

信等部门的监管常常力不从心，不利于当前整个社会征信体系的全面协调发展。因此当前迫切需要将其职能分离出来，成立专门的高级别管理机构——国家个人征信管理局，直属于国务院。既便于今后对个人信用行业的有效监管，也便于统筹规划和协调，使我国个人信用管理体系早日建立。

4. 对实施快递、物流、网购实名制的看法

《意见》提出要实现快递、物流、网购等行业实名登记的安全监管制度。从储蓄实名制到火车票实名制，实名制作为一种管理手段在我国已实践多年。实行实名制在公共管理领域效果显著，如手机号码和火车票的实名制在遏制电信诈骗和打击倒票，维护旅客出行的公平方面起了重要作用。但实名制的范围有越来越扩大的趋势，如广州亚运会期间实名制买菜刀、十八大期间实名制买遥控飞机，大范围的实名制受到了公众越来越多的质疑。这些质疑体现了公共利益和个人自由之间的冲突。作为一种行政监管手段，现阶段实名制大多依据红头文件实行，但因为实名制增加了民众负担，限制了公民的私权自由，所以必须有正当的理由和明确的法律依据，以减少权力的随意性。实行实名制应通过一定的民主程序，可以加入听证程序听取公民意见，在不同利益方充分博弈和协商的基础上，增进实名制的民意基础，而不应该由某部门闭门造车，自己拍板决定。另外，政府部门在采取实名制时也应符合比例原则，首先满足适当性要求。政府部门要求对某种私人行为实名制可以满足其想达到的管理目的。其次应符合必要性要求。实名制应是一种对公民自由妨碍较少的方式，如果能够采取其他对私权侵害更弱的方式实现治理目的，就不能采取实名制。最后要满足狭义比例原则。采取实名制给公民带来的私权损害不能超过行政管理所实现的公共利益，并且不能突破人性尊严不可侵犯的底线。由上，政府采取实名制，必须在行政目的与给公民造成的后果之间进行权衡。为了减少实名制带来的泄露公民隐私的风险，同样也需要尽快出台《个人信息保护法》。

总之，即便是在公共利益的目的之下，行政机关实施实名制也必须遵循法治原则，始终保持权力的自我克制，体现对私权自由的充分敬畏。如此，才能让实名制真正运行在法治框架内，达致公益与私权的平衡。①

(二)全面实施居住证制度

《意见》中提到要扎实推进户籍制度改革，取消暂住证制度，全面实施居住证制度，建立健全与居住年限等条件相挂钩的基本公共服务提供机制。

1. 必要性与合理性

为了管理改革开放以来不断涌入城市的流动人口，暂住证制度在我国实行了30年。虽然这项制度在此期间几经改革，但每次都只是在现有的框架下小修小补，无法改变其固有的弊端。暂住证制度虽给予外来人口一定的居住权限，但流动人口无法和常住人口一样平等地享受社会保障和公共服务，造成人口二元分化，在就业和子女受教育权方面

① 参见尹建国：《我国网络信息的政府治理机制研究》，载《中国法学》，2015年第1期。

也存在诸多不平等。① 在流动人口日益庞大的当下，暂住证的管控功能也已十分弱小。为了增进公民权益，谋求个体共同发展，这次公安改革提出要全面实施居住证制度。其实居住证制度在我国一些城市已实施多年。不同于暂住证的主要任务是社会治安管理，没有规定持证者能够享受的权利内容，居住证更强调权利和义务的统一，既划定了申请的基本条件，也规定了持有者的权利，突出了保障性与公平性。居住证制度为流动人口提供基本社会保障，使得其受教育权、医疗卫生权、劳动保障权得到了强化，并让达到一定条件的流动人口享受和本地常住人口差不多的市民化待遇。这些措施维护了流动人口的人格尊严，促进了社会公平。

2. 实现路径

但是居住证制度本身并不是完美的，它只是户籍制度改革的一个开始。如已经在居住证制度实施上探索了很多年的上海，它采用积分制，根据不同积分，为持证者提供梯度化的公共服务，根据积分规则，持证人越年轻、学历或职称越高、专业越紧缺、纳税或其他社会贡献越多，积分就越高。② 有人诟病这项制度根据外来人口的能力特征给予不同的社会福利，扩大了不同居住证持有人的差距，从制度上加剧了社会分化。但市民待遇差异化在现阶段却是不可避免的。因为产生于特殊社会经济背景下的中国户籍制度，已然渗透于政府公共管理的方方面面，短时间内完全剥离与户籍相连的各项福利政策是不可能的，草率而为，不免有“牵一发而动全身”的后果，改革成本过大。③ 因此，当前改革的关键应在城市管理过程中逐步降低户口含金量，逐渐消除基本保障中“市民待遇”的差别，加大财政投入，逐步实现基本服务均等化。即首要解决外来人口普遍关心的教育医疗问题，然后推进选举权等政治权利的落实。

具体来说，首先，对于外来人员关心的子女教育问题，适当加大对基础教育设施的投入力度，加建教学楼，扩充师资，清理并禁止向外来人口缴纳借读费、学校建设费等收费项目。不另外建设农民工子弟学校，而是享受本地一体化教育，促进外来人口和本地人口义务教育均等化。

其次，应设计合理的社会保险制度，以逐步实现对一般打工者及边缘人群在基本养老保险、城镇职工基本医疗保险、住房公积金等社会保障项目的全覆盖。对于从事低技能、低收入工作的社会最底层的边缘外来人口，应逐步增加他们可享有的“市民待遇”项目，必要时对其实施医疗救助，并根据统一标准将其纳入社会优抚法的范畴。逐步对外来人口放开廉租房，减轻其住房压力。当然最重要的是加强外来人口的教育、职业培训，统一劳动力市场，保护他们的合法劳动权益。

最后，我们在推进居住证制度的时候，也要充分认识到，居住证制度与暂住证制度

---

① 参见谢生华：《论流动人口的法律地位及其权益保障》，载《甘肃社会科学》，2004 年第 6 期。

② 胥会云、陈益刊、缪琦：《上海居住证新政：达标 120 分享受市民化待遇》，载《第一财经日报》，2013 年 6 月 20 日。

③ 张玮、王琼、缪艳萍、丁金宏：《大城市外来人口离“市民待遇”还有多远？——以上海市居住证制度为背景》，载《人口与发展》，2008 年第 4 期。

一样，只是时间或长或短的过渡，它并非户籍制度改革的最终归宿。因此，居住证制度既是户籍制度改革的一部分，同时又要推动户籍制度的改革，通过对流动人口权利和义务的合理界定，找出服务和管理的平衡点，在流动人口责任、权利和义务的对应中，在均等享有公共服务的进步中，实现户籍制度的彻底改革。① 以期让户籍制度还原其本来面目，作为户口登记的平台，而不再是限制自由迁徙的工具。

(三)健全公安机关办案制度

刑事侦查是开启刑事诉讼程序的基础性环节，侦查权的行使直接关系到刑事诉讼活动的成败得失。② 由于刑事侦查手段相对隐蔽，并可能用到技术性侦查措施，它与公民的基本权利息息相关，因此健全公安机关办案制度是公安改革的重要一环。

1. 受案立案分离和立案归口管理制度

目前，我国的受案立案体制是把不同类型的案件交给不同警种来立案，如经济类犯罪归经侦部门受理、审核，交通事故类犯罪归交警部门受理、审核立案。这种做法导致受案、立案、办案在一个部门里完成，缺乏有效的外部监督，容易产生利益输送。而如果由一个独立的部门处理立案事宜，由于立案人员不参与具体办案，则可以减少利益输送发生的概率。

实行立案归口管理制度，也可以防止冤假错案。现在的刑事案件立案过程是公安机关在接到110举报后，先由出警民警判断是刑事案件还是治安案件，如果是刑事案件，则由刑警经过现场勘查、搜集证据后决定是否立案。③ 这样可能由于办案人员业务素质不高或者出于自身利益的考量而错误立案。如果设一个专门的立案部门，则可以对是否应该立案有更全面、专业的判断。

公安机关办理刑事案件时，虽然对犯罪嫌疑人拘留之后有内部的法制部门审查是否提请逮捕以及在犯罪嫌疑人被逮捕后存在预审程序，但这都属于事后审查的范围。即使审查出来不应立案，嫌疑人的人身自由也已经受到了一定限制，损害已经造成，无法弥补。并且侦查程序一旦启动，对嫌疑人采取强制措施后，公安机关为了自身的考评和形象，常常一错到底，特别是检察机关批准逮捕以后，在两个机关的压力下纠错更加困难。④ 设一个独立于侦查部门的专门立案部门进行事前审查，对立案归口管理，能够加强对案件的监督，使错案不仅仅依赖法院的最后的把关和救济，而且是在源头处就对冤假错案进行控制。

---

① 张国锋：《居住证制度是户籍制度渐进改革的过渡》，载《公安研究》，2012年第1期。

② 参见韩立峰、孙广义：《刑事侦查立案制度的理性反思》，载《中国人民公安大学学报》(社会科学版)，2008年第3期。

③ 《公安深改方案解读/严把冤假错案第一关，探索立案归口管理》，澎湃新闻网 http://news.163.com/15/0215/19/AIH4J90400014SEH.html，最后访问时间2015年4月3日。

④ 《公安深改方案解读/严把冤假错案第一关，探索立案归口管理》，澎湃新闻网 http://news.163.com/15/0215/19/AIH4J90400014SEH.html，最后访问时间2015年4月3日。

2. 完善适应证据裁判规则要求的证据收集工作机制

在公安机关的刑事侦查工作中，收集证据可以说是整个侦查活动的基础和核心工作，因为收集证据是分析案情的前提和先决条件，是判断、认定案件事实的基础。① 收集证据工作没有做好，就无法完成侦查的目的和任务。近年来全国刑事错案发生的缘由，很多涉及公安机关刑讯逼供或渎职滥权，说明公安机关在刑事侦查中存在着证据收集与运用方面的巨大漏洞，所以当下完善适应证据裁判规则要求的证据收集工作显得重要与迫切。

首先，要改变口供中心主义的方式，全面收集证据，根据刑事诉讼中规定的“证据确实、充分”的证明标准，对于一个刑事案件的每一证据材料均须查证属实，证据和案件事实之间要存在客观内在联系，证据与证据之间、证据与案情之间出现的矛盾都要得到合理的排除，结案时认定的事实和情节，都有相应的证据予以证明，所得出的结论必须是唯一的、排他的。② 其次，为了切实减少刑讯逼供现象的发生，改变靠口供定罪的局面，除了对讯问犯罪嫌疑人进行全程录音录像、改变破案率至上的考核机制外，还应增加对公安机关的物质投入，为公安机关引进高科技的侦查鉴定设备，改善侦查条件，这样可以降低口供在认定案件事实中所占的比重，公安机关可以拥有有力的物证进行补强，从而减少侵害犯罪嫌疑人人身权利的行为，消灭毒树之果。

3. 完善听取辩护律师意见制度

听取律师意见，有利于充分发挥律师的专业素养，兼听则明，防止公安机关在事实认定、法律适用方面出现错误。并且该制度通过律师的参与加强对公权力的监督，使案件的处理更加公平公正。为了防止公安机关对律师的合法要求拖延推诿，应该要规范听取律师意见的制度。规定听取律师意见的时间、场所、主体和方式。尤其要注重听取意见后的反馈。

对于律师提出的意见，办案人员必须进行审查，在相关工作文书中叙明律师提出的意见并说明是否采纳的情况和理由。在事实和法律方面对律师意见是否采纳进行释法说理，这能使公安机关慎重对待辩护律师的意见，更好地维护犯罪嫌疑人合法权益。③

(四)建立有别于其他公务员的人民警察管理制度和保障机制

《意见》提出根据人民警察的性质特点，建立有别于其他公务员的人民警察管理制度和保障机制。按照职位类别和职务序列，对人民警察实行分类管理。完善人民警察抚恤优待制度，建立健全人身意外伤害保险等职业风险保障制度。

这项改革是由公安机关的性质任务和人民警察的职业特点决定的。人民警察的工作不同于一般公务员。一是任务重，由于我国基层警察人数紧缺加上社会进入转型期，公

---

① 闫召华：《口供中心主义评析——以我国口供规则实施问题为视角》，西南政法大学博士学位论文，2012 年。

② 冯洽文：《公安机关刑事侦查中证据收集问题研究》，南开大学硕士学位论文，2009 年。

③ 郑旭：《听取律师意见每个细节都要规范》，载《检察日报》，2015-02-25，第 3 版。

安机关任务繁重艰巨，公安民警节假不休、通宵值班已成为工作常态。二是风险高。近些年全国平均每年四百多民警牺牲、三四千人负伤，是和平时期牺牲奉献最大的一支队伍。三是压力大。长期加班连轴转加上工作环境复杂，大多数公安民警都处于亚健康工作状态。而且由于当前公众的权利意识与法治意识不匹配，经常遇到不配合甚至暴力抗法，精神压力也较大。尤其是基层民警受机构规格和职数比例限制，人数多、职务少，职业发展空间受限。① 由此可见，中国现有的警察管理制度和保障机制与警察承担的职责使命和作出的牺牲奉献不相适应，导致地方民警流失现象比较严重，基层警察后继无人的问题越来越突出，阻碍了人民警察队伍整体素质的提升。这样不仅社会治安无法得到保障，而且也间接地增加了公民权利受到侵害的风险。

提高民警的工资待遇，高于一般公务员，使工资与工作强度成比例，可以在保证一线警力不大量流失的情况下，还能吸引优秀人才加入公安队伍，提升警察整体素质。待遇的提高也会促进警察更加遵守职业规则，使公众能直观地感受到执法的合法、合程序性，提升对公权力的信赖度。为民警投保人身意外伤害险，缓解了实践中很多因公伤亡的民警家庭的生活困难，同时也减轻了他们的精神压力。对人民警察进行分类管理，可以对不同种类的警察分别进行考评，使得通过改革，在一线负担执法任务的民警只要坚守岗位，尽职尽责，即使没有取得领导职务，工作到一定年限，就能享受相应的待遇，这可以促使一线民警心无旁骛，安心本职工作。逐步建立起与人民警察职业特点相适应的分类管理制度，为专业技术人员开辟一条适应其职业特点的晋升通道，拓展警察职业发展空间，从而吸引更多的技术类人才进入公安队伍。②

(五)规范警务辅助人员的管理

社会事务的烦琐复杂和警察人数的有限，导致实际社会治理事务中警力严重不足。为了满足公众对安全的需要，解决警力不足的实际问题，辅警队伍应运而生。我国长期以来未有明确的关于辅警主体身份定位的法律规定，辅警在法律上没有任何“名分”。法律的长期缺失，导致了辅警身份的尴尬，不仅严重削弱了辅警职业的归属感、认同感，而且更使得辅警履职的正当性、合理性及合法性缺乏法律根据。③ 再加上辅警工资待遇低，导致辅警心理失衡，容易暴力执法。

因此为了改变实际执法中的乱象，要使辅警相关制度法制化，规范化。可以借鉴相关地方辅警管理制度的规定，如《苏州市警务辅助人员管理办法》就是一个很好的范例，该办法明确辅警是受委托的行政主体。公安机关作为委托人，委托辅警执行一定的行政

① 《公安部负责人就全面深化公安改革有关情况答记者问》，新华网，http：//news.xinhuanet.com/legal/2015-02/15/c_1114379163.htm。

② 参见史全增、解源源：《论辅助警察参与警察执法的正当性》，载《中国人民公安大学学报》(社会科学版)，2015年第2期。

③ 汪凤姣、孙瑞祥、郭文龙、朱亚光：《新时期辅警制度发展方向初探》，载《北京警察学院学报》，2013年第1期。

行为，该行为的法律后果由公安机关承担。明确公安机关与辅警之间的委托法律关系后，应再根据不同警察任务确定辅警的法律职责，也即应明确何种行政任务可以被委托。

对于涉及公民基本人身权和财产权的执法行为，只能由警察行使，不能被委托，辅警不得插手。而包括如日常巡逻、安保、交通秩序维护等任务。因为不直接涉及人身权和公民的财产权，所以在合法程序下可以被委托。针对此类任务，辅警可以着装后，参与日常巡防、安全保卫、交通秩序维护等。但要强调的是辅警执行任务的辅助性，明确辅警与公安机关之间的行政委托关系，辅警必须以公安机关的名义而不能以自身的名义从事此类工作，执行该类任务的法律后果也由委托机关即公安机关承担。①

除了以上任务，对于一般行政事务可以通过辅警规章制度规定由辅警单独执行。

另外，也要规范辅警的招录条件和保障制度，以提高辅警待遇，增强其工作积极性，使其安心于本职工作，提高整个辅警队伍的素质。

三、对公安改革意见的评价

《公安改革框架意见》涵盖了公安工作和公安队伍建设的各个层面、各个领域，既有公安管理体制的改革，又有警务运行机制的完善；既务实解决当前突出问题，又注重推动公安事业长远发展。尤其是这次改革紧紧抓住便民这个基本点，回应了公众的期待。比如，驾考改革，放开自学直考，使得公众不必依附于驾校。但老生常谈，改革最重要的是落实。公安改革并不是首次提出，改革开放以来公安机关在机构、人事、职能、工作机制等方面进行了大大小小多次改革，但由于改革措施未能有效推进，效果寥寥。此次改革对影响公安发展的深层次问题进行了破解，但在对管理体制、运行机制、警务保障进行改进和完善的同时，也触及对公安机关自身利益的剥离。因此要确保改革沿着既定的路线图和时间表推进，需要公安机关明确自己管理与服务的双重定位，并加强对实施改革的监管，坚定克服改革阻力，以强大的魄力推动改革。公安改革并不是孤立的，它是深化司法体制和社会体制改革的重要组成部分。因此公安改革的一个重要特点，是更加注重从维护国家安全和社会稳定、促进经济社会发展的全局高度进行宏观思考、顶层设计，注重与相关部门、相关领域的改革统筹配套、协同推进。② 比如，公安改革中有听取检察机关意见的规定，就结合了检察改革中加强对侦查监督的意见，所以在落实此次改革方案时，需要相关部门共同发力、综合施策，确保各项改革举措良性互动、相互促进。同时，公安机关许多社会管理方面的改革也需要社会的广泛参与与支持。

（作者简介：林佳燕，武汉大学法学院2014级宪法与行政法硕士研究生。）

---

① 郑晓萍：《创新社会治理下的辅警法制化问题探析》，载《天津法学》，2014年第3期。

② 郑晓萍：《创新社会治理下的辅警法制化问题探析》，载《天津法学》，2014年第3期。

◎ **点　评**

作为与司法改革纲要、检察改革意见和司法行政改革并立的公安改革，部门改革皆体现出“本位化”特征，围绕自身职权出发的制度优化，缺乏协调衔接的综合改革方案。建立于各部门之上的司法与司法行政，打破部门化各自为政的现状。其次，改革意见涉及许多法律保留、个人基本权利的事项，法治国家应当以法律制度的先行为基础，部门化的改革意见显然与法治要求不符。改革开放初期，尚无经验与参照，但现阶段社会主义法治实施阶段，则应当以法制先行。

（点评人：武汉大学法学院　江国华教授）

人民陪审员制度改革评论

——《人民陪审员制度改革试点方案》评析

詹 月

摘 要：最高人民法院、司法部近日印发《人民陪审员制度改革试点方案》，就人民陪审员制度改革试点作出部署。本文从陪审制度着手对比我国人民陪审员制度，重点分析了改革试点方案的几大特色改革要点，通过改革完善人民陪审员制度推进司法民主，促进司法公正，保障人民群众有序参与司法，提升人民陪审员制度公信度和司法公信力。

关键词：陪审制；人民陪审员；司法改革

一、改革的背景

（一）陪审制度简介

目前世界上的陪审制度有两种模式：一种是以英美为代表的陪审团模式，陪审团与法官之间有明确的职能分工，陪审团负责认定案件事实，法官决定法律的适用；另一种是以法德为代表的参审模式，陪审员与法官之间没有明确的职能分工，陪审员与法官共同负责庭审、一起进行评议并作出判决，解决认定事实和适用法律问题，享有与职业法官平等的表决权。在英美法系国家由于采取对抗式诉讼制度，以当事人和律师为诉讼的主导，法官以消极态度居中裁判，因此有了陪审团存在的空间。① 大陆法系国家采取纠问式诉讼制度，注重法官在诉讼中主导作用相对忽视当事人以及陪审员的作用，陪审员的地位遭到弱化，参与审判过程。

陪审制作为民众参加司法的一种重要形式，不管是哪种模式，其基本理念都是相同的，体现了司法的民主理念。同时保障了司法公正、公开，陪审制度也是对法官权力的一种限制，防止司法的腐败，保障司法权威。

---

① 何家弘：《谁的陪审，谁的团》，法律出版社 2011 年版，第 30 页。

(二)我国人民陪审员制度实施概况

我国人民陪审员制度在宪法上的地位几经波折，1954年《宪法》使陪审员制度成为司法的一项基本原则，这一规定在1975年《宪法》中被废除，又被1978年《宪法》恢复，1982年现行《宪法》又将这一规定废除。我国现行的人民陪审制度目前并无直接宪法依据，它只是来源于人民法院组织法的规定，同时在三大诉讼法中有所体现。

2005年5月1日起开始施行的全国人大常委会《关于完善人民陪审员制度的决定》，是我国历史上第一部关于人民陪审员制度的单行法律，标志着我国人民陪审员制度迈入了一个新的阶段。

截至2014年底，全国人民陪审员共约20.95万人，2014年人民陪审员参审案件219.6万件。它充分体现了我国社会主义的司法民主，是人民群众参与国家管理的有效的途径和方式。普通公民可以作为审判者参与司法活动，他们能凭借自身对社会伦理、对公平正义最朴素的理解参与审判，陪审制使这种普遍性和大众化的“民意”进入到司法程序中。① 陪审员的社会职业和生活经历各不相同，他们参与审判可以从不同的角度分析案情，从而弥补法官知识的不足，可以帮助法官更准确的认定案件事实。人民陪审员参与审判可以提高司法决策过程的透明度，扩大民众对司法决策的知情范围，增加了公民了解司法决策活动的渠道，加强公众对审判程序的监督，这就减小了法院连同其他公权力机关和强势当事人“暗箱操作”的可能性。在人民陪审员制度实施的过程中，我们可以看到它在保障司法公正、公开，提升司法权威等方面发挥的重要作用。

但是人民陪审员制度也存在需要改进和完善的地方，包括人民陪审员广泛性和代表性不足；陪审案件范围不够明确，随机抽选流于形式，人民陪审员职权与职责不相匹配；人民陪审员退出和责任追究机制缺乏；与人民陪审员制度相适应的履职保障机制不完善。②

党的十八届三中、四中全会决定提出，要广泛实行人民陪审员制度，拓宽人民群众有序参与司法渠道，保障人民群众参与司法，完善人民陪审员制度，保障公民陪审权利，扩大参审范围，完善随机抽选方式，提高人民陪审制度公信度；逐步实行人民陪审员不再审理法律适用问题，只参与审理事实认定问题。这些都为人民陪审员制度改革提出了明确方向和要求。

二、改革方案的要点解读

方案由最高人民法院牵头起草，经过深入调研论证、反复征求意见，于4月1日经

---

① 江国华、余建：《人民陪审制度的发展和完善——以河南“人民陪审团”改革为线索》，载《河南省政法管理干部学院学报》，2010年第6期。

② 参见《最高人民法院副院长李少平答记者问》，http://news.21cn.com/caiji/a/2015/0425/13/29453556.shtml，最后访问时间2015年4月13日。

中央全面深化改革领导小组第11次会议审议通过。4月24日，十二届全国人大常委会第十四次会议作出授权在部分地区开展人民陪审员制度改革试点工作的决定，确保改革于法有据。

(一)实现人民陪审员的广泛性和代表性

1. 内容

方案规定，改革人民陪审员选任条件，将原来担任人民陪审员的年龄从23周岁提高到28周岁，学历要求从大专以上降低到高中以上文化学历，并且规定农村地区和贫困偏远地区公道正派、德高望重的人不受学历要求限制，进一步扩大人民陪审员选任范围，强调要吸收普通群众，兼顾社会各阶层人员的结构比例，实现人民陪审员的广泛性和代表性。

2. 评析

人民陪审员选任条件"一升一降"，"一升"是指将原来担任人民陪审员的年龄从23周岁提高到28周岁，这主要是考虑到人民陪审员的关键作用是方便法官能够广泛吸收和代表社情民意，人民陪审员参审案件应当具有一定的社会阅历和生活经验，所以提高年龄要求有利于更好地发挥陪审员熟悉社情民意和对生活经验事实判断的优势。一降是指学历要求从大专以上降低到一般具有高中以上文化学历。我国国家统计局的统计数据表明，我国具有大学文化程度(指大专及以上)的人口仅为6764万人，占我国总人口的比例仅为5.18%。对担任人民陪审员的条件作出学历上的限制，无疑会使人民陪审员的遴选局限于较窄的范围内。① 在《关于完善人民陪审员制度的决定》里明确指出了完善人民陪审员制度的目的在于保障公民依法参加审判活动，促进司法公正，所以其本意在于保障公民对司法的参与性，那么人民陪审员应该具有广泛性、平民化的特点，它是人民法院和广大人民群众之间架起的联系和沟通的桥梁，让司法更贴近群众。之前的人民陪审员的选任门槛高，以高学历作为选任人民陪审员的导向，导致了人民陪审员的精英化，许多文化程度不高的公民被排除在外，无形剥夺了多数公民的权利。比如，对于文化程度不高的农民工就多了一道屏障，民主大众化门槛提高，陪审员的广泛性、人民性降低。而欧美对陪审员的资格通常没有学历限制，来自不同社会阶层，不同种族，具有不同教育背景和价值观的公民都能成为陪审员，参与司法过程，这样才体现了司法的公开、公正和民众参与性，才真正发挥了陪审制度对司法民主的促进作用。所以，修改之后降低对学历的要求，进一步扩大了人民陪审员的选任范围，让更多的普通民众参与到司法过程中来。

对于广大的农村和贫困地区更是放宽要求，不受学历要求的限制，但是强调应突出陪审员道德品行和辨别是非的能力，所以需要公道正派、德高望重的人，这样让广大农村地区有更多的人有机会能担任人民陪审员。

---

① 廖永安、刘方勇：《人民陪审员制度目标之异化及其反思——以湖南省某市人民陪审员制度实践为样本的考察》，载《法商研究》，2014年第1期。

在人民陪审员的群体结构里存在着党政机关干部比例过高的问题，人大代表、行政人员、政协委员、地方党委参入人民陪审员队伍，且占的比例很高，导致人民陪审员不具有广泛代表性。《广东省人民陪审员工作现状、存在的问题及深化改革意见》里的数据显示广东省的人民陪审员来自各级人大的人民代表160人，占总人数的10.8%；来自政协的委员共96人，占6.5%；来自公务员系列598人，占40.4%；来自企业、事业单位197人，占13.3%；来自其他行业(主要是妇女联合会)428人，占29%。① 党政干部陪审员比例过高是在各地法院人民陪审员中存在的一个普遍现象，它既使人民陪审员的代表性减弱，也使社会特定群体无法有效参与司法，特别是作为社会最主要群体的工人、农民，违背了构建人民陪审员制度的初衷。为了体现各个阶层的司法参与度，需要调整人民陪审员的结构比例，让不同社会阶层的人加入到人民陪审员的队伍。所以在新的改革试点方案里提出人民陪审员要吸收普通群众，兼顾社会各阶层人员的结构比例。

(二)完善人民陪审员选任程序，强化随机抽选方式

1. 内容

方案规定，完善人民陪审员选任程序，将过去单位推荐和个人申请担任人民陪审员改革为基层和中级人民法院每五年从符合条件的当地选民(或者当地常住居民)名单中随机抽选当地法院法官员额数5倍以上的人员作为人民陪审员候选人，会同同级司法行政机关进行资格审查，征求候选人意见，从审核过的名单中随机抽选不低于当地法院法官员额数3~5倍的人员作为人民陪审员，提请同级人大常委会任命，进一步增加选任的广泛性和随机性，提高选任工作透明度和公信度。

2. 评析

过去人民陪审员的人选主要是单位推荐和个人申请，我国人民陪审员的选任方式可以总结成单位推荐、本人申请、上级审查、院长提出，以及同级人大常委会任命五大步骤，具有极浓的行政化色彩。这样的做法无法让普通民众参与人民陪审员队伍中来。因为实践中出现很少有人会主动申请担任人民陪审员，有个别主动申请者确实是出于社会责任感，期望参与到司法活动中并借以实现自我价值，但是这样的申请者就如凤毛麟角。② 而单位推荐的人选根本不具有广泛代表性，而且可能被法院控制。所以需要扩宽选任渠道，所有具有人民陪审员资格的人都入备选名单，然后在名单中随机抽选。这才体现了人民陪审员选任的广泛性、随机性和权威性，有利于提高选任工作透明度和公信度。

以美国为例，陪审团名单随机产生于法院辖区的选民登记名单或驾驶执照名单或者二者结合的名单中，由法院陪审团管理办公室从经过问卷确定的合格陪审员库中随机抽

---

① 吴丹红：《中国式陪审制度的省察——以〈完善人民陪审员制度的决定〉为研究对象》，载《法商研究》，2007年第3期。

② 廖永安、刘方勇《人民陪审员制度目标之异化及其反思——以湖南省某市人民陪审员制度实践为样本的考察》，载《法商研究》，2014年第1期。

取20~30名候选人，通过法定程序最终确定6~12名陪审员，组成正式的陪审团。经过两道程序机制：一是随机的初选程序，即联邦和州法院从选民登记名单或驾驶执照持有者名单中选出适合担任陪审员的人员作为候任陪审员；二是严格的“庭选程序”，即候任陪审员必须接受法庭的严格审查之后才能真正成为陪审员。一般的候任陪审员必须接受法官和双方律师的询问。我国改革以后由基层和中级人民法院每五年从符合条件的当地选民(或者当地常住居民)名单中随机抽选当地法院法官员额数5倍以上的人员作为人民陪审员候选人，建立人民陪审员候选人信息库。在这种选任程序下，人民陪审员具有不确定性，可以避免受行政干预，也不受特定利益团体的操控。如果法院单方面决定人民陪审员的人选，那么就是法院自己选出监督自己的人，难免导致人民陪审员不敢得罪法院，对法官的监督根本无法有效实施。法院会同同级司法行政机关进行资格审查，实际上是将资格审查的权利从法院转移到了司法行政机关，司法行政机关要配合人民法院，严格按照人民陪审员选任条件和程序，对人民陪审员候选人进行资格审查。这样选任的人民陪审员才能真正起到监督法院的作用。

(三)完善人民陪审员参审案件机制

1. 内容

方案就完善人民陪审员参审案件机制提出一系列改革举措，例如合理确定每个人民陪审员每年参与审理案件的数量比例，探索重大案件由3名以上人民陪审员参加合议庭机制，健全人民陪审员提前阅卷机制，完善人民陪审员参加合议庭评议程序，严格落实人民陪审员合议庭笔录和裁判文书签名确认制度。

2. 评析

司法实践存在着人民陪审员“陪而不审、审而不议、议而不决”的现象，被选任的陪审员只是参与法庭的审理过程，参与程度只停留在“陪”的层面。① 人民陪审员在庭审中发问是实质性参与审判的一种重要形式，而多数的陪审员仅仅只是坐在审判台上，听法官发言、提问，不发问或很少发问。除了陪审员消极地行使陪审职权的原因外，陪审员对案件不了解，又由于本身法律素养不高，仅在庭审中梳理案情作出判断，导致对自己缺乏自信，不会、不敢、不愿发表意见，在庭审中被动、消极“不问、不听、不审”，成为摆设；在合议中，不敢表态或者盲目跟从法官审判人员的意志和决断。② 因此需要赋予人民陪审员对案件进行提前准备和审查的权利，健全人民陪审员提前阅卷机制，让陪审员能提前审阅所陪审案件的相关材料，为人民陪审员查阅案卷、参加审判活动提供便利，更好地梳理案情，在庭审中也就敢于发问了。同时，保障人民陪审员在庭审过程中依法行使权利，经审判长同意，人民陪审员有权参与案件共同调查、在庭审中

---

① 丛淼、吕桂军：《对“不穿法袍的法官”的法理思考——论监督司法完善基层法院人民陪审员制》，载《牡丹江大学学报》，2014年第12期。

② 北京市高级人民法院政治部教育培训处课题组：《关于北京法院人民陪审工作情况的调研报告》，载《法律适用》，2012年第2期。

直接发问、开展调解工作等。人民陪审员的意见应当写入合议笔录，规范人民陪审员及合议庭其他成员发表意见顺序和表决程序，保障人民陪审员评议时充分发表意见。

许多国家对陪审员的任职都采取“案结职了”的方式，即公民被选为陪审员后，只参加一个案件的审理。例如，在美国，陪审团在案件开庭审理前临时组成，案件审理完毕即解散。① 而我国很多地方出现“专职人民陪审员”，人民陪审员的长时间任职乃至连任，无疑减少了其他公民参与审判的机会。所以改革方案合理确定每个人民陪审员每年参与审理案件的数量比例，要为每个人民陪审员每年参与审理案件设定上限，可以有效防止“专职陪审”、“驻庭法官”现象。

要探索重大案件由3名以上人民陪审员参加合议庭机制，就是我们常说的“大合议庭”，类似于美国的陪审团制度，这样对案件事实问题的讨论会更加充分，将更多民众的价值观念和思维方式带到法庭中来，作出更公正的事实认定。

（四）人民陪审员的职权改革

1. 内容

方案规定，人民陪审员在案件评议过程中独立就案件事实认定问题发表意见，不再对法律适用问题进行表决。要求审判长应将案件事实争议焦点告知人民陪审员，引导人民陪审员围绕案件事实认定问题发表意见，但不得妨碍人民陪审员对案件事实的独立判断。

2. 评析

探索人民陪审员参审案件职权改革是本次方案的一大亮点举措。过去几十年来，我国的司法实践是，人民陪审员除了不能担任审判长外，在一个案件中其地位与一个职业法官并无二致，在审理案件时既参与事实认定，也参与法律适用，在合议庭内表决案件时与法官享有一样的权重。党的十八届四中全会决定提出，逐步探索实行人民陪审员不再审理法律适用问题，只参与审理事实认定问题。

法律事实来源于生活的各个方面，需要贴近社会的生活经历，普通民法在处理这些案件的事实问题上，足堪重任，甚至胜于法官。② 人民陪审员具有丰富的社会阅历，了解社情民意，对风俗民情和市井社会有更为直观的感受，他们具备识别和判断案件证据材料、认定案件事实的能力。由人民陪审员认定案件事实，能够将普通民众的朴素观念带入案件审理中，弥补法官专业知识的不足，使案件裁判更好地反映社会大众的日常情感。人民陪审员提供的观点和思路，可以使法官了解社会大众的社会倾向，了解社会各界及人民的实际情况，拓宽他们的思维模式，克服法官的职业偏见和职业习惯，使之思维接近普通大众，使他们更能用客观的标准去办理具体案件。但是人民陪审员并不是职业化法官，来自于普通民众，他们并不具有专业的法律知识，限于其掌握的知识范围，

① 苗淼：《司法民主——完善人民陪审员制度的价值依归》，载《法商研究》，2015年第1期。

② 吴丹红：《中国式陪审制度的省察——以〈完善人民陪审员制度的决定〉为研究对象》，载《法商研究》，2007年第3期。

也不可能对法律适用作出正确判断，对法律适用方面的裁判是难以胜任的。

所以，让人民陪审员只参与审理事实认定，不再对法律适用问题进行表决，更加符合人民陪审员的实际情况和案件审判规律，更有利于其发挥作用，增强司法公信力。形成法官职业思维与大众思维的优势互补，实现“法理”与“情理”、法律效果与社会效果的有机统一。

（五）合理界定并适当扩大参审范围

1. 内容

方案合理界定并适当扩大人民陪审员参审范围，规定涉及群体利益、社会公共利益的，人民群众广泛关注或者其他社会影响较大的第一审刑事、民事、行政案件，原则上实行陪审制审理。首次规定可能判处10年以上有期徒刑、无期徒刑的第一审刑事案件，原则上实行人民陪审制审理。第一审刑事案件被告人、民事案件当事人、行政案件原告申请由人民陪审员参加合议庭审判的，可以实行人民陪审制审理。

2. 评析

合理界定并适当扩大人民陪审员参审范围，要让应当实行陪审制审理的案件尽可能陪审，保障更多人民群众有序参与司法，同时也避免滥用陪审制度，浪费司法资源，增加司法成本。《方案》规定涉及群体利益、社会公共利益的，人民群众广泛关注或者其他社会影响较大的第一审刑事、民事、行政案件，原则上实行陪审制审理。这类案件让人民陪审员参与进来，更有利于在裁判中尊重和听取民意，提高司法裁判的公信度。例如，在民事领域例涉及环境污染和消费者权益保护的公益诉讼，就能够视为“涉及群体利益、社会公共利益的”案件，原则上应由人民陪审员参加审理。但也存在一些问题，对于社会影响较大，这个标准模糊不清，法院是享有自由裁量权的，很难判断执行。在实践中重大刑事案件和行政案件本属于应尽量实行人民陪审制的案件类型，却没有陪审员参与审理，而不一定能够充分发挥陪审制优势的基层法院民事诉讼案件和轻微刑事诉讼案件，由于能够帮助法院有效节约人力资源等原因，适用陪审制。而《方案》首次规定可能判处10年以上有期徒刑、无期徒刑的第一审刑事案件，原则上实行人民陪审制审理，就是规定了人民陪审员适用的强制性范围，就是法律明确应当适用陪审员审理的案件，对这部分案件法院没有选择权。世界上大多数国家和地区的陪审制主要适用于刑事重罪案件，强制适用陪审制的案件应该限制在较小的范围内，否则会给法院带来巨大压力。此外，第一审刑事案件被告人、民事案件当事人、行政案件原告申请由人民陪审员参加合议庭审判的，可以实行人民陪审制审理。这是一种选择性范围，就是法院一般不主动采用陪审员制，但当事人要求采用人民陪审员制审理，法院应该准许。但是实践当事人都是被动地、盲目地接受人民法院安排的陪审员审理案件，很少有主动申请陪审员参审。这主要是因为民众对陪审员制度比较生疏，根本不知道自己享有申请陪审员参审的权利。

(六)人民陪审员履职保障

1. 内容

方案作出一些规定：一是要坚持权利义务相统一原则，保障公民陪审权利，明确公民陪审义务。公民经选任为人民陪审员的，无正当理由不得拒绝履行陪审职责。建立对人民陪审员无正当理由拒绝履行陪审职责，有损害陪审公信或司法公正等行为的惩戒制度。明确人民陪审员退出情形，完善人民陪审员退出机制。进一步明确人民陪审员权利义务清单。二是加强对人民陪审员个人信息和人身安全的法律保护，对危害人民陪审员制度的行为建立相应的处罚规则，维护人民陪审制度权威性。三是人民法院及各相关单位应当为人民陪审员履职提供相应便利和保障。人民法院应当会同司法行政机关加强和改进对人民陪审员的培训和管理，充分调动人民陪审员履职积极性，提高履职实效性。人民陪审员所在单位不得因人民陪审员履行陪审职责而对其实施解雇以及减少工资或薪酬待遇等不利措施。四是明确了人民陪审员制度实施所需经费列入人民法院业务费预算予以保障。

2. 评析

权利义务不对等，权利难以得到保障，义务不明确导致陪审员制度无法发挥其应有的效用。保障陪审员的权利，需要提高人民陪审员的补助标准，将人民陪审员的工作经费列入人民法院业务费预算。我国的人民陪审员的经费补助十分不足，某些区法院规定的补助为每件案件20元，这根本无法涵盖交通、用餐费用，与人民陪审员的劳动价值极其不相符，这样低得补助标准实在有损其参与积极性。“没有时间”一度成为陪审员最为常见的参审障碍，加强与陪审员单位沟通，通过任前走访、任期回访，争取单位的理解与支持，陪审员单位不得因其履行陪审职责而对实施解雇以及减少工资或薪酬待遇等不利措施。如果陪审员单位有此种行为，那么在实践中可以由人大责令劳动、人事等行政部门依法查处并公开通报。这样可以保障人民陪审员积极参与陪审。

人民陪审员在参与审判过程中也要承担义务，被随机选中成为人民陪审员后无正当理由不能拒绝履行陪审的职责。当然，在这种情形下，为了保证其参与具有主观能动性，一定要为其陪审员参与庭审提供必要的便利和权利保障；否则，陪审员带有怨言地义务、被强制性参加陪审活动，肯定会背上“陪而不审”的思想包袱，人民陪审员制度的效用将大打折扣。同时，为了督促人民陪审员正确履行其职责，需要建立对人民陪审员的考核机制，无正当理由拒不履行职务或不正当履行职务、不按规定时间参加陪审的或者不能胜任陪审工作都应该记入其履职档案。

此次改革涉及的许多举措与现行人民法院组织法、三大诉讼法、全国人大常委会关于完善人民陪审员制度的决定等法律存在冲突，并且许多涉及人民陪审员制度的重大制度创新，需要开展试点、逐步积累经验、认真探索，因此先行开展人民陪审员制度改革试点，将在北京、河北、黑龙江、江苏、福建、山东、河南、广西、重庆、陕西10个省、自治区、直辖市共50家中级或基层人民法院开展试点，为之后全面推开改革和推动法律修改打下基础。

三、改革方案整体评价

除了人民陪审员制度，我国还存在一个中国特色的人民陪审团。2009年河南省高级人民法院发布《关于在刑事审判工作中实行人民陪审团制度的试点方案》，在河南省首创“人民陪审团”。即由公民组成人民陪审团旁听案件审理并提出意见建议，对法官不具有约束力仅作为法院裁判的重要参考，在法院审判中出现了旁听庭审全程并对案件事实认定与量刑问题形成独立的讨论意见作为法院裁判参考的非职业法官群体参与司法。人民陪审员制与人民陪审团是完全不同的体制，笔者认为，在改革人民陪审员制度的同时，并不应该抛弃人民陪审团制度，我国可以采取人民陪审员和人民陪审团的二元陪审模式。

从总体来说，这次人民陪审员制度改革试点方案还是比较合理和科学的。针对之前学界争论的焦点问题，结合中国的实际情况，作出了相应的改革方案。我国人民陪审员制度改革试点方案有走向英美国家陪审团制度的趋势，如只参与事实认定、陪审员的平民化等。陪审模式是与诉讼模式是有内在联系的，陪审制度不是空中楼阁，必须建立在适当的诉讼制度土壤之上。我国的司法改革一直朝着从原来的职权主义纠问式向当事人抗辩式转变，从侦查中心主义向审判中心主义转变，这样的司法改革为人民陪审员制度的提供了良好的改革土壤，陪审制度的改革也可以为司法改革提供新的突破点和新的推动力。

改革的生命力在于执行，改革的关键在于落实。贯彻落实好《方案》，一是要抓紧进行动员部署，让试点法院切实增强对这项改革重要性的认识，正确把握改革的方向和要求；二是要抓紧制定实施细则和配套规定，要根据方案进一步细化内容，完善配套规定，使其更具有操作性；三是要及时跟踪指导，通过实践进一步研究、发现和解决问题；四是要做好经验总结评估，按照全国人大授权决定的要求，做好中期总结和试点结束的总结评估工作，进一步推动人民陪审员制度完善和发展。

（作者简介：詹月，武汉大学法学院2014级宪法与行政法学硕士研究生。）

◎ 点　评

人民陪审员制度改革是此轮司法改革中最符合司法规律的改革，六个方向的改革都切合了当下审判现状。其一，选任制度的改革使人民陪审员由精英化转向大众化，原有制度之下陪审员和法官的职责相同未能起到应有作用，人民陪审员制度并不是要设置另一批法官，而是要让陪审员将生活常识和社会理性带入司法过程。其二，选任方式由任命式转换到抽选式，随机抽选解决了职业陪审员出现和陪而不审的问题。陪审制度的价值就在于其随机性，这就弥补法官高度专业化造成的弊端，同时加强了对庭审的重视，要求举证质证和事实判断都要在庭审中进行。其三，参审机制问题。改革后人民陪审员只进行事实认定，回归了人民陪审员的制度设计初衷，人民陪审员只表意不表决，只决定罪与非罪。其四，人民陪审员参审范围和职权扩大。在法官走向职业化和专业化之下，必然会带来高度的精英化和去社会化，法官群体的知识背景和思维模式相似，这种情况下可能对于事实认定有所误差，人民陪审员制度的改革正好弥补了这一隐患。

（点评人：武汉大学法学院　江国华教授）

湖北省司法改革试点工作评论

王　芳

摘　要：推进司法改革主要是为了解决司法运行过程中出现的各种问题。但是由于我国各地社会条件、经济情况的差异，司法体制改革在初期不可能做到全面启动。因此我国在制定司法改革政策性文件的基础上，选定七个省份作为试点推进。各试点按照可复制、可推广的要求推行改革方案，以期为全面推进司法体制改革积累经验。湖北省作为中部试点，以完善司法人员分类管理制和司法责任制，健全法官、检察官及司法辅助人员职业保障制度，建立省以下人财物统一管理体制和探索建立人民警察警官、警员、警务技术人员分类管理制度为主要内容；以政策向基层、向司法一线倾斜为特色，注重司法资源的优化配置。虽然该方案针对性较强，但是仍可能存在一定的问题。如方案的制定依据问题，方案内容不全面的问题以及如何在改革过程中正确处理司法机关和权力机关的关系问题等。

关键词：司法改革；湖北试点方案；司法人员分类管理；地方化；行政化

2013年11月，党的十八届三中全会审议通过的《中共中央关于全面深化改革若干重大问题的决定》，对深化司法体制改革作了全面部署。2014年2月，中央全面深化改革领导小组第二次会议审议通过的《关于深化司法体制和社会体制改革的意见及贯彻实施分工方案》，明确了深化司法体制改革的目标、原则，制定了各项改革任务的路线图和时间表。① 2014年6月，最高人民法院党组成员、副院长李少平指出，中央全面深化改革领导小组第三次会议审议通过的《关于司法体制改革试点若干问题的框架意见》针对若干重点难点问题制定了政策导向，确立了新一轮司法改革的方向、目标和重点，是一份具有重要指导意义的纲领性文件。2014年11月28日，党的十八届四中全会审议通过的《关于深化司法体制和工作机制改革若干问题的意见》，从发展社会主义民主政治、加快建设法治国家的战略高度，对司法体制改革作出了战略部署。

2014年6月，湖北省被确定为司改试点省份之一；2014年11月18日湖北省司法

① 杨维汉：《6省市先试点，为全面推进司法改革积累经验》，载《新华每日电讯》，2014-06-16，第4版。

体制改革试点方案获得中央政法委批准。2014 年 12 月 15 日，湖北省召开司法体制改革试点工作动员部署会，公布湖北省司法体制改革试点工作方案，正式启动了 4 个市州 24 家单位的先行先试工作，标志着湖北省司法体制改革试点工作正式由顶层谋划转入启动实施阶段。①

一、司法改革概述

（一）司法改革的概念

司法（Justice），又称法的适用，通常是指一国的国家司法机关及其司法人员在法定职权内，依照法定程序具体适用法律处理案件的专门活动。它作为实施法律的一种方式，对实现立法目的、发挥法律功能、维护法律权威、建设法治国家具有重要的意义。其中司法机关是指行使司法职权的国家机关，狭义上仅指法院，广义上包括审判机关和检察机关。司法制度是指关于司法机关行使司法权的一系列法律规定，它作为一国政治制度的重要组成部分，使得司法公正成为社会公正的内在要求和重要保障。因此司法改革是以维护司法公正为目标，以调整司法职权配置、加强人权保障和权力监督制约、提高司法能力和践行司法为民为核心，对司法系统和司法制度实施的一系列改革方案和有力措施。力求通过司法改革促进司法独立、推进司法民主、实现司法公正，建立起公正、高效、权威的社会主义司法制度，为我国经济和社会发展提供强有力的司法保障。

（二）司法改革的发展历程

自 1978 年十一届三中全会实施改革开放政策以来，我国经济迅速发展，人民生活日益富裕。同时民主权利意识逐渐深入人心，社会公众的法治观念不断增强。马克思主义哲学认为：一切事物都是发展变化的，要求我们用发展的眼光看问题。社会环境的变化也慢慢改变着与之相适应的司法环境，司法工作在新的时期开始遇到各种新情况、新问题，其与滞后的司法系统、司法制度间存在的矛盾和问题日益凸显。为回应社会需求，要求我们在改革开放的进程中逐步完善我国的司法机制，促进司法工作的正常运行和社会的和谐稳定。

我国自 1978 年起主要开展了三次司法体制改革。三次司法改革分别以三个五年改革纲要为指导。在三次改革的过程中，最高人民法院均制定了各种改革措施。这些措施客观上有利于优化司法权的运行模式，为司法公正的实现提供了制度保障。②

1999 年最高人民法院发布《人民法院第一个五年改革纲要（1999—2003 年）》，简称“一五改革纲要”，拉开了司法改革的序幕。本次改革是以强化庭审功能、科学内部设

① 胡新桥、刘志月：《湖北公布司法体制改革试点方案》，来源于法制网，2014-12-15。

② 江国华、周海源：《司法基本法与中国司法改革》，载《哈尔滨工业大学学报》（社会科学版），2014 年第 1 期。

置、规范审判监督、加强律师辩护、建设职业化法官和检察官队伍等为重点的审判方式和司法职业化改革。

2004年最高人民法院发布《人民法院第二个五年改革纲要(2004—2008)》，简称“二五改革纲要”，自此中国启动了统一规划部署和组织实施的大规模司法改革。本次改革以“实现公正和效率”为基本检验标准，在公正司法和严格执法的客观要求下，以改革、完善审判组织和审判机构、诉讼程序制度、审判指导和法律统一适用机制、执行机制等为主要内容。中国司法改革开始走向整体统筹、有序推进的阶段。

2009年最高人民法院发布《人民法院第三个五年改革纲要(2009—2013)》，简称“三五改革纲要”，中国的司法改革进入重点深化、系统推进的新阶段。本次改革从民众司法需求出发，以维护人民共同利益为根本，以促进社会和谐为主线，以加强权力监督制约为重点，以优化司法职权配置、落实宽严相济刑事政策、加强司法队伍建设、改革司法经费保障为工作目标。着力解决人民群众日益增长的司法需求与司法机关能力相对不足的矛盾，切实推进中国特色社会主义司法制度的自我完善和不断发展。

目前，第四次司法体制改革正在有计划、有步骤的推进，关于本次司法改革，我们以湖北省司法改革试点方案为切入点，对改革的概况、改革的必要性、改革方案的具体内容以及可能存在的问题进行了初步研究。

(三)司法改革的必要性

司法运行过程中存在的各种问题以及推行司法改革的重要价值使得国家开展合法合理的司法体制改革变得必要且重要，这是推行司法改革的内在需求和客观要求。

1. 我国司法进程中存在的主要问题

(1)司法机关的地方化和行政化

我国《宪法》第126条和第131条规定，人民法院和人民检察院依法独立、公正行使审判权和检察权,① 这是保障国家法律统一正确实施的关键。但实际上，我国司法机关缺乏独立实践的问题已经十分突出。由于司法运行的依附性，损害了我国司法的公正性和权威性。鉴于目前的司法现状和社会需求，建设公正、高效、权威的社会主义司法制度已然成为我国司法改革的重要目标。② 整体来看，我国司法机关的地方化和司法机关的行政化，是目前我国司法机关独立行使职权的两大障碍。

第一，司法机关的地方化。长期以来，司法机关的地方化体现在司法实践中存在审判权、检察权地方化倾向，使得地方各级法院、检察院司法职权的行使和人财物的管理受到地方行政机关的不合理影响甚至干预，某些地区地方本位主义和保护主义倾向依旧

① 《中华人民共和国宪法》第126条，人民法院依照法律规定独立行使审判权，不受行政机关、社会团体和个人的干涉。第131条，人民检察院依照法律规定独立行使检察权，不受行政机关、社会团体和个人的干涉。

② 陈卫东：《论公正、高效、权威的司法制度的建立》，载《中国人民大学学报》，2009年第6期。

存在。司法的地方化使得法院、检察院对地方产生较大的依附性，这妨碍了司法权独立高效的行使和国家法律统一正确的实施。

由于我国是单一制国家，除香港、澳门两个特别行政区经中央授权享有独立的司法权和终审权外，地方各级并没有独立的司法权。审判权、检察权性质上属于中央事权，而非地方事权；地方法院、检察院是国家设在地方的司法机构，而非地方自己的司法机构。但是由于司法权自身的特殊性，我国现行宪法对法院、检察院没有按照中央与地方的分类进行规定，而是将人民法院和检察院单列出一节，并在第 123 条和第 129 条中规定其分别是国家的审判机关和法律监督机关。① 根据现行宪法，法院、检察院要对产生它的国家权力机关负责并受其监督，要求地方司法机关向同级人大作工作报告。因此在某些程度上使得司法机关依赖于地方人大、听命于地方，一定意义上成为附属于地方的机关。另外，政府统管财政支出的体制安排使得司法机关的经费支出都依赖于当地政府的预算和划拨，这严重制约了司法机关自身的独立性，更加强化了司法机关对地方政府的依赖性。

第二，司法机关的行政化。司法与行政合一是我国古代制度的突出特点，故司法和行政的职能划分没有被充分认识，职能之间的交叉在我国近代以来的法律实践中广泛存在。② 这使得司法体制一直或多或少地受到行政化色彩的侵袭，司法权过度依赖行政权导致司法行政化。所谓司法行政化，是指违背司法的规律，将人民法院、法官及司法判断过程纳入行政体制的命令与服从关系之中，使司法被行政"格式化"的变态现象。③ 由于检察权具有司法权和行政权的双重属性，且为了统一追诉标准、有效打击犯罪、防止检察权滥用，大陆法系及社会主义的检察机关历来都有检察一体、上命下从的传统，所以检察机构一般是上级院领导下级院，但毕竟检察权同时具有司法权的属性，因此检察官管理及案件办理等也应避免被行政化。④

司法行政化的表现在于：第一，是司法机关地位的行政化。我国的《宪法》、《法院组织法》、《检察院组织法》均没有为法院、检察院设置一定的行政级别，但实际上我国的法院、检察院就是按照行政机关的模式来构建的，司法机关的地位完全被行政化。实践中基层人民法院是副处级、中级人民法院是副厅级、市中级人民法院是正厅级、高级人民法院是副省级，都是比照行政机关级别的结果。第二，是法院之间审级关系的行政化。宪法第 127 条明确规定上下级法院之间是监督与被监督的关系，⑤ 但实践过程中似

① 《中华人民共和国宪法》第 123 条，中华人民共和国人民法院是国家的审判机关。第 129 条，中华人民共和国人民检察院是国家的法律监督机关。

② 刘金娜：《中国当代司法行政化问题研究》，华中师范大学硕士学位论文，2008 年 11 月，第 1 页。

③ 张卫平：《论我国人民法院体制的非行政化》，载《法商研究》，2000 年第 3 期。

④ 谢佑平、黎宏伟：《司法机关的去地方化和去行政化——进一步深化司法体制改革的两项基石》，载《上海法治报》，2014-04-30。

⑤ 《中华人民共和国宪法》第 127 条，最高人民法院是最高审判机关。最高人民法院监督地方各级人民法院和专门人民法院的审判工作，上级人民法院监督下级人民法院的审判工作。

乎下级法院的请示和上级法院的指示一定程度上取代了法院的独立审判制度。审级制度被架空，法院之间形成事实上的领导关系，使得下级法院依附于上级法院。第三，是人民法院审判制度的行政化。审判委员会作为我国特有的审判组织形式，是一院的最高审判组织，对于重大、疑难问题具有最终的裁决权。但由于其在实践中基本上是由法院院长、副院长以及各审判庭的庭长组成的，所以它“基本上是一个人民法院领导和各庭室领导的综合体，具有明显的行政性质，是行政管理模式在司法活动中的集中体现”。① 如果这一机构的组成方式不发生根本改变，人民法院内部保留行政职务，那么审判委员会注定保持其人民法院“内部行政会议”的基本特征。② 同时，案件审批制违背司法规律，造成“审者不判、判者不审”的尴尬局面。这种行政化的审批模式使得司法独立性差、司法责任不清、司法效率不高。第四，是法官队伍的行政化管理，使得法官对法院整体产生依附性，从根本上腐蚀了其独立性。我国一般不承认个体法官的独立性，仅认可整体上法院独立的司法独立模式，在司法权的具体运作之中，我国强调法院整体的作用、对个体法官不信任并进而偏好于对个体法官进行严密控制的权力运作模式。因此，对个体法官进行行政化管理以及采取行政化的权力运作模式成为一种必然的选择。将法官等同于一般的“公务员”进行管理，在薪资保障、职务晋升、纪律惩戒等方面完全类同于行政公务员，而且法官还具有相应的行政级别，担任某些职务还必须具备一定的行政级别。③ 另外，就检察院而言，上级院领导下级院实属法律规定，但检察官队伍管理和司法案件办理若过于行政化，亦会陷入“审查者不决定，决定者不审查”的不合理怪圈，影响司法独立，混淆司法责任。

(2)司法的低职业化。

所谓职业化，就是一种工作状态的标准化、规范化和制度化。司法职业化是指司法工作人员必须具备职业文化知识，形成服务于司法的专门独特的职业知识、职业技能、工作方法、行为方式和思维模式。司法机关是依照宪法和法律赋予的职权进行审理案件、监督法律实施的司法业务机关，是法律实施机关和法律监督机关，因此必然要求其内部工作人员具备相应的专业知识和职业水准。罗马法学家凯尔斯将法律称为“公正的艺术”，而只有良好法律的准确适用才能恰当地建构起公正和法律的天然联系，即只有司法公正才可以顺利地实现我们追求的“公正的艺术”。司法公正是社会公正的重要组成部分，是构建和谐社会的关键环节，但司法公正并不是描述出来的，它需要靠良好法律的正当运行、独立的法律监督来实现，因此法官、检察官的职业化程度直接影响着司法公正的实现和司法权威的树立，即司法工作的职业化、专业化是其必然要求。另外司法公正是以法官的职业活动为主导的，这就更要求法官的个人素质、专业知识必须要达到职业化需求。由于我国地域辽阔、行政区域分级较多，各地呈现出社会经济发展不均

① 吴晓东：《审判运行机制改革需解决的三问题》，载《人民法院报》，2000-06-02，第2版。

② 陈瑞华：《司法裁判的行政决策模式——对中国人民法院“司法行政化”现象的重新考察》，载《吉林大学社会科学学报》，2008年第4期。

③ 陈卫东：《司法机关依法独立行使职权研究》，载《中国法学》，2014年第2期。

衡的现状，因此不同地方的法官、检察官招录方式也存在较大的差异性，这使得我国没有形成统一、规范的司法人员选录准入制度，导致司法系统内部成员的构成比较复杂。同时，各级法院、检察院存在较多非法律专业出身的干部、复转军人在履行法官、检察官职责，还有一些法院仍有不少首席大法官、大检查官不具备法律教育背景、法律职业经历等。很大程度上，这些问题致使司法机关似乎很难保证可以准确适用法律、独立公正判案、维护人民利益、切实保障人权。另外，关于法官、检察官的模式化培训机制、形式化考核机制以及非规范化晋升机制都存在着较大的缺陷，使得司法系统内部的长效激励机制和失职制约机制均难以真正实施和切实生效。同时，司法机关内部的职位设置不科学、司法人员安排不合理，各类司法工作人员的职业保障标准不统一、不规范、不健全，尤其是我国基层司法工作人员职业保障体制的缺乏都比较明显地反映出我国司法职业化程度较低的现状。

(3)司法腐败问题。

司法腐败是指从事公、检、法、司等领域的工作人员为了谋取私利而进行司法权力交易的行为，具有知法犯法、执法犯法、社会危害大和举报难、立案难、取证难、查处难等显著特征，与其他领域腐败相比是社会危害最大的腐败现象。① 司法作为维护社会公平正义的最后一道防线，是惩善扬恶、维护社会肌体健康、建设法治文明的重要力量。而之所以说司法腐败对于一个社会而言是最大的腐败，是因为它杜绝了人民在权利与自由受到侵犯时的最终救济手段，导致人民冤无处伸、理无处讲，社会就会逐渐丧失对国家、对政府的信任，进一步损害党的凝聚力，最终则会导致人心背离、社会动荡不安。② 江泽民就曾指出："历史事实说明，官吏的腐败、司法的腐败，是最大的腐败，是滋生和助长其他腐败的重要原因。"③因此，遏制和预防司法腐败，不仅是司法机关一项长期而艰巨的任务，而且也是新时期深入开展党风廉政建设和反腐败斗争面临的重大课题。④ 这也构成了我国司法体制改革的一个直接动因。

首先，我们承认我国司法队伍整体上是一支严格执法、公正司法的高素质队伍；而且检、法的司法工作也都取得了一定的成绩。但同时，我们也应清醒地认识到我国司法腐败问题近些年来仍存在，司法领域的一些工作人员丢掉了自身的职业素养和法律阵地，逐渐被腐化堕落、贪赃枉法、徇私渎职、权钱色交易等各类腐败"病毒"所侵袭，而且往往不到"病发身亡"不懂得悔悟。一系列冤假错案的产生、社会动荡因素的苟活都显示出其严重的社会危害性和极其恶劣的社会影响力。司法腐败导致了司法时效的降低、司法权威的削弱、司法公信力的减少、司法目的的丢失。由于司法腐败是司法工作人员以党和政府的代表身份执行公共权力时进行的违法犯罪活动，在依法治国成为基本治国方略的历史条件下，司法腐败严重败坏了党和政府的形象；另外，司法机关作为预

① 李晓娥、何葵：《司法腐败的社会危害及防治对策》，载《人民论坛》，2014 年第 26 期。

② 郭道晖：《实行司法独立与遏制司法腐败》，载《法律科学》，1999 年第 1 期。

③ 江泽民：《大力发扬艰苦奋斗的精神》，在中纪委第八次全会上的讲话，1997 年 1 月 29 日。

④ 赵秉志：《让司法腐败无法藏身》，载《人民法院报》，2014-01-15。

防和惩治腐败体系的重要环节，是遏制腐败的最后一道防线，司法腐败的存在使得司法机关惩治腐败的功能得以减弱甚至丧失，无形中为其他腐败分子撑起了强大的法律保护伞，使大量腐败犯罪分子“法不能治”，极易形成一个腐败无限扩张的社会环境。这种变相的腐败保护主义极大地增加了反腐难度，助长了腐败犯罪行为，严重阻碍了反腐斗争的深入开展。① 因此建设法治中国，进行司法改革必须旗帜鲜明、立场坚定地反对司法腐败，深入开展各类反腐斗争，坚决扫除司法领域中的各类腐败现象，切实抓好司法机关的内部廉洁建设，真正让其成为预防和惩罚腐败的重要力量。习近平总书记曾在中央政法工作会议上，从战略高度指出要“坚持严格执法公正司法”，“让暗箱操作没有空间，让司法腐败无法藏身”，从而强调法治精神并彰显中央反腐败尤其是反对司法腐败的坚强决心，为加强和改进新形势下的司法工作以及有力治理司法腐败行为指明了方向。②

2. 推行司法改革的重要价值

我国历次司法改革始终坚持以人民为主体，坚持中国共产党的领导，坚持中国特色社会主义方向，遵循司法规律和中国国情相结合的原则，坚持以问题为导向，着力解决影响司法公正、制约司法能力的深层次问题。其根本目标在于切实保障我国的人民法院、人民检察院依法独立公正地行使宪法和法律赋予的审判权和检察权，加快建设公正高效权威的中国特色社会主义司法制度，为维护人民群众的合法权益、维护社会的公平正义、维护国家的长治久安提供坚实可靠的司法保障。

在司法改革推行的过程中，各地司法机关应真正做到从我国实际国情出发，结合我国司法现状，坚持既统筹全局又注重充分发挥基层创造性，改革创新但不脱离实际，借鉴经验但不照抄照搬，与时俱进但不盲目冒进；在坚持群众路线的基础上，务必落实从群众中来到群众中去的指导方针，充分代表人民意志，体现人民意愿，着眼于解决民众反映的各类问题，对人民负责并自觉接受人民群众的监督和检验。真正做到司法改革为了人民、依靠人民、惠及人民；以宪法和法律规定为依据，切实做到依法改革、依法司法。凡是现行法律无明确授权的，应在出台相应的法律解释或者新的法律规定时再行实施；凡是与现行法律规定相冲突的，应在相应法律修改后实施。坚持依法推进、统筹协调、总体规划、循序渐进、分步扩展的方式，针对司法领域出现的各种问题，推行深入彻底、治标治本的司法体制改革，着力破除影响我国司法进程的体制性、机制性、保障性障碍，对于切实去除司法的地方化、行政化症结，改善我国司法职业化低的现实状况以及解决司法领域的腐败问题都有着极其重要的理论价值和现实意义。

二、湖北省司法改革试点方案的主要内容

湖北省按照试点省份再选试点的开展路径，将率先在武汉、襄阳、黄石、恩施等 4 个市州的中级法院、市州的检察院和所属两个基层法院、检察院共 24 家法院、检察院

① 李晓娥、何葵：《司法腐败的社会危害及防治对策》，载《人民论坛》，2014 年第 26 期。

② 赵秉志：《让司法腐败无法藏身》，载《人民法院报》，2014-01-15。

开展试点工作，试点时间至2015年6月。2015年7月开始，全省全面推进司法体制改革试点工作。其主要内容包括五个方面：

(一)完善司法人员分类管理制度

1. 建立员额制，实行分类管理

完善司法人员分类管理是本轮司法改革试点的重大课题之一。没有高素质的司法队伍，司法权力的运行机制再科学，也难以真正实现司法公正。建立符合职业特点的司法人员分类管理制度，是建设高素质司法队伍的制度保障，在深化司法体制改革中具有基础性地位。① 中央司改办负责人指出，在法院、检察院工作的人员并不都是法律意义上的司法人员，司法人员分类管理就是把法院、检察院的工作人员分为法官和检察官、司法辅助人员、司法行政人员，对法官、检察官设置单独的职务序列，实行有别于普通公务员的管理制度。长期以来，我国对司法人员实行与普通公务员基本相同的管理模式，并不能充分体现司法职业的特点，不利于建设一支职业化高、专业性强的司法队伍，不利于将优秀法官留在办案一线。② 本次司法改革对法官实行有别于普通公务员的管理制度，不仅能够极大地促进法官的专业化、精英化，同时有利于提升法官的责任心、荣誉感，以及独立司法、公正司法的职业能力。建立法官、检察官员额制是实行司法人员分类管理的基础，它有利于将高素质人才充实到办案一线。实现法官、检察官员额控制目标，是指保持特定地区法官、检察官的数量基本稳定不变的状况。其具体表现为在法院、检察院目前编制的基础上，根据地区发展水平、司法工作现况、司法资源需求量等因素综合确定法官、检察官的数额比例，并根据各地区实际需要划定司法辅助人员及司法行政人员的比例，形成三类人员合理分工、相互配合的司法运行机制，保障国家司法权的有效行使。

2014年7月12日，上海市召开司法改革先行试点部署大会，公布法官、检察官，司法辅助人员，司法行政人员三类人员的比例分别为33%、52%和15%，以确保85%的司法人力资源直接投入办案工作。其他改革试点省份沿用了上海“85%的司法人力资源直接投入办案工作”的思路，但法官、检察官和司法辅助人员的比例与上海不同。湖北省在中央《关于司法体制改革试点若干问题的框架意见》的指导下，结合本地实际司法状况，在其司法改革方案中将法院、检察院工作人员分为法官和检察官、司法辅助人员、司法行政人员三大类，同时按照员额制的具体要求，通过5年过渡达到三类人员分别占编制总数39%、46%、15%的员额控制目标；并规定从现在起，各级法院、检察院不再任命助理审判员、助理检察员。③

---

① 杨维汉：《中央司改办：湖北等6地将试点4项司法体制改革》，来源于新华网，2014年6月15日。

② 杨维汉：《中央司改办：湖北等6地将试点4项司法体制改革》，来源于新华网，2014年6月15日。

③ 胡新桥、刘志月：《湖北公布司法体制改革试点方案》，来源于法制网，2014年12月15日。

2. 完善法官、检察官的选入、任职条件和程序

由上述可知，目前我国的司法选录标准差异性大、模糊性大、渠道偏窄，选入程序不规范，招录标准与其他公共行政部门实无明显差别，使得我国司法机关内部成员组成混乱，专业技能不强，职业素质参差不齐。同时司法领域的考核机制异化畸形，按照立案量、结案量以及上访量来评判法官的业绩着实会使司法权运作进入一种非常态化轨道。

湖北省司法改革为了保证司法领域的专业能力，规定扩大法官、检察官的选任渠道，实行有别于普通公务员的招录办法，招录优秀律师和具有法律职业资格的法学学者等法律职业人才进入法官、检察官队伍，为建立法律共同体搭建制度平台。在省一级设立法官、检察官遴选委员会，从专业角度提出法官、检察官人选，再由组织人事、纪检监察部门在政治素养、廉洁自律等方面考察把关，人大依照法律程序任免。并建立逐级遴选制度，上级法院、检察院的法官、检察官原则上从下一级法院、检察院择优遴选，既为优秀的基层法官、检察官提供晋升通道，又保证上级法院、检察院的法官、检察官具有较丰富的司法经验和较强的司法能力。① 同时，应切实做到综合考虑政治素养、廉洁自律、职业操守和专业素质、办案能力、从业经历等多种因素，公平、公正地选任法官、检察官。拓展法官、检察官的选任渠道，提高法官、检察官的任职门槛，完善法官、检察官的选任条件和程序，并坚持党管干部的原则，尊重司法规律，真正解决目前我国法官、检察官队伍大、门槛低、职业化低的问题，提高司法队伍素质，提升公正司法的能力。

（二）完善司法责任制

1. 推行办案责任制

中央司法体制改革领导小组办公室负责人指出，司法体制改革的目标是建设起公正高效权威的中国特色社会主义司法制度。要实现司法公正，关键是建立符合司法规律的办案责任制，司法机关应切实做到“有权必有责、用权受监督、失职要问责、违法要追究”。因此，针对目前司法权运行过程中仍存在的“审者不判、判者不审”等问题，党的十八届三中全会《决定》要求，案件“让审理者裁判、由裁判者负责”，探索建立突出法官、检察官主体地位的办案责任制。②

湖北司法改革方案探索建立办案责任终身追究制，实现“让审理者裁判，让裁判者负责”。以完善主审法官责任制、合议庭办案责任制和检察官办案责任制为重点，突出法官、检察官办案的主体地位，明确法官、检察官办案的权力和责任，对所办案件终身负责，严格落实错案责任追究制度，形成权责明晰、权责统一、管理有序的司法权力运

---

① 杨维汉：《中央司改办：湖北等6地将试点4项司法体制改革》，来源于新华网，2014年6月15日。

② 杨维汉：《中央司改办：湖北等6地将试点4项司法体制改革》，来源于新华网，2014年6月15日。

行机制。① 具体表现为推行主审法官和合议庭办案责任制，明确主审法官办案权力和责任，逐步实现裁判文书由主审法官签发，责任由主审法官承担；探索完善合议庭办案责任制，合议庭各办案法官可以平等发表自己的意见，详细记录合议庭成员的案件处理意见并落实核对签字程序，明确合议庭各成员个人意见、履职行为在案件处理结果中的责任；同时，规范人民法庭庭长对审判工作的监督管理权限，做到权责统一明晰、监督规范有序。另外，要求完善检察官办案责任制，以主任检察官为负责人，检察官助理等辅助人员协助，组成基本办案组织开展相关检察工作。在本院检察长依法授权范围内，主任检察官承担其作出的案件处理决定的案件责任。

2. 改革审判委员会制度

《人民法院组织法》第 11 条规定，各级人民法院设立审判委员会，实行民主集中制。审判委员会的任务是总结审判经验，讨论重大或疑难案件及其他有关审判工作的问题。从其设置的原则、任务我们可以看出其目的和意义。在一定程度上，审判委员会制度确实起到了保障实体公正、防止司法腐败以及相对统一本法院管辖内部司法实践的作用，有利于促进国家整个法制的统一。但是现行的审判委员会制度也着实存在着"多头处理一案"、"集体会议审判"之类的流弊，导致"审者不判、判者不审"的局面，不仅违反了司法审判中的直接言词原则，而且也使得责任主体不清，导致错案发生后难以追责。② 同时，审判委员会作为法院内部设置的、集体领导审判工作的组织机构，虽不具有审判权，但却有着对于重大疑难案件的决定权，在一定程度上限制了法官独立审理案件的权力；其不听取双方当事人的辩论，不查看双方的举证，仅依靠办案法官的汇报来指导案件的处理，明显违背了审判活动的直接审理原则；另外，其"审理"、"决定"案件的活动是法院内部的一种活动，并不向当事人和社会公开，一定程度上也与审判公开原则相抵触。因此审判委员会制度在运行过程中的各种弊端亟待改善。

湖北省司法改革方案在认识到此类问题的基础上，改革完善现行的审判委员会制度。限缩其可以讨论案件的范围；并通过让其观看庭审录像、双方提交和展示的各类证据以及查阅案卷等方式增强审判委员会讨论案件的亲历性，避免其间接审理案件，充分给予法官独立办案的权力。③ 重视并完善审判委员会的案件参与工作，适当限制其权力范围，积极引导其以更直接的方式参与案件的讨论和分析，不仅避免了原则冲突引起的尴尬，而且更能够保障案件的实体公正和审判权的独立权威。

3. 完善司法权的监督制约机制

2014 年 12 月 4 日颁布的《最高人民法院关于进一步加强新形势下人民法庭工作的若干意见》指出要强化司法公开。要求全面公开法庭人员信息、管理制度、行为规范、诉讼指南，依法及时公开案件信息、司法依据、诉讼流程、裁判结果，满足当事人知情

① 《湖北等 6 地将试点司法改革，法官对案件终身负责》，来源于《楚天金报》，2014 年 6 月 16 日。

② 参见张卫平主编：《司法改革论评(第一辑)》，中国法制出版社 2001 年版，第 7-8 页。

③ 胡新桥，刘志月：《湖北公布司法体制改革试点方案》，来源于法制网，2014 年 12 月 15 日。

权，杜绝暗箱操作。为了解决司法责任错乱、权责不明的状况，也为了防止法官、检察官滥用权力，湖北省在司法改革的过程中，努力探索强化司法权的监督制约机制。运用信息化手段，加强和规范对司法活动的监督；加大司法公开力度，全面推进办案工作全程录音录像、生效裁判文书上网；充分发挥律师在诉讼中的作用，确保司法权依法公正运行，真正让人民群众在每一个司法案件中都感受到公平正义。①

（三）健全法官、检察官及司法辅助人员职业保障制度

湖北省司法改革方案注重司法人员职业保障制度的建设。基于对司法人员分类管理的理念，对于不同类别的司法机关工作人员实行对应的有区别的工资待遇和职业保障。并在《最高人民法院关于进一步加强新形势下人民法庭工作的若干意见》的指导下，逐步推进法官专业职务序列及工资制度改革，逐步提高基层法官职级待遇，实现人民法庭法官职务、职级和法官等级上的适当高配，以及工资福利政策向基层法院和人民法庭的适度倾斜。通过报道，可以看出湖北司法改革试点方案的最大特色在于坚持政策导向基层，保障基层法官、检察官的切实利益，完善基层司法人员的职业保障体制。通过政策导向，优化司法资源配置，解决法检系统“头重脚轻”的问题；在岗位津贴方面向基层一线倾斜，努力提高基层法官、检察官经济待遇，确保办公经费、办案经费和人员收入不低于现有水平；同时，规定基层法官和检察官员额比和选升名额占比明显高于省、市两级；保障上解除后顾之忧，规定基层法院、检察院经费保障“保底就高”，并随着经济发展稳步增长。②

同时值得一提的是，除了设置单独的法官、检察官职务序列，作为司法改革试点的广东省还将探索建立法官助理、检察官助理和书记员单独职务序列管理制度，使每一类人员都有各自的晋升渠道和职业发展空间。③ 这对于司法辅助人员而言不失为一种相对有效的内部激励机制，更是一种积极的细致的职业保障措施。

（四）建立省以下地方法院、检察院人财物统一管理体制

长期以来，我国司法人员、地方司法机关的经费预算和开支都是按行政区域实行分级管理、分级负担的管理体制，这一模式不利于排除地方行政对于司法权的不当干预。十八届三中全会《决定》指出，改革我国的司法管理体制，推动省以下地方法院、检察院人财物统一管理。这项改革举措，对于确保法院、检察院依法独立公正行使审判权、检察权，具有重要意义。④ 为了避免司法地方化和司法行政化的负面干预和影响，真正使司法机关能够独立地行使国家赋予的职权，本次司法改革制定了一系列切实推动省以

① 徐昕：《提升司法公信的九个建议》，载《学习与探索》，2014 年第 1 期。

② 胡新桥，刘志月：《湖北公布司法体制改革试点方案》，来源于法制网，2014 年 12 月 15 日。

③ 《七地司法改革试点方案获中央政法委批复同意》，来源于《时政要闻》，2014 年 12 月 18 日。

④ 杨维汉：《中央司改办：湖北等 6 地将试点 4 项司法体制改革》，来源于新华网，2014 年 6 月 15 日。

下地方法院、检察院人财物统一管理的举措。

1. 建立省以下法院法官和检察院检察官省级统一管理体制

试点地区大致都制定了省级统管的改革路径。对人的统一管理，主要是建立法官、检察官统一由省级提名、管理并按法定程序由人大任免的机制。在实现省以下法官、检察官统一管理体制的要求下，各试点都成立了法官、检察官遴选(惩戒)委员会。根据此前的媒体报道，各试点省份上报方案中，法官、检察官遴选委员会均由政法委主导。但目前各地的做法表明，遴选委员会由政法委主导的模式已被否定。湖北试点方案规定，法官、检察官遴选(惩戒)委员会办公室分设在省法院和省检察院，其组成人员中社会各界代表应不低于50%，市县法院院长、检察长将由省级党委管理。①

2014年12月13日，上海市法官、检察官遴选(惩戒)委员会成立，遴选(惩戒)委员会分别在上海市高级法院、市检察院设立办公室。作为全国首个省级法官、检察官遴选(惩戒)委员会，一共有15名委员。15名委员包括7位专门委员和8位专家委员，专门委员由上海市委政法委、市委组织部、市纪委、市人大内司委、市公务员局、市高级法院、市检察院等单位的分管领导担任，专家委员从资深法学专家、业务专家、律师代表中择选。此外值得注意的是，上海遴选(惩戒)委员会还附设专家库，由资深法学专家、律师代表等组成，共20人左右。广东试点方案明确规定，法官、检察官遴选委员会主任由实践经验丰富、德高望重的资深法律界人士担任。遴选委员会委员分为常任委员和非常任委员，常任委员由省级人大有关部门、组织人事、党委政法委、省法院、省检察院等单位代表组成，非常任委员由有专业背景、经验丰富的人大代表、政协委员、律师、法学学者等人员组成。目前湖北省法官、检察官遴选(惩戒)委员会的具体组成人员和相应比例还不十分清楚，估计应与其他试点的各类人员构成比例相差不大。

2. 建立省以下法院和检察院财物省级统一管理体制

试点地区省级统管的改革路径中对于财物的统一管理，主要是建立省以下地方法院、检察院经费由省级政府财政部门统一管理的机制。地方各级法院、检察院经费上收省级统一管理时，要考虑各地社会经济发展实际，确保各地办公经费、办案经费和人员收入不低于现有水平，为法检活动提供必要的物质保障。湖北省试点方案要求建立省以下地方法院、检察院财物统一管理体制，使得法院、检察院在经费方面能够脱离于本级政府，避免因经费以及其他开支受制于地方政府而导致司法机关的不独立。贵州与广东在具体举措方面采取了同样的方式，即市、县两级法院、检察院作为省级财政一级预算单位，向省级财政部门编报预算，预算资金通过国库集中支付、系统拨付。② 湖北省的具体操作措施尚未公布，估计与广东、贵州区别不大。对于财务的统一管理，要清查、登记法院、检察院的全部资产，各法院院长、检察院检察长应切实对本院的预算进行细致审查、严格把关，坚持“先预算后支出、支出则记录、无效则问责”的法治理念，合理设置内部财务部门，加强对财务审计工作人员的监督，切实为各级法院、检察院提供

① 《七地司法改革试点方案获中央政法委批复同意》，来源于《时政要闻》，2014年12月18日。

② 《七地司法改革试点方案获中央政法委批复同意》，来源于《时政要闻》，2014年12月18日。

充足的物质保障。

（五）探索建立人民警察警官、警员、警务技术人员分类管理制度

将警务相关改革纳入改革试点也是湖北司法改革的一大亮点。中共中央《关于司法体制改革试点若干问题的框架意见》中指出完善人民警察警官、警员、警务技术人员分类管理制度，健全执法勤务机构人民警察警员职务序列制度，重点解决量大面广的基层一线人民警察任务重、职级低、待遇差的问题。按照公务员法确定的职位分类框架，建立公安、安全、审判、检察机关专业技术类公务员管理制度，确保人员待遇与专业技术、职务类别配套衔接。对公安、安全机关具有刑事司法属性的侦查人员探索试行主办侦查员制度，并完善相应的职业保障制度。① 湖北改革试点响应该要求并结合本省的实际情况，提出要积极探索完善人民警察警官、警员、警务技术人员分类管理制度，完善相对应的职业保障制度，对公安、安全机关具有刑事司法属性的侦查人员探索试行主办侦查员责任制模式，规定主办侦查员对其在职权范围内作出的侦查决定负责。

三、浅析湖北省司法改革试点工作中可能存在的问题和改进建议

（一）湖北省司法改革试点方案的正当性问题

有关湖北省试点改革方案的目标我们存在一定的疑问。我国作为人民民主专政的社会主义国家，人民是国家的主人。历次司法改革最终的主体都应是人民，因此司法改革必须向人民负责，受人民监督。湖北省司法改革试点方案已经出台，试点市州的法、检机构也都开始了试点工程。但是司法改革方案目前仍未予公布，虽然是为了保证各试点单位的司法改革有效运行，但是这极易导致人民不知道我们的司法改革具体应该如何改，司法运行机制究竟要改成什么样，对于司法改革的模糊性认识十分不利于人民监督司法改革过程中各种权力的行使。另外，试点省份再选试点的司法改革运行模式本身就是为了适应各地区社会经济发展不平衡的现状，在此基础上鼓励各地进行积极探索，为全国逐步推开改革积累经验、创造条件。因此，建议适时公开司法改革试点方案，接受人民监督，征集人民建议，这样在实施的过程中才能够更好地发现问题、解决问题，最大限度地修改、完善司改方案，以期更加适应全国各地的司法实际。

（二）湖北省司法改革试点方案的内容缺失性问题

1. 缺乏关于司法辅助人员的职业保障制度

湖北省司法改革试点方案在健全法官、检察官及司法辅助人员职业保障制度这一事项中，对于法官、检察官设定了较为详细的保障制度：即在司法人员分类管理的基础

① 杨维汉：《中央司改办：湖北等6地将试点4项司法体制改革》，来源于新华网，2014年6月15日。

上，设定法官、检察官的单独职务序列，明确法官、检察官的权限及责任，提高职业待遇、完善晋升机制等。但是对于法官助理、检察官助理、书记员等司法辅助人员的保障措施不够明确且不够完善。这不利于调动法院及检察院内部司法辅助人员的积极性，严重影响办案效率，甚至一定程度上会导致司法不独立和司法不公正。因此建议湖北省司法改革试点方案在试行的过程中关注此方面的问题，总结出一定的实践经验，然后在后期全省的司法改革方案中制定出较为详细、明确、有效的司法辅助人员职业保障制度，为建立公正、独立、高效、权威的司法运行机制锦上添花。

2. 缺乏司法改革监督制约机制

在推行司法改革的过程中，权力运行应受到监督和制约，否则极易导致权力滥用和腐败堕落，尤其是在人财物统一管理体制的建设过程中。司法改革试点方案中虽有关于司法权的监督，但是对于其他方面权力的监督缺乏一定的规定。虽然为了保证法官、检察官的政治素质和职业素养，成立了全省的法官、检察官遴选(惩戒)委员会，赋予其选拔法官、检察官的权力。但是要注意建立相应的外部监督机制，防止权力的集中异化，以此保证法官、检察官选任渠道的公正、公平、公开。同样建立法检财物省级统一管理的体制，有利于杜绝地方政府对于司法的不当干预，但是也建议应当建立起法检系统内部以及外部的财物监督机制，防止财物在预算和上报的过程中出现腐败现象。

(三)湖北省司法改革试点工作中如何正确处理法检系统与同级权力机关关系的问题

湖北省司法改革试点方案中规定，法官、检察官由省级法官、检察官遴选(惩戒)委员会统一提名，同级人大按照法定程序予以任命。这使得本应由人民代表大会及其常务委员会产生的同级人民法院法官和人民检察院检察官，更加成为了形式上的任命。这种省级以下法官、检察官的统一管理机制进一步使得同级权力机关对法检部门的监督功能弱化，甚至虚置，法检系统对同级人大负责、受它监督的规定也变得意义不大。同时，试点方案规定实行省级以下法院、检察院财物统一管理机制，这使得本应由同级政府负责的、由同级人大审查的法检预算直接成为了法检系统和省级政府之间的审批关系，这一举措使得同级权力机关对其产生的法院、检察院的监督制约更加力不从心。因此，建议不要将法官、检察官的实际任免权完全交予各法官、检察官遴选(惩戒)委员会，应强化人大对于法官、检察官任免的实质性审查。如此一来，权力机关在监督法官、检察官遴选(惩戒)委员会正当行使权力的同时，也可以避免法检机关进入脱离同级权力机关的怪圈。同时建议法院、检察院的年度工作报告应当细化内部财政预算这一项内容，作为同级权力机关监督法检财政开支的一项措施，此举不仅可以监督法检系统的财政状况，而且也能有效地使法院、检察院切实对同级权力机关负责，这符合人民民主专政的国家性质，也是宪法以及两院组织法的内在要求。

虽然湖北省司法改革试点方案中存在一些疏漏，但就目前司法运行过程中的现实问题而言，方案规定的改革举措确实具有较强的针对性和可行性。作为试点省份，开展试点工作应允许其存在问题和错误，但发现了问题要探索解决方案，取得了成效要总结经验，只有这样司法改革的试点工作才算圆满完成，由此得来的改革经验才会饱含生命力，具有可复制、可推广的重要价值，能够为全面推进司法体制改革开拓道路。

（作者简介：王芳：武汉大学法学院2014级宪法与行政法学硕士研究生。）

◎ **点　评**

首先，按照湖北省的改革方案，湖北省法官检察官和司法辅助人员分别占编制总数的39%和46%，按照这个数字平均下来，除去书记员，一个法官所配备的助理人员连一个都不到，这种员额制的分配很难实现其预期想要达到的法检队伍的专业化与精英化。法检机构将大量工作人员划为司法辅助人员之后，应重视建立辅助人员的晋升机制，促进其职业保障，以实现法检系统内部平衡。其次，办案责任制的建立和审判委员会改革使大部分案件的审议责任由主审法官和合议庭承担，有助于法官责任性的提高。再次，成立法官、检察官遴选委员会使人事任免权上升到省级没有法律上的依据，并且缺乏具体的遴选方案，惩戒委员会的职能与人大对法检的监督职能相冲突，因此法官、检察官遴选（惩戒）委员会成立本身合法性不足且与现行制度存在冲突从而难以有存在和发展的空间。最后，此次改革针对地方财政绑架司法的问题提出了司法机关财权收归省级统一管理的方案，但掌握财政权的机关并非是层级越高越合适，应该将司法工作者待遇分配和各地实际工作情况相结合，因地制宜，而不能一概而论。

（点评人：武汉大学法学院　江国华教授）

行政不作为的司法规制(一)：

论行政不作为的产生原因及对策

张　慎

摘　要：近年来，行政不作为愈发成为一个值得关注的问题。因其所具有的隐蔽性等特征使得相对人往往很难得到救济。最高院亦发布了十个不作为的典型案例以及处理办法，笔者选择从其中一类，即相互推诿类不作为案例入手，找出该类不作为案件频发的原因。最终落脚点放在追责机制不完善上，特别是对工作人员个人责任的追究上，完成从权力问责到制度问责的转变。

关键词：不作为；案例分析；追责机制

一、行政不作为概述

(一)含义

行政不作为是指行政主体及其工作人员负有某种作为的法定义务，能够履行而消极地不履行或拖延履行的一种行政行为。因此，它有以下几层含义：首先，主体限于行政主体及其工作人员，包括行政机关及其工作人员和法律法规授权的组织和工作人员。其次，从法律拟制的前提来看，行政主体及其工作人员必须以负有法定的作为义务为前提。最后，行政主体及其工作人员消极地不为一定动作而使其能够履行的作为义务没有得以履行。未履行或拖延履行是指不作为主体在明知必须履行其法定职责的情况下，没有采取或者拒绝采取法律规定的行为，或有意拖延，致使行政管理目标无法实现，或者使行政管理秩序处在不确定的状态中。①

① 蔡放波：《论行政不作为及其治理》，载《中国行政管理》，2007年第1期。

(二)特征

(1)违法性。行政不作为之基本特征。从法律后果来说，行政作为既可能是合法的，也可能是违法的，而行政不作为则必定是违法的。行政不作为的违法性是由其本质所决定的。我们知道，行政主体在行使行政权力，执行行政公务时的权利和义务，通常被称为“职权”和“职责”，而不同于一般个人或组织的权利和义务。行政职权和职责都是法律赋予行政主体维护和分配公共利益的必要手段。因而，行政不作为在本质上是对公共利益维护权和分配权的放弃。对公共利益维护权的抛弃，将构成对国家所负作为义务的放弃，其后果可能是直接损害了公共利益。如税务人员逾期不对应纳税的公民或法人征税等。对公共利益分配权的抛弃，将构成对相对人所负作为义务的放弃，其后果则是直接侵犯了个人利益，如有权获得抚恤金的公民依法向有关行政机关申请发给抚恤金，行政机关逾期不予答复，就直接损害了公民获得抚恤金的权利。无论是对公共利益维护权的放弃还是对公共利益分配权的放弃都是违法行为。①

(2)消极性。行政行为是行政主体对其职权职责的主动行使和履行，表现为积极的作为。而行政不作为则是行政主体对其职权职责的放弃，客观上表现为怠于执行职务的消极性。

(3)隐蔽性。正是由于行政不作为表现为事实上并没有积极地明确作出，而是消极无为的表现，因而具有一定的隐蔽性，其危害后果难以明显呈现出来。在一般情况下，只有行政不作为直接侵犯了相对人的合法权益，引起行政争议，乃至被诉诸法院时，行政主体承担的法律后果才会确定下来。尤其是对于直接侵害公共利益的行政不作为，其隐蔽性更大，国家法律监管机关一般很难对此类不作为取证查处，只有出现严重后果时，才由司法机关给予惩罚性的制裁。

(三)作为义务的具体内容

(1)法律规定的义务。即根据法律规范的明文规定，行政主体及其工作人员负有作出某种行政行为的义务。如根据行政处罚法的相关规定，依据相对人过错的大小对其课以不同的处罚，应严格按照该法的幅度规定来进行，若超出该幅度或是应处罚而不处罚，则都可能构成行政不作为。

(2)行政行为设定的作为义务。行政行为作出之后，不仅能为相对人设定权力义务，而且有时也能为行政主体或者工作人员自身设定一定义务。例如，在行政许可之中，行政主体对相对人的申请批准许可后，不仅要在行政机关内部系统上备案，而且一般还要为相对人颁发某种许可证营业执照等，这也是行政机关作出行政许可后为自己设立的一项义务。若是其拖延履行，使相对人造成损失，则自然构成了行政不作为。

(3)先行行为引起的作为义务。它是指行政主体先前实行的行为使相对人的权益有可能受到侵害的一种状态，这种行为便是先行行为。需要指出的是，这里的先行行为既

① 周佑勇：《行政不作为的理论界定》，载《江苏社会科学》，1999年第2期。

可能由合法行为引起，也可能由违法行为引起。

(4)其他行为产生的作为义务。除上述几种作为义务产生的依据之外，法院的判决和裁定也可为作为被告的行政主体设定相应的作为义务，等等。①

(四)对相对人的救济

对行政不作为进行规制，在我国目前的法制体系中主要有两个途径：一是通过行政复议，启动行政系统自身的纠错机制与程序，通过上级机关对下级机关的监督与领导，由上级机关直接命令下级机关进行作为，该途径的优势在于行政机关上下级间的领导关系，可以使纠错程序的启动更具有效率性，便于提高行政不作为纠纷解决效率，但是由于行政机关在本系统内存在相互“关照”的可能性，故行政复议的救济途径是初级的救济方式；二是行政复议无法遏制行政不作为时，启动司法程序成为必需，虽然司法救济的效率及诉讼成本往往高于行政复议，但其救济效果往往好于行政复议的救济方式。

二、案例分析

属于相互推诿，权责不明案件主要有三件。

(一)基本案情介绍

案件一：当事人张某先后向天津市社保局和市社保中心两个单位邮寄信函，主要内容为要求其履行法定职责，对其社会保险缴费基数偏低和少缴、漏缴问题进行强制征缴。市社保局收到信函后，认为其所述问题不属于该局职责，属于市社保基金中心职责，遂将信件转至该中心办理。该中心于2013年11月29日向张某出具《答复》，主要内容为其已经办理退休手续，退休待遇均由其参保所在区的社保局审批确定，且在审批之前已经本人对缴费基数、缴费年限等事项进行了确认，该中心作为社保经办机构，负责依据区县社保局审批结果及有关政策规定按时足额发放退休待遇。张某先是针对市社保局、市社保基金中心分别提起诉讼，因各自答辩不具备相应职责而申请撤诉，后将两单位作为共同被告诉至法院，请求确认市社保局向市社保基金中心转交信件行为违法，撤销市社保基金中心上述答复，判令二被告履行法定职责，对其诉求予以答复。天津市和平区人民法院一审认为，依据相关规定，市社保局将信件转至市社保基金中心办理并无不当。市社保基金中心应对原告信函要求事宜作出明确处理，但其未在60天内作出答复，且在此前原告起诉该中心不履行法定职责一案中，隐瞒了市社保局下达上述文件的情况，在答辩状中否认其具备相应职责，导致原告认为起诉被告主体有误而申请撤诉，系未履行法定职责并进行推诿。其给原告出具的《答复》，在未对原告提出的请求作出明确处理的情况下，直接以信访形式答复显系不妥。遂判决：一、市社保基金中心于本判决生效之日起30日内对原告请求作出处理并将结果书面告知原告，在规定期限

① 周佑勇：《行政不作为构成要件的展开》，载《中国法学》，2001年第10期。

内不履行的，从期满之日起按日处70元罚款；二、驳回原告其他诉讼请求。一审宣判后，各方当事人均未上诉。

典型意义：法院以行政裁判方式明确了行政主体在社保管理方面的相关职责。基于行政管理复杂性和法律规定不明确，在职权界线不清晰的情况下，行政机关之间应当主动沟通联系，共同协调解决，不能互相推诿，甚至和老百姓“捉迷藏”。社会保险待遇涉及千家万户，关乎个人生老病死，无论是社保机关还是经办机构都必须积极履责，方为责任政府应有之义。人民法院对于行政主体在诉讼中隐瞒其与有关单位之间关于职权划分的相关文件的，应依法制裁，必要时可向纪检监察部门通报反映；在行政主体相互推诿，均否认具有相应法定职责的情况下，可依法将相关行政主体都列为被告，共同参加诉讼，通过庭审举证、质证和辩论，最终确定履责主体。同时，为保证履责判决的及时履行，可以在判决时一并明确不履行判决的法定后果，既督促行政主体尽快履责，也有利于保障生效裁判的迅速执行。

案件二：2013年12月27日，当事人钟某给北京通州工商分局写申诉信，称其在当地家乐福购买的一种大米不符合《预包装食品营养标签通则》的规定，要求该工商分局责令通州家乐福退还货款并进行赔偿，依法作出行政处罚。3天之后该分局作出《答复》称钟某反映的食品问题不属于其职权范围。2014年1月8日，钟某向北京市工商行政管理局(分局的上级机关)提出复议申请，该机关于4月2日作出复议决定书维持原答复。当事人不服，以通州工商分局为被告提起行政诉讼，请求确认通州工商局处理举报案件程序违法并责令其履行移送职责。法院认定该工商分局确实没有对流通环节的食品安全进行监管的职责，但《工商行政管理机关行政处罚程序规定》第15条规定，工商行政管理机关发现所查处的案件属于其他行政机关管辖的，应当依法移送其他有关机关。因此判决被告应在15个工作日内就原告举报事项履行移送职责，驳回原告其他诉讼请求。通州工商分局不服，提出上诉，二审驳回上诉，维持原判。

典型意义：通过裁判方式明确了行政机关对不属于本机关办理职责事项，如果有关规范性文件规定应移送有权机关办理的，则应当及时移送。在行政管理领域，行政机关的职责既有分工也有交叉，法定职责来源既可能是本行政领域的法律、法规、规章和规范性文件，也可能是其他行政管理领域的法律规范，甚至可能是行政管理需要和行政惯例。有关食品生产、流通环节的监督管理职责由工商机关改由食品药品监督管理部门承担，但职责调整的初始阶段，人民群众未必都很清楚，工商机关发现群众对于食品安全问题的举报事项属于其他行政机关管辖的，应当移送相关主管机关，不能一推了之。积极移送也是一种法定职责。

案件三：某驾校以A公司进行违法建设，对其练车场的正常使用造成影响为由，向所在社区街道和区行政执法局等多个机关进行举报，但以上机关对所反映事项都无任何处理。2012年10月驾校将A公司违法建设的问题举报至兰州市委信访办，信访办将材料转移至兰州市行政执法局后兰州市执法局又将材料转至区行政执法局，但直至驾校起诉之前，区行政执法局仍未对该公司的举报作出任何答复，故驾校以区行政执法局为被告，向法院提起行政诉讼，要求判令被告履行法定职责。在一审过程中，被告区行政执法局意识到其不履行职责可能存在败诉的风险，遂与原告经协调达成一致意见，同意受理原告的举报事项并在其职权范围内进行调查，即依照原告的申请，履行了相应的法定职责。故原告于2013年6月7日向一审法院提交了书面撤诉申请。法院依据相关规定，裁定准许原告撤回起诉。

典型意义：行政诉讼的目的在于化解行政纠纷，在当事人提起诉讼后，有时通过法院审理，行政机关在诉讼期间意识到自身问题而主动纠正，在不损害国家利益和社会公共利益的前提下，当事人主动申请撤诉并经过法院准许，同样可以达到案结事了人和的审判效果。行政不作为案件往往是因行政机关及其工作人员存在“懒政”、“惰政”等主观因素或某些客观原因而引发，相比其他类型的行政案件，法律关系较为明确，案件审理难度相对较低，只要行政机关依法履责，当事人之间的症结往往易于化解。实践中，不少案件是原告在向行政机关多次反映、投诉无果后，才选择通过诉讼方式寻求救济，一旦起诉，常常在诉讼期间就使纠纷得以快速解决。这从一个侧面凸显了行政审判这一外部监督机制的重大影响力。法院在查清事实、分清是非的基础上，通过向被告释明法律规定和法律后果，以和解方式化解纠纷，可以使原告诉求在短时间内实现，既解决问题，又不伤“和气”。

(二)案情分析

尽管上述三个案例均是由于行政部门之间相互推诿引起的，但每个案件也有其自己的特点。只有案例二经过了复议程序，其他两个案件都是在举报申诉无果之后，直接提起了行政诉讼。从上述案件中的情况可以看出，行政复议的监督效果不如行政诉讼，这也侧面反映了我国行政机关内部监督的乏力。三个案件结案方式不一，前两个案件均是法院判决被告行政机关履行其未履行的义务，而最后一个案件中，由于被告变更了其被诉行政行为，因此得以与原告和解，最后原告撤诉。对三方来说无疑是更好的选择。

三、行政机关之间相互推诿的行政不作为产生原因和对策

(一)成因

(1)行政机关职权和部门设置的重叠交叉。我国现在行政机构的职权划分在很多方面都有交叉现象。针对交叉的事务，往往造成这些有管辖权的部门站在部门利益角度考虑，对那些相对简单并可以提高经济效益的事务主动进行管辖，另外，遇到服务性质或烦琐的事务就找各种借口来推诿，踢皮球。由于部门职能的重叠，职权的交叉，不同地区行政工作人员的素质差异，这就造成了两种情况：一是有利的事务各部门争相去执行；二是过于琐碎的事能推脱则推脱。例如，在上文案例一之中，张某提交至社保局和社保中心的事务，双方均认为不归自己管辖。可能在该局工作人员看来，普通个人民众的社保事务，既烦琐，又不能为该机关带来实际收入或经济效益，他们自然不会考虑到相对人的切身利益，就只会一推再推了。

(2)追责力度不大。如今我国的行政法条款对于行政主体的义务规定大多仅限于程序合法，并且十分笼统，对于行政不作为现象的规定则更只有原则性的一句话“行政主体应当履行职责”；相反，大多数条款都是为了规制行政相对人的行为。对行政主体的规制都笼统而不完整，对工作人员个人的追责，其力度更是可想而知。

(3)行政机关及其工作人员责任意识淡薄。在我国，受传统的“个人利益中心论”的影响，无论是行政复议还是行政诉讼都以保护相对人的个人利益为目标。① “不作为”是行政机关漠视义务，行政人员权责意识不明的体现。原因如下：一是业务能力水平较低。有些行政工作人员重权力，轻责任，服务宗旨意识不强。这就导致了其在工作中的不敬业不爱岗，遇到相对简单的事务就愿意为相对人办理；稍微烦琐便以不答复等方式进行拖延甚至推诿。二是被压力所累，有些机关公关人员在周围层层密布的关系网下不得不左右协调，乃致耽误事务的正常办理时间。三是作风不实的后果。一些领导者工作方法存在问题，对问题的解决没有全局性的考虑，因此作出错误决定后，很难纠正，从而导致执法人员难以适应，就造成了行政相对人眼中的责任观念淡漠。有权力就意味着有责任，这是现代法治政府应当恪守的基本准则。如果公务员没有最基本的责任意识，那么依法行政就只能是空谈，再好的法律、法规，再完善的制度也不过是一纸空文。

(4)监督机制没有发挥应有的作用。就如同案例三之中，一开始区行政执法局对相对人的举报不理睬，后经市信访办将举报材料转移到该执法局，它依然敢于不在规定期限内给予相对人答复，可见上下级之间监督体制的问题。从现行法律制度上来看，对行政管理的监督机制很多，有权力机关的监督、行政层级监督、司法监督、行政复议监督等，但从监督的实际效果上看，监督机制还没有真正发挥其应有的作用。表现在一是监督的机构过于分散，在实际的工作中管理也就相对分散，难以形成一股合力；二是各监督机关仍然缺乏刚性约束，受人为影响较大，若各级监督机关领导重视且能力强，则对行政不作为的监督就能够到位；反之，就会出现监督疲软的状况；三是监督程序不完善，操作不规范，尤其对涉及公共利益的行政不作为常常缺乏监督的启动程序；四是对行政不作为的监督方式单一，一般是有举报才有监督，很少主动出击。行政层级的无序化造成层级监督的困难。层级监督中除了最高层级与最低层级之外。每一个层级的政府与政府职能部门均是监督者与被监督者，这是行政管理权的配备使然，上下级之间的权能难以从职能上划分导致了监督权难以突出，不利于强化监督的功能。

(5)相关行政法规不健全，权责不明确。尽管我国今年来的行政法立法进程成果不少，法律法规大量出台。但相关法律对行政不作为违法却少有涉及，而且对行政不作为范围的规定还不具体、不全面。我国法律规定能提起行政不作为诉讼或行政不作为复议的案件只有三种，且以侵犯个人利益为前提，不包括侵犯国家利益和公共利益在内。诸如环保、安全生产、公共卫生、农村义务教育等方面的不作为很难通过司法途径救济。即使是在这三种案件中，一定情况下，行政相对方的利益损失也很难挽回。

① 叶必丰：《公共利益本位论与行政诉讼》，载《中央政法管理干部学院学报》，1995 年第 6 期。

(二)对策

(1)完善行政问责机制

完善行政问责机制，对于消除行政不作为有着积极意义。正如约翰·密尔所说，“凡显系一个义务上当做的事而他不做时，就可要求他对社会负责，这是正当的”①。目前，我国行政问责的法律规定相对薄弱、零散，没有统一的标准和规范。要建立有效的行政问责制，需要有完善的法律法规作保障，应当通过法律明确规定行政问责方式、问责主体、问责对象、问责事项、问责程序等。目前我国行政问责模式主要是权力问责，最典型的便是在发生重大事故、有较高的社会关注度时，由中央有关领导批示、中央政府组成调查组并责令有关地方查处负责人。这种问责制缺乏一定的制度依据，导致追究直接责任多，追究领导层间接责任少，追究一把手领导责任的就更少。要实现行政问责由权力问责到制度问责的转变，应该制定统一的行政问责的法律法规，全面落实《公务员法》，把政府及其公务员的日常行为纳入到问责的范围，不仅发生重大事故要追究有关人员的责任，而且政府官员责任心低下、乱作为等行为也要追究责任。

(2)应该按照“宽职能、少机构”的原则，对政府部门及其机构进行整合优化，以形成一个精简、高效、统一的行政管理体制。其次，要科学合理地逐步优化政府层级结构。简化政府组织间的层级结构，减少行政层次，可以有效提高行政效率，避免上下级部门之间推诿扯皮现象的发生，降低产生行政不作为的可能。最后，深化行政体制改革的目的并不是机构数量和规模的简单增减，而是政府职能的转变与整合，让政府做自己应该做的事，做好自己应该做的事。转变政府职能，防范行政不作为，就要求政府弱化对经济、社会的微观管理职能，将能由市场和社会组织管理的交由市场和社会组织管理，从管理转向服务，从体制上根治政府的不作为。

(3)健全行政不作为诉讼机制。尽管上述三个案件中，相对人均通过司法途径有效捍卫了自己的权利，但这方面的诉讼制度也可加以改善以备不时之需。首先，可扩大原告主体资格范围，进一步明确“法律上的利害关系”关于何为“法律上的利害关系”的问题，目前在学界已经形成一致意见，就是将法律上的利害关系从原来的法律权利标准扩展为权益侵害标准，权益侵害标准扩大了受侵害的利益范围，将既得利益和将来必定到来的期待利益都纳入其中，从而更好地保护当事人的合法权益。其次，可尝试建立行政不作为诉讼调解制度，规范调解内容。对于不作为案件，像案例三中的调解结案更是一种较优的选择，人民法院进行调解既有利于及时维护原告权利，又能督促行政机关完成该行政行为，同时又避免了判决后的执行，取得三赢的效果。再次，细化对原告撤诉申请的审查程序。行政诉讼司法实践中存在大量原告撤诉的案件，在对这类案件进行裁判时，需细化对原告申请的审查，包括审查的内容、程序、方式以及原告撤诉后的救济权保障等，以尽可能地避免司法审查流于形式，真正实现矛盾化解的和谐局面。需要说明的是，根据我国现行的法律规定和司法解释，行政主体如何履行其行政义务属于行政自

① [英]约翰·密尔：《论自由》，商务印书馆1982年版，第11页。

主权中“自我决断”的范围，法院不得以司法权进行干预。因此人民法院只能责令行政主体履行其在程序上的义务，而无权决定行政主体行政行为的具体内容。① 最后，实行司法权对行政权的理性监督。人民法院若能理性地使用监督手段，及时向行政机关反馈其管理中存在的问题，则能更有效地督促行政机关依法行政。因此，对于行政不作为案件，在作出裁判前，可以采取行政机关易于接受的方式，如行政建议书、行政审判“白皮书”与行政机关沟通，从而更好地解决纠纷、化解矛盾，最终达到依法行政的目的。

(4)将行政不作为赔偿责任纳入国家赔偿的范围

从法理上看，有损害必有赔偿。但我国现行《国家赔偿法》之中并没有明确规定政府的行政不作为违法的国家赔偿责任。从目前国家赔偿的范围来看，不包括行政机关不作为给公民、法人和其他组织的合法权益造成损害赔偿的情况，更不包括损害公共利益的赔偿责任。行政不作为这种违法行为一旦侵犯了公民的合法权益或者公共利益并造成损害，同样构成行政侵权，其法律后果之一便是承担行政赔偿责任。目前，在这一问题上国家赔偿责任的缺失，实际上是我国国家赔偿制度中的一种缺陷。因此，将行政不作为违法的责任归到国家赔偿责任中去，有利于保障公民法人的合法利益不受侵害，有利于完善我国的国家赔偿制度，最关键的是能够进一步督促行政机关积极行使职权。

(5)深入开展行政公务员职业道德教育

思想建设是防范和治理公务员行政不作为的前提和基础，而加强公务员思想建设的重要途径就是接受强化教育。加强公务员思想建设，必须要强化服务行政的责任理念教育。公务员行使行政权力、实施行政行为的资格是人民授予的，应该对人民负责，只有使每一位公务员思想上确立这种意识，才能够在思想观念与意识上自觉形成责任意识和法律意识，自觉实现依法行政，自觉抵制不良思潮的侵袭，自觉克服官僚主义与形式主义等严重损害群众利益的错误行为，才能够真正做到“深怀爱民之心，恪守为民之责，善谋富民之策，多办利民之事”。加强公务员思想建设的同时，还应该把提高公务员能力素质放在重要位置上。随着科学技术的迅猛发展，人类正在进入知识经济时代。在这个时代知识老化的速度大大加快，为了有效应对新时期、新事物、新情况，公务员必须不断学习新的知识，不断提高专业素质，只有这样才不会在面对新事物、新情况时无所适从，导致不作为现象的发生。

(作者简介：张慎，武汉大学法学院2014级宪法与行政法学硕士研究生。)

◎ **点　评**

第一，行政法治的基本要求是权力法定、责任法定。很显然，权力法定我们强调的是行政职能原则上应有法律明文规定的，我们目前的“法”原则上只扩展到地方规章，但是我们看这几个案件涉及责任的时候，已经往下沉到了内部的行政文件，通过内部的行政文件课以行政机关相应的义务，本来以前对行政不作为是有些大致相同的认识，必须是违反法定的职责才构成行政不作为。社保局不管不理按照理论上来说是不构成行政

① 李战良：《略论行政不作为违法的司法救济》，载《行政法学研究》，1999年第4期。

不作为的，但从这两个案例来说，相对人找公安局来解决社保，公安局不管就构成不作为了。

第二，过去认为不作为有一些基本要素，如职权性要素、申请要素。在职权范围内才构成行政不作为，现在把职权性要素基本排除了，只要向行政机关提出申请即构成了其行为义务的来源。第二个涉及不作为要有一定的时间，实际上是有一个时效的要素。第三个是我们过去构成行政不作为是要给当事人构成一定的侵害，现在可以说从这三个案件看只要一个要素就构成了，只要你申请就构成了，将不作为泛化了，加大了对行政机关的监督，这是好的一面。但是这样的变化也有不好的一面，行政是要讲效率的，如民众什么都找派出所，民政局都不去了，会导致行政低效，行政职能部门之间的分工理念变得更为模糊了。十个案例是在行政诉讼法修改之前出来的，符合了新行政诉讼的目的：第一是保证人民法院依法行使权力，第二是解决行政纠纷，第三是保护公民法人合法权益，第四是监督行政机关依法行使职权，第四个修改前的法条是“保障和监督”行政机关依法行使职权，现在删了“保障”，行政诉讼法的性质因为这一条的修改发生变化，变成了行政监督法，恰好体现了立法的倾向。

第三，关于司法公开。司法公开目前存在的最主要问题在于文书公开的批准不符合我们现在的司法发展程度。我们现在的基层法院还没发展到这样的程度，裁判文书上网首先需要对案件进行分类，文书上网的标准和内容、范围也需明确。同时，“庭审直播”、“微信直播”等做法也是有待商榷的，嫌疑人有忠实于法庭的义务，有如实陈述自己的犯罪事实的义务，但没有向全国人民展示的义务。第四，关于行政复议和行政诉讼的关系。任何一个国家关于争议的解决机制不会是唯一的而是多元化的，不能简单地说只有经过法院的案件才是法治。在这一转型的时期，很多案件都是介于合理不合理以及合法与不合法之间，很多问题越来越复杂。很多文件在法院不能作为合法的依据，但在行政部门内部是可以这样的。在这个特定的背景下，加快行政机关职能的盘活是很重要的，将更多的行政纠纷由行政机关自己来消化会更加高效和专业，也更加符合中国国情。

（点评人：武汉大学法学院　江国华教授）

行政不作为的司法规制(二):
论形式作为实质不作为的行政行为

吴 悠

摘 要:传统理论认为,行政不作为是行政机关负有法定职责,或依照相对人申请,应当履行职责,而不履行其职责的情形。但此理论在一定的情况下需要进行进一步解释,才能更好维护行政相对人利益。基于此,我们引入"形式作为而实质不作为的行政行为"这一概念。行政不作为并不具有可见的外部形态,很难通过外部形态判断行政主体的主观意志状态。确立形式作为而实质不作为的概念并加以进一步研究,则会从行政行为角度促进行政诉讼制度的完善,从而有利于提高行政执法水平,落实法律责任,有利于切实维护行政相对人的合法权益。

关键词:行政作为;行政不作为;受案范围;形式作为实质不作为

一、案件回顾

案件一:赵某诉凤阳县武店镇人民政府行政不作为案

(一)基本案情

安徽省凤阳县人民政府依照国家发改委、住建部、财政部和滁州市有关文件精神,制定了《凤阳县2012年农村危房改造工作实施方案》(以下简称《方案》),在全县推广实施农村危房改造的惠民工程。赵某依照上述文件精神,于2012年4月22日向凤阳县武店镇赵拐村村民委员会提交了危房改造补贴申请。该村村民委员会经评议后同意赵某的申请意见,并将申请材料上报凤阳县武店镇人民政府(以下简称镇政府)审核。但直至赵某提起诉讼时止,镇政府未按照上述文件的规定,依法履行其危房改造申请的审核职责。赵某遂于2013年4月17日以镇政府为被告向法院提起行政诉讼,主张被告未依照《方案》作出审核决定,要求判决被告履行危房改造申请审核职责。

(二)裁判结果

凤阳县人民法院一审认为：凤阳县人民政府制定的《方案》，对农村危房改造的申报程序及审核方法等都作出了明确规定。乡镇人民政府在接到村民委员会的申报材料后，应当组织人员上门进行现场核查，经核查符合条件的由乡镇人民政府签署审核意见，报县农村危房改造领导小组审批；不符合条件的，将材料退回所在村民委员会并说明原因，且审查结果在村务公开栏公示7天。该方案同时规定，凤阳县危房改造确定的检查验收时间为2012年12月11日至12月31日。原告赵某依照规定提交了危房改造申请，但被告镇政府在接到其申请材料后未能按照《方案》规定的程序和方式履行其审核职责，其行为构成行政不作为。本案审理期间，被告对原告危房改造申请进行了补充核查，认为其不符合危房改造补贴条件，并将不符合条件的理由书面告知了赵拐村村民委员会及一审法院。法院已将核查结果告知原告，但原告不愿意撤回起诉。故一审法院判决确认被告不履行危房改造申请审核职责行为违法。一审宣判后，双方当事人均未上诉。

(三)典型意义

本案典型意义在于：人民法院通过裁判强调了乡镇政府在农村危房改造中的职责，对督促其切实依法履责、保障农民基本生活权益具有积极作用。农村危房改造是中央政府确定的一项重要民生工程，也是一项民心工程。各级地方人民政府应当坚决执行，确保中央政令的统一和畅通，确保居住在危房中的农村分散供养五保户、低保户、贫困残疾人家庭和其他贫困户实现居者有其屋。在地方政府合理确定补助对象过程中，村、乡镇和县分别负有相应的评议、审核和审批职责，任何一个环节怠于履行职责，都会形成“肠梗阻”。本案被告镇政府在长达一年时间里未依法核查原告赵某的申请，忽视其权益保障，严重影响了补助对象的确定工作，构成不依法履责。因被告诉讼期间作了审核，法院判决其继续履行已无实际意义，但仍然判决确认其不履责行为违法，符合行政诉讼的规定，彰显了司法审查的价值。

案件二：沈某、蔡某诉南通市公安局开发区分局行政不作为案

(一)基本案情

2013年9月20日下午13时5分左右，江苏省南通市开发区某小区内1号门面店主与2号门面店主因空油桶堆放问题引发纠纷，双方人员由争执进而引发殴打。南通市公安局开发区分局(以下简称开发区公局)接到报警后，指令民警出警并对涉案人员及证人调查取证。2013年9月22日，开发区分局将该纠纷正式作为治安案件立案，并多次组织双方调解。10月9日，沈某被传唤接受询问时明确表示不同意调解。12月2日，沈某、蔡某以开发区分局不履行治安管理行政处罚法定职责为由，向法院提起行政诉讼，要求确认被告未在法律规定期限内作出治安处罚决定行为违法。在诉讼期间，被告于12月9日根据《治安管理处罚法》的规定分别对涉案人员作出行政处罚决定。

(二)裁判结果

南通市港闸区人民法院一审认为，被告开发区分局是否在法定期限内履行了法定职责，应当从法律、法规规定的办案期限及是否存在不计入办案期限的正当事由两个方面审查。根据《治安管理处罚法》第99条的规定，公安机关办理治安案件的期限，自受理之日起不得超过30日；案情重大、复杂的治安案件，经上一级公安机关的批准，可以再延长30日。这就意味着公安机关办理治安案件的一般期限为30日，最长期限不得超过60日。被告于2013年9月22日立案，至2013年12月9日作出行政处罚决定，办案期限明显超过了法律规定的一般办案期限，也超过了最长60日的办案期限。调解亦应当坚持自愿原则，当事人明确表示不愿意调解的，则不应适用调解处理。即使存在调解的事实，那么从原告沈某10月9日拒绝调解之日起至被告于12月9日作出行政处罚决定，亦长达61日，仍然超过了最长60日的办案期限。更何况被告未能在举证期限内提供经上一级公安机关批准延长办案期限的证据。据此，判决确认被告未在法律规定的期限内作出行政处罚决定行为违法。一审宣判后，双方当事人均未上诉。

(三)典型意义

本案典型意义在于：通过行政审判职能的发挥，对公安机关在治安管理领域的履责要求作出规范，有利于治安纠纷的及时化解。《治安管理处罚法》明确规定了公安机关办理治安案件的期限。根据公安部《公关机关办理行政案件程序规定》的相关规定，对于因民间纠纷引起的殴打他人等违反治安管理行为，情节较轻的，可以调解处理，调解案件的办案期限从调解未达成协议或者调解达成协议不履行之日起开始计算，但调解不能成为公安机关不及时履行职责的借口。本案中，在沈某已经明确表示不同意调解的情况下，公安机关就应在30日内依法作出处罚决定。对超过30日办案期限的，应提供证据证明经过上一级公安机关批准延长。而被告明显违反相关规定。当然，被告也认识到未及时履行职责的违法性，在原告起诉后一周内就作出处罚决定，体现了对法律的尊重和勇于纠错的诚意，并得到了原告谅解。在现代法治国家，一个明显违反法定期限的行政行为，即使实体内容完全合法，也会因为姗姗来迟而被贴上违法的标签。

案件三：彭某诉深圳市南山区规划土地监察大队行政不作为案

(一)基本案情

彭某、陆某分别是深圳市南山区某小区A座902房和901房业主。2011年9月1日，南山区规划土地监察大队(以下简称区监察大队)接到群众来电反映901房住户存在违法加建行为，经调查取证，查明陆某在901房的开放式阳台上有违法搭建钢结构玻璃幕墙的行为，遂于2011年9月4日作出《责令停止(改正)违法行为通知书》，责令其立即停止违法行为并在2011年9月7日12时前清理并自行拆除。2011年10月25日，区监察大队又作出深南规土行罚字(2011)第07017号《行政处罚决定书》，认定陆某违法搭建玻璃幕墙行为违反《深圳市城市规划条例》有关规定，决定依法拆除玻璃幕墙，并书面告知其应自上述处罚决定书送达之日起十五日内自动履行该决定，逾期不履行的，将依法强制执行。该《行政处罚决定书》于当日送达陆某。2012年1月9日，区监察大队向深圳市房地产权登记中心建议对901房产实施产权暂缓登记。2013年1月28日，区监察大队作出《催告书》，要求陆某拆除阳台搭建玻璃幕墙，恢复阳台原状。针对涉案《责令停止(改正)违法行为通知书》和《行政处罚决定书》，陆某在法定期限内未提起行政诉讼，亦未申请行政复议。截至案件开庭审理之日，上述违法搭建的玻璃幕墙尚未拆除。902房业主彭某认为区监察大队在发出《责令停止(改正)违法行为通知书》后，对后续执行情况不管不问，是一种行政不作为，故以区监察大队为被告诉至法院，请求确认被告未履行强制拆除的行为违法，责令被告立即依法作为，强制拆除违建部分。

(二)裁判结果

深圳市南山区人民法院一审认为，区监察大队作为区规划土地监察机构，具有对本行政区域内违法用地和违法建筑行为进行调查取证、认定，依法实施行政处罚以及强制执行的职责。在依法作出限期拆除违法建筑的行政决定后，当事人在法定期限内不申请行政复议或者提起行政诉讼的，应当依照《中华人民共和国行政强制法》、《深圳经济特区规划土地监察条例》等法律、法规规定的强制执行程序作出处理。至于有权机关须在何期限内作出强制执行的决定并依法实施强制拆除，法律法规并无明确规定，但应在合理期限内履行其法定职责。本案中，被告作出限期依法拆除的行政决定后，在行政相对人未申请行政复议亦未提起行政诉讼，且拒不履行的情况下，至开庭审理之日止，在长达1年多的时间里，其仅作出催告而未对案件作进一步处理，且未提供证据证明有相关合法、合理的事由，其行为显然不当，已构成怠于履行法定职责，应予纠正。鉴于作出强制执行决定和实施强制拆除属于行政机关的行政职权，且实施行政强制拆除具有严格的法定程序，故不宜直接责令区监察大队强制拆除违法建筑，遂判决区监察大队于判决生效之日起三个月内对南山区某小区A座901房的违法建设问题依法继续作出处理。彭某及区监察大队均不服一审判决，提起上诉。深圳市中级人民法院二审以相同理由判决驳回上诉、维持原判。

(三)典型意义

本案典型意义在于：人民法院以裁判方式昭示了合法生效的行政决定必须得到执行。不以法律强制作为后盾的处罚决定，就像无焰的火，不亮的光，最终会损害公众对法治的信仰，甚至诱导群体性违法。对违法建筑的查处和拆除，始终是城市管理的难点，也是规划部门和土地管理、市容管理部门的执法重点。相关行政执法机关对违法建筑的查处，不能仅仅止于作出处罚决定，而应当依据《行政强制法》的规定，采取有效措施，确保处罚决定的执行，才是完全履行法定职责。拆违虽难，但不能成为行政机关怠于履行法定职责的借口。《城乡规划法》第68条规定，城乡规划主管部门作出责令停止建设或者限期拆除的决定后，当事人不停止建设或者逾期不拆除的，建设工程所在地县级以上地方人民政府可以责成有关部门采取查封施工现场、强制拆除等措施。当然，由于行政管理的多样性，法律法规一般不会规定作出处罚决定后行政机关强制拆除的期限，但仍需要在合理期限内履行。本案中，人民法院认定区监察大队在作出《行政处罚决定书》长达1年多的时间里一直未强制执行，已明显超过合理期限，属于怠于履行法定职责，在判决方式上责令其继续处理，既符合法律规定精神，也有利于尽可能通过教育说服而不是强制手段保证处罚决定的实施，具有一定示范意义。①

上述是三个行政不作为的典型案例，第一个案例所述是政府对行政申请置之不理，是一般学理意义上的行政不作为。而我们认为第二和第三个案例中所诉的案情，虽然表面上行政机关有物理意义上的作为事实，但并没有达到处理事务应有的程度，也应该认定为行政不作为，在这里我们赞同理论界的看法，将这种行为称之为形式作为而实质不作为，它也是一种典型的行政不作为手段。

二、形式作为而实质不作为行政行为简述

从我国现行行政法律规范来看，对行政不作为的概念尚缺乏明确、统一的法律规定。《行政诉讼法》和《行政复议法》仅是在有关条文中规定了某些行政不作为的具体表现形态。例如《行政诉讼法》第11条和《行政复议法》第6条，均涉及行政机关不履行法定职责的问题。但是，对到底何为不履行法定职责这个关系到行政主体行为合法性、行政相对人乃至行政行为第三人合法权益的重要问题，目前没有相应的法律规定，理论界对此也并没有统一的观点。1999年《最高人民法院关于执行〈中华人民共和国行政诉讼法〉若干问题的解释》首次将不作为以一个法律术语的形式予以规定。但是，如同该司法解释第一次明确提出行政行为的概念而没有具体解释何为行政行为一样，对行政不作为也没有作具体的解释，尤其对行政不作为的具体样态并没有作任何解释。

根据不同的标准对行政行为作不同的分类，不仅可以对现实中形态各异的行政行为之现象进行剖析，而且有利于进一步揭示各种行政行为所具有的特征和规律，以便更好地予以规范。实践的发展会不断促使我们在广度上去研究新的行政行为，如从传统的行政处罚、行政许可等行为到行政合同、行政指导等新型行政行为，也会推动我们在深度上去研究原有行政行为，如关于作为性行政行为与不作为性行政行为等。传统上一般习惯于以身体的动和静来区分作为性行政行为与不作为性行政行为，或者以有否申请作为审查作为性行政行为与不作为性行政行为的标准。然而，伴随现代行政发展的现代行政法学研究成果表明，动中也有不作为，没有相对人的申请也可能构成不作为。在行政法学上，长期以来判断作为与不作为的标准就是看行政主体是否在法定期限内履行义务，那么只要行政主体逾期不履行作为义务，行政不作为即告成立。这一将判断和识别行政

① 以上案情简介均摘自最人民高法院十大典型行政不作为案例。

不作为的标准客观化的做法，在一般情况下固然有利于对行政不作为的判断和识别，但是，也很容易导致人们产生这样的认识，即只要行政主体在法定期限内哪怕只是形式上的履行法定职责，就不构成行政不作为。事实上，实践中大量的形式主义得不到有力的根治，其重要原因之一就在这里。这也是为什么我们的行政监督体系在理论上乃至实践中表现得如此严密，而往往又是大量违法行为得不到有效遏制的重要原因之一。实践中对于行政作为和行政不作为要作具体的分析。

由于现实中的行政行为还没有也不可能完全被模式化，我们常常过于关注已经模式化的行政行为而忽视未被模式化行政行为。① 例如，程序为，实体上也为且满足了行政相对人要求的，是肯定性的行政行为；程序为，实体上也为但结果上否定了行政相对人要求的，是否定性的行政行为(不能认为该行为是不作为，尽管这时的行为有可能是违法的)；程序上为，实体上不进一步为且超过了法定的期限，则构成不作为；程序上不为，则也谈不上实体问题了，当然是不作为。问题在于有些行政行为程序上为了，实体上也为了且貌似完成了所有程序环节，但完全是因行政主体的主观原因而没有达成理想的结果，这样的行为该如何定性？所以说无论是行政责任的认定、司法审查的进行，还是行政违法理论的健全、系统行政法学体系的完善，都离不开对行政不作为的正确理解。

绝大多数学者均认为，如果法律明确规定了行政主体应当履行的法律义务，那么只要行政主体在程序上是积极的“为”时，无论其反映的实体内容是“为”或“不为”，都是行政作为；而只有行政主体在程序上消极的“不为”时，才是一种行政不作为。也有学者突破仅以形式或程序为标准来界定行政不作为的传统方法。如有人认为行政不作为是指行政主体以消极的方式对待社会公共事务，通过不作出有内容意义的动作或者动作系列来影响行政主体与社会主体之间以及社会主体相互之间的关系。其特征表现为：主体具有特殊性、行为具有消极性、结果上的间接影响性、直接产生行政法上的效力。②

有学者更加明确地指出，单纯以身体的动静来作为划分作为与不作为的依据是不太确切的。该学者认为，所谓的不作为是指“行为主体应当履行且主观上也能够履行特定的义务而拖延履行或拒不履行的一种行为方式”。过渡到行政法上，则可以把行政不作为定义为：“有行政权的个人和组织依法应当履行且主观上能够履行特定的职责，却拒不履行或者拖延履行的一种行政作为方式。”③有学者通过对 1999 年颁布的《若干解释》第 22 条和第 27 条的分析，认为行政不作为的外延似不应包括拒绝履行和瑕疵履行行为。④ 基于上述理论上的分析，我们也认为行政不作为不应当包括拒绝履行行为，但是否包括瑕疵履行行为，则要对瑕疵履行行为作具体分析。

① 叶必丰：《行政行为的分类：概念重构抑或正本清源》，载《政法论坛》，2005 年第 5 期。

② 参见赵肖筠、沈国琴：《从行政不作为看政府与社会关系的新发展》，载《江苏社会科学》，2001 年第 1 期。

③ 参见叶必丰：《行政法学》，武汉大学出版社 1996 年版，第 109 页。

④ 胡建淼主编：《行政行为基本范畴》，浙江大学出版社 2005 年版，第 139-140 页。

因此，对行政作为与行政不作为的根本区别在于，行政行为是否直接以其外部形态来表现意思表示。当然，在将行政主体是否以行为的外部形态直接表现其意思表示作为划分作为与不作为标准时，还要辅之以行政主体法律义务的认定。

如果再简单地考察一下西方国家对行政不作为的认知过程，就不难发现“行政不作为概念在西方产生，政府实现了从对公民自由权的保护向生存权保护的过渡，对公民生存权之保护成为法律之义务”。也就是说，“西方国家的行政不作为概念是与积极行政同时产生的”①。有学者在考察了行政不作为概念在西方国家的演进后指出，西方国家对行政不作为的重视最早起源于行政机关某些“无形行为”侵害了公民的合法权益，因此为了给公民一个救济的通道，西方就将这类不具“有行性”、“有体性”的行为归类，并称之为“行政不作为”。② 但是，就整个西方法治的发展进程而言，行政不作为概念也是在不断发展的，在不同的时期其概念的内涵和外延也有所不同。

(一)形式作为而实质不作为的行政行为内涵及特征

由此我们完全应当认识到，与现代服务政府理念相适应的积极行政要求政府的作为不仅仅是程序上的，而且更要注重实体上的。相应的是对行政不作为的认定当然也不仅仅是程序上的，而且必须考察其实体上的内容。因为“国民从国家得到给付，将不再是一种恩赐，而是一种法律的权利”③。在服务政府的意义上，政府不仅不能“把职权等同于公民权利，愿意行使就行使，不愿意行使就随意搁置”④，同时，也应该考虑如何行使，以及行使到什么程度。否则，同样可能构成不作为。正是出于这一点，有人提出了形式作为而实质不作为的概念，也就是本文所要介绍的观点。所谓形式作为而实质不作为行政行为是，行政主体虽然启动了行政程序但是并未实质性地完成法定义务的行为。其主要表现为行政主体方法、措施、手段不当，或者未尽到注意义务，或者根本就未进行实质性行为，且从常理上就显而易见。该行为最显著的特征是在外部形态上表现为积极作为，但在实质上并不能归为一般意义上的作为。⑤ 形式作为而实质不作为的行政行为除了一般行政不作为的特征外，其隐蔽性特征更为突出，因为它形式上已经是一个成熟的行政行为。

固然，在很多情况下判断行政主体的行为是作为还是不作为，最基本的是要看其是否启动并完成了行政程序。但是如果认为无论是依申请的行政行为还是依职权的行政行为，只要行政主体启动并完成了行政程序，不论相对人的实体要求是否得到满足，人身权、财产权是否得到了有效的保护，行政主体的行为都属于法律意义上的积极作为行为，因而不构成行政不作为，进而以此就将程序性作为行政不作为的一个重要特征，那

① 刘秋苏：《行政不作为理论界定的思考》，载《行政与法制》，2005年第5期。

② 胡建淼主编：《行政行为基本范畴》，浙江大学出版社2005年版，第146页。

③ 王和雄：《行政不作为权利之保护》，台湾三民书局股份有限公司1994年版，第10页。

④ 松年主编：《行政法学新论》，中国方正出版社1998年版，第50页。

⑤ 马生安：《行政行为研究》，山东人民出版社2008年版，第207页。

就有欠妥当了。

（二）形式作为而实质不作为的行政行为的构成要件

综上研究不难发现，形式作为而实质不作为的行政行为必须具备以下构成要件：第一，行政主体负有法定义务，这是该行为的前提条件；第二，行政主体在形式上已经有作为表现，这是该行为的形式表现，也是区别一般行政不作为的特征所在；第三，行政主体在实质上并没有达成法定的目标，且这种未达成是行政主体具有达成的可能性而由于其主观上的原因所造成的，这也是该行为的核心要件，是该行为区别于行政作为的特征所在。“行政主体不履行法定义务只有在其主观意志能力范围内，才具有法律评判的意义。”①

上述三个要件中最具争议的可能就是第三个。有学者认为，如果把行政主体具有作为的可能性作为行政不作为的一个构成要件，除了将会导致法理学与行政法学界定不作为的标准不一致外，还将导致行政不作为的认定困难。因为何为行政主体具有作为的可能性，本身就是一个模糊的标准。② 按照这个观点，将未达成行政目的是因为行政主体具有达成的可能性而由于其主观上的原因所造成的，作为形式作为而实质不作为行政行为要件的重要内容，则更加具有模糊性了。不能说以上观点没有一点道理，如某行政相对人正在遭受歹徒的袭击，其立即向公安机关求救，公安机关也立即出警赶到现场制止并抓获了歹徒，但该行政相对人仍受到歹徒的伤害。此时，如果以可能性作为要件来要求警察的实体行政行为，那么确实是不现实的。尽管该后果的发生也确实有可能是警察的行为不够迅速，动作不够麻利造成的，但何以证明呢？然而，如果110接到有人落水的报警后，却派出两名不谙水性的人去施救，则完全可以根据可能性的要件来确定为形式作为而实质不作为的行政行为，尽管如果出警的是两名深谙水性的警察，其结果也不一定施救成功。

行政主体的主观意志一般通过表现于外部的外化行为来加以评判。但是行政不作为并不像行政作为那样具有可见的外部形态，很难通过外部形态判断行政主体的主观意志状态，况且行政主体又是一个组织体，因此，对行政不作为主体的主观意志能力的认定较为不易。对于形式作为而实质不作为的行政行为的认定，行政主体的主观意志状态就更加复杂了。因为与一般行政不作为相比，形式作为而实质不作为的行政行为毕竟在形式上有作为的表现，只是由于其主观原因而未能达成法律目的充分有效的实现。但是，从另一个角度讲，形式作为而实质不作为行政行为的行政主体主观状态，除了一般行政不作为主体的主观状态考察因素之外，常识理性也是不可忽视的。

（三）形式作为而实质不作为行政行为的研究意义

有学者认为，从行政程序方面认定行政作为与行政不作为，能够使它们各自具有各

---

① 胡建淼主编：《行政行为基本范畴》，浙江大学出版社2005年版，第151页。

② 马生安：《行政行为研究》，山东人民出版社2008年版，第214页。

自的共同特性，遵循各自共同的特殊规律，并适用各自统一的司法审查标准，从而使这种分类研究更加有益。如果从实体方面来认定行政作为与行政不作为，虽然也有其各自的共同特性，但至少不能适用统一的司法审查标准，或者给司法审查带来难题。① 我们认为，这不应当成为不能从实体上区分行政作为与行政不作为的理由。相反，确立形式作为而实质不作为的概念并加以进一步研究，则会从行政行为角度促进行政诉讼制度的完善，从而有利于提高行政执法水平，落实法律责任，有利于切实维护行政相对人的合法权益。

实践中，行政不作为案件不仅审理难，而且在受理程序上也表现出其特殊性。有的法院在受理阶段就以法院已经作为为理由而作出不予受理裁定，甚至拒绝受理而不作出不予受理裁定。笔者认为这样的做法是不妥当的。在行政案件的受理程序上应当将起诉人的诉讼请求作为考量的核心，也就是说，法院立案受理行政案件应当基于起诉人的诉讼请求，并且只能侧重于程序审查，而不能进行实质审查，这是由起诉的程序性质所决定的。同时，也是由行政不作为考量的艰难性所决定的。很多情形下在立案时是不应该，同时也是很难考量行政机关是否已经作为的，尤其是在行政主体职责不明以及基于此的依申请的行政行为和依职权的行政行为难以界定的时候。因此，对行政不作为诉讼只能以起诉人的诉讼请求来加以定性，而不能以行政机关是否已经履行来定性。进一步地讲，“案件的定性对案件的不同审查范围、标准、确定举证责任分配和作出裁判结果都是有决定影响的。就作为案件而言，法院对案件的审查范围、标准应当是行政行为的合法性，行政机关对其行政行为的合法性具有举证责任。就不作为案件而言，法院对案件的审查范围、标准应当是行政机关有无作出一个行政相对人所诉求的行政行为，行政机关首先要对其有无作为行为承担举证责任，但这种举证责任的证明对象不是行政行为的合法性，而是行政行为存在的事实”②。当然，问题还必须再深究一步，即行政行为是否存在的标准又是什么？这还涉及判决方式问题。如果一个行政行为被认定为违法作为，法院有可能作出撤销(有的可同时作出责令被告重新作出行政行为)判决或者确认违法判决等判决形式。如果一个行政行为被认定为不作为，则法院有可能作出履行判决或者确认违法判决等判决形式。这就涉及是作为还是不作为的认定。在大多数情况下，作为和不作为的认定是不困难的，但是对形式作为而实质不作为行政行为的认定有时却显得复杂些。但是如果对一个形式作为而实质不作为行政行为简单地认定为违法作为，进而作出相应判决，那么，不仅会浪费司法资源，而且会浪费行政资源。进一步地讲，还会涉及行政赔偿问题。③ 如奶粉事件、矿难事件等，即使有关行政机关查处了却由于没有执行到底而最终导致了悲剧的发生，则应当追究行政机关的因形式作为而实质不作

① 周佑勇：《行政不作为构成要件的展开》，载《中国法学》，2001 年第 5 期。
② 戴卫忠：《行政作为与不作为案件性质之确认》，载《江苏法制报》，2007 年 7 月 26 日。
③ 参见周佑勇：《行政不作为判解》，武汉大学出版社 2000 年版，第 149~151 页。

为而产生的违法责任。①

（作者简介：吴悠，武汉大学法学院2014级宪法与行政法硕士研究生。）

◎ **点 评**

在实践中，行政不作为案件不仅审理难，而且在受理程序上也表现出其特殊性。有的法院在受理阶段就以法院已经作为为理由而作出不予受理裁定，甚至拒绝受理而不作出不予受理裁定。我认为这样的做法是不妥当的。在行政案件的受理程序上应当将起诉人的诉讼请求作为考量的核心，也就是说，法院立案受理行政案件应当基于起诉人的诉讼请求，并且只能侧重于程序审查，而不能进行实质审查，这是由起诉的程序性质所决定的。同时，也是由行政不作为考量的艰难性所决定的。很多情形下在立案时是不应该，同时也是很难考量行政机关是否已经作为的，尤其是在行政主体职责不明以及基于此的依申请的行政行为和依职权的行政行为难以界定的时候。因此，对行政不作为诉讼只能以起诉人的诉讼请求来加以定性，而不能以行政机关是否已经履行来定性。进一步地讲，“案件的定性对案件的不同审查范围、标准、确定举证责任分配和作出裁判结果都是有决定影响的。就作为案件而言，法院对案件的审查范围、标准应当是行政行为的合法性，行政机关对其行政行为的合法性具有举证责任。就不作为案件而言，法院对案件的审查范围、标准应当是行政机关有无作出一个行政相对人所诉求的行政行为，行政机关首先要对其有无作为行为承担举证责任，但这种举证责任的证明对象不是行政行为的合法性，而是行政行为存在的事实”。当然，问题还必须再深究一步，即行政行为是否存在的标准又是什么？这还涉及判决方式问题。如果一个行政行为被认定为违法作为，则法院有可能作出撤销(有的可同时作出责令被告重新作出行政行为)判决或者确认违法判决等判决形式。如果一个行政行为被认定为不作为，则法院有可能作出履行判决或者确认违法判决等判决形式。这就涉及是作为还是不作为的认定。在大多数情况下，作为和不作为的认定是不困难的，但是对形式作为而实质不作为行政行为的认定有时却显得复杂些。但是如果对一个形式作为而实质不作为行政行为简单地认定为违法作为，进而作出相应判决，那么，不仅会浪费司法资源，而且会浪费行政资源。进一步地讲，还会涉及行政赔偿问题。如奶粉事件、矿难事件等，即使有关行政机关查处了却没有执行到底而最终导致了悲剧的发生，则应当追究行政机关的因形式作为而实质不作为而产生的违法责任。

人民法院以裁判方式昭示了合法生效的行政决定必须得到执行。不以法律强制作为后盾的处罚决定，就像无焰的火，不亮的光，最终会损害公众对法治的信仰，甚至诱导群体性违法。对违法建筑的查处和拆除，始终是城市管理的难点，也是规划部门和土地管理、市容管理部门的执法重点。相关行政执法机关对违法建筑的查处，不能仅仅止于作出处罚决定，而应当依据《行政强制法》的规定，采取有效措施，确保处罚决定的执

① 黄学贤：《形式作为而实质不作为行政行为探讨——行政不作为的新视角》，载《中国法学》，2009年第5期。

行，才是完全履行法定职责。拆违虽难，但不能成为行政机关怠于履行法定职责的借口。《城乡规划法》第68条规定，城乡规划主管部门作出责令停止建设或者限期拆除的决定后，当事人不停止建设或者逾期不拆除的，建设工程所在地县级以上地方人民政府可以责成有关部门采取查封施工现场、强制拆除等措施。当然，由于行政管理的多样性，法律法规一般不会规定作出处罚决定后行政机关强制拆除的期限，但仍需要在合理期限内履行。本案中，人民法院认定区监察大队在作出《行政处罚决定书》长达1年多的时间里一直未强制执行，已明显超过合理期限，属于怠于履行法定职责，在判决方式上责令其继续处理，既符合法律规定精神，也有利于尽可能通过教育说服而不是强制手段保证处罚决定的实施，具有一定示范意义。

（点评人：武汉大学法学院　江国华教授）

行政不作为的司法规制(三)：
公安机关行政不作为侵权的国家赔偿责任

王振湘

摘　要：行政机关因其行政不作为给受害人造成损害要进行赔偿，这在学术界和司法审判实践中已达成了共识。但是，《国家赔偿法》对此却没有相关明确的规定。本文通过对最高院发布的典型案件的分析，对当前行政不作为国家赔偿存在的诸多问题进行深入的法律探讨，行政不作为与损害后果之间是否存在因果关系？因果关系中的举证责任如何承担？行政赔偿责任和民事赔偿责任的界限如何划分？国家赔偿责任能否进行折抵？在对这一系列焦点问题的分析之后，探寻通过完善相关立法来弥补现有框架下的法律缺失的可能性。

关键词：典型案例；行政不作为国家赔偿；因果关系；立法缺失

一、案情介绍

(一)案情回顾①

2006年3月3日凌晨3时许，被害人刘某路过天水市麦积区一银行门前时，遭到罪犯苏某、吴某、佟某的拦路抢劫。刘某被刺伤后喊叫求救，个体司机胡某、美容中心经理梁某听到呼救后，先后用手机于4时02分、4时13分、4时20分三次拨打“110”电话报警，“110”值班人员让给“120”打电话，“120”让给“110”打电话。梁某于4时24分再次给“110”打电话报警后，“110”值班接警人员于6时23分电话指令桥南派出所出警，此时被害人刘某因失血过多已经死亡。经法医鉴定：被害人刘某系被他人持锐器刺破股动脉，致失血性休克死亡。

天水市麦积区人民法院之后作出刑事判决，认定麦积分局“110”值班民警高某犯玩

① 案情回顾内容来自于最高人民法院发布的《人民法院关于行政不作为十大案例》，参见《人民法院报》2015-01-16，第3版；(2009)麦行赔初字第3号。

忽职守罪，免予刑事处罚。天水市中级人民法院作出刑事附带民事判决，判决被告人苏某、吴某、佟某赔偿刘某相应的死亡赔偿金等。在民事判决执行中，因被告人苏某已被执行死刑，无财产可供执行；被告人吴某、佟某服刑前靠父母养活，暂无财产可供执行，天水市中级人民法院作出民事裁定书，终结了本次执行。被害人刘某的近亲属张某等五人于是以公安机关行政不作为为由向天水市公安局麦积分局提出行政赔偿申请，该局随后作出不予行政赔偿的决定。张某等五人遂以该局为被告，向法院提起行政赔偿诉讼，请求判令被告赔偿刘某死亡赔偿金和丧葬费、被扶养人生活费用。

(二)案情评判历程

1. 原、被告双方的主张及其理由

从一审答辩到第一审判决作出再到最终的第二审法院主持的调解协议的达成，双方当事人都对对方的主张及其理由不服，并提出了自己的观点。

天水市麦积区公安分局认为：第一，被害人刘某的死亡与我局出警行为有没有必然因果关系需要进一步得到查明，原告没有证据证明被害人刘某的死亡事实是由于我局民警的出警违规行为造成的，故不能简单的推论刘某死亡与我局未及时出警之间有因果关系；第二，被害人刘某家属张某等五人提出的赔偿请求及其相关费用等请求已经由天水市中级人民法院判决确定由苏某、吴某、佟某三被告共同全额赔偿，故张某等五人的赔偿主张系重复请求；第三，依照《刑法》第三十六条第一款规定："由于犯罪行为而使被害人遭受损失的，对犯罪分子除依法给予刑事处罚外，并应当根据情况判处赔偿经济损失。"故本案国家不承担赔偿责任，被害人遭受损失应由犯罪分子承担；第四，据有关证据证实，刘某死亡后，其家属还按照国家政策得到了生活补助费、抚恤金等。①

被害人家属张某等五人主张：第一，被告公安分局工作人员接警后一直没有出警，导致被害人刘某在受伤后未能及时得到救助，终因失血过多死亡，该行为构成行政不作为。被害人刘某的死亡与被告行政不作为有直接的因果关系，被告应承担与其行为相应的赔偿责任。原告先后两次向被告麦积公安局递交赔偿申请，被告麦积公安局已经作出了不予赔偿行政决定。第二，被告行政不作为是导致被害人刘某失血过多死亡的主要原因，判决被告承担的赔偿责任应当和承担的赔偿数额相适应。②

2. 两级人民法院的审判结果及其依据

本案经历一审、二审程序，麦积区法院、天水市中级法院都认为：③ 根据《中华人民共和国人民警察法》第 2 条的规定④，在遇到公民人身、财产安全受到侵害或者处于

---

① (2009)麦行赔初字第 3 号。

② (2009)麦行赔初字第 3 号。

③ (2009)麦行赔初字第 3 号。

④ 《中华人民共和国人民警察法》第 2 条规定："人民警察的任务是维护国家安全，维护社会治安秩序，保护公民的人身安全、人身自由和合法财产，保护公共财产，预防、制止和惩治违法犯罪活动。"

其他危难情形时，应当立即救助；对公民提出解决纠纷的要求，应当给予帮助；对公民的报警案件，应当及时查处。本案中，被害人刘某被罪犯刺伤并报警后，麦积公安分局就负有法定的出警、救助义务。但被告麦积公安分局并未以积极的方式履行相应的职责即在接到报警后并未及时出警，其行为违反其法定职责构成行政不作为。并且被害人刘某在被罪犯刺伤后，并未直接死亡，而是因未能获得本可获得的及时救助而导致失血性休克死亡。即被害人刘某最终死亡结果的发生与被告麦积公安分局接警后不及时出警的行政不作为之间具有一定的因果关系。根据2001年7月最高人民法院发布的《关于公安机关不履行法定行政职责是否承担行政赔偿责任问题的批复》①，由于公安机关不履行法定行政职责，致使公民、法人和其他组织的合法权益遭受损害的，应当承担相应的行政赔偿责任。故被告应当对刘某的死亡承担行政赔偿责任。

至于行政赔偿的数额，一审法院认为②：造成被害人刘某死亡的直接原因是罪犯刺伤，该损害结果与被告麦积公安分局行政不作为的行为有一定的因果关系，但被告麦积公安局行政不作为的行为并非主要原因，仅是使被害人刘某丧失了可能被救助的时机。故被告麦积公安分局仅对被害人刘某丧失了可能被救助的时机承担相应的赔偿责任。故根据《中华人民共和国国家赔偿法》第34条第1款第3项和第2款的规定③、最高人民法院《关于公安机关不履行法定行政职责是否承担行政赔偿责任问题的批复》，确定公安机关行政不作为承担行政赔偿的数额，应当考虑该不履行法定行政职责的行为在损害发生过程和结果中所起的作用等因素。判决麦积区公安分局承担20%的死亡赔偿金和丧葬费。另外，关于被害人抚养人的生活费用的诉讼请求，因被害人刘某生前所在单位已依据相关政策发放。根据行政赔偿损益相抵的原则，即行政赔偿以填补受害人的损失为宗旨，就此部分损失，因原告方已通过抚恤途径获得赔偿，故可抵消被告麦积区公安分局的赔偿责任。

二审期间，甘肃省高级人民法院就本案中公安机关是否需要承担行政赔偿责任、承担多大的行政赔偿责任、判断承担责任大小的因素等向最高人民法院申请答复，随后最高法院在《关于公安机关不履行、拖延履行法定职责如何承担行政赔偿责任问

① 《关于公安机关不履行法定行政职责是否承担行政赔偿责任问题的批复》全文：“由于公安机关不履行法定行政职责，致使公民、法人和其他组织的合法权益遭受损害的，应当承担行政赔偿责任。在确定赔偿的数额时，应当考虑该不履行法定职责的行为在损害发生过程和结果中所起的作用等因素。”

② （2009）麦行赔初字第3号。

③ 《中华人民共和国国家赔偿法》第34条第1款第3项规定：“侵犯公民生命健康权的，赔偿金按照下列规定计算：3. 造成死亡的，应当支付死亡赔偿金、丧葬费，总额为国家上年度职工年平均工资的20倍。对死者生前扶养的无劳动能力的人，还应当支付生活费。”第2款规定：“前款第2项、第3项规定的生活费的发放标准，参照当地最低生活保障标准执行。被扶养的人是未成年人的，生活费给付至18周岁止；其他无劳动能力的人，生活费给付至死亡时止。”

题的答复》①中一一进行答复和回应。二审法院在一审的判决和最高法院的答复文件的基础上，对双方当事人进行调解，并最终达成了调解协议：(1)天水市公安局麦积分局在2014年6月10日前一次性给张某等五人支付刘某死亡赔偿金20万元；(2)张某等四人放弃要求天水市公安局麦积分局支付被扶养人生活费及刘某丧葬费的诉讼请求。②

3. 本案的争议焦点

从原告双方的主张和法院的判决及其依据中，可以总结出本案有以下四个争议焦点：

第一，本案中公安机关的行政不作为与被害人最终死亡之间是否具有因果关系？或者说如何判断因果关系是否存在？

第二，在行政不作为国家赔偿案件中，举证责任如何分配？按照《行政诉讼法》确立的举证责任倒置分担规则，在本案中判断行政不作为与被害人最终死亡之间的因果关系是否仍然适用？

第三，公安机关如果需要承担具体的行政赔偿责任，那么赔偿的额度是多少？也就是说，在这种行政赔偿责任与刑事附带民事赔偿责任交杂的情况下，两者之间的界限又如何区分？

第四，本案中被害人死亡后，其家属从被害人生前所在单位获得抚恤金等费用，是否可以相应地扣减公安机关不履行法定职责应承担的行政赔偿责任？

上述四个争议焦点问题同时也反映了我国行政不作为国家赔偿中几个常见的理论热点议题和司法审判问题，我将在下面逐一予以讨论。

二、案例争议焦点问题的探析

(一)公安机关的行政不作为与被害人死亡之间是否有因果关系

行政主体不履行其对相对人所负之义务而构成不作为侵权，与相对人损害事实之间的因果关系，本质上是行政主体与行政相对人之间的权利义务关系。③ 而行政不作为的因果关系，前提和关键在于行政职责的存在。如果有行政职责没有行使，则会有因果关

① 《最高人民法院关于公安机关不履行、拖延履行法定职责如何承担行政赔偿责任问题的答复》主要内容：“公安机关不履行或者拖延履行保护公民、法人或者其他组织人身权、财产权法定职责，致使公民、法人或者其他组织人身、财产遭受损失的，应当承担相应的行政赔偿责任。公民、法人或者其他组织人身、财产损失系第三人行为造成的，应当由第三人承担民事侵权赔偿责任；第三人民事赔偿不足、无力承担赔偿责任或者下落不明的，应当根据公安机关不履行、拖延履行决定职责行为在损害发生过程和结果中所起到的作用等因素，判决其承担相应的行政赔偿责任。公安机关承担相应的赔偿责任后，可以向实施侵权行为的第三人追偿。”

② 调解协议的内容摘自最高人民法院发布的《人民法院关于行政不作为十大案例》，参见《人民法院报》，2015年1月16日，第3版。

③ 石佑启：《行政不作为引起的国家赔偿责任探析》，载《行政法学研究》1998年第4期。

系。所以在探讨因果关系之前，我们要确定行政职责。在本案中，根据《人民警察法》规定，公安机关及其工作人员有保障公民人身、财产安全的法定职责。那么如何判定其没有履行这一职责？其没有履行这一职责与被害人死亡之间的因果关系判断标准？这一问题在当前较为复杂，是行政不作为国家赔偿中最为棘手的问题之一，并且容易产生分歧，学术界对这一问题提出了许多的观点，如条件说、原因说、直接因果关系说、关联说、相当因果关系说等。①

1.“相当因果关系理论”的引入

相当因果关系理论认为，如果要判断行为和损害结果之间的因果关系，则可以从这一公式入手，即(1)第一个前提：在实践中，此行为的确引发了此损害结果的发生(即条件关系)；(2)第二个前提：按照大众的社会知识经验，此行为能引发此损害结果的发生(即行为与损害结果之间的可预见性)；(3)结论：此行为是此损害事实发生的适当条件，因而，二者之间有相当因果关系。② 由此，我们可以看出这一学说在具体司法适用时应区分为两大层次：第一层次是判断条件上的因果关系能否成立，如成立，第二层次再认定其条件上的可预见性。③

2. 理论联系案例及其分析

结合本案，根据上述相当因果关系运用的两个层次，我们结合本案具体探讨一下行政不作为中因果关系的认定。

第一层次，要具有条件关系。条件关系是指行政不作为与原告合法权益损害之间的最基本的关联性，即行政不作为是导致原告损害的实质性因素。④ 判断条件关系的主要目的在于从单纯客观事实出发，除去与造成损害结果无关的事项。那么，如何判断条件关系是否存在呢？一般认为，其检验标准内容有两个方面：第一，行政机关如果积极履行法定职责也不能阻挡损害结果的发生，则条件关系不成立。比如在本案中，如果在刚最开始报案时，被害人刘某就已经遇害死亡，行政机关此时即使履行法定职责出警，也不能阻挡刘某死亡这一事实的发生，则行政不作为与损害后果之间即不存在条件关系；第二，行政机关如果履行法定职责，损害事件就不会发生，则条件关系成立。在这里特别要注意的是，这里强调的损害事件“不会发生”并不意味着“必然不会发生”，而是说损害事件“可能避免”，也就是说，如果行政机关履行法定职责，则损害事实“可能会得到避免”。比如，在本案中，如果麦积区公安分局在接到报警后立即采取行动，则可能就意味着被害人刘某获得了一个救助的时机，可能会使得被害人刘某避免死亡这一结果的发生。但是，麦积区公安分局却没有依法履行自己的职责，并没有给予被害人这样一个机会。因此，我们可以判断本案中麦积区公安分局的行政不作为与损害结果的发生已经构成条件关系。

---

① 参见梁清、陈丹：《国家赔偿因果关系的法律认定》，载《人民司法》2010年第17期。

② 参见杨立新：《侵权法论》，人民法院出版社2003年版，第178页。

③ 参见张新宝：《侵权责任构成要件研究》，法律出版社2007年版，第307、319页。

④ 参见张新宝：《侵权责任构成要件研究》，法律出版社2007年版，第307页。

第二层次，要判断是否具有可预见性。可预见性的判断，通常要借助于理性人标准，认为侵权行为之责任，须以不法行为引发之损害，具有理性谨慎之人，居于加害人之地位，在事件发生当时，可得预见者为限。这里所说的理性人通常强调的是普通之人。① 用通俗的话说，就是指行政不作为与损害后果之间的条件关系能够为一般公众根据自身的社会经验推断出来。可预见性的判断可以从两个方面来进行判断：第一，如果一般公众能预见到行政不作为可能导致损害后果的发生，则可预见性成立；第二，如果一般公众不能预见，而行政机关工作人员能够预见或应当能够预见，则可预见性也成立。这是因为行政机关工作人员具备本部门工作的专业知识和经验，因此，对行政机关工作人员的可预见性要求强于对一般公众的要求。也就是说，行政不作为与损害结果之间，按照一般公众的标准是不能预见的，但是从行政机关工作人员的标准来看是应当能够可预见的，就构成可预见性。② 在本案中，被害人刘某被罪犯苏某、吴某、佟某三人的劫杀会受伤致残甚至致死，这种危害结果的发生不仅在一般公众的预见范围内，一般公众能够根据自身经验预见到；而且也没超出公安机关工作人员的可预见范围，但是公安机关接到报案后，却未采取任何措施，所以这种不作为与损害结果符合可预见性标准。

综上所述，依照上述的"相当因果关系说"的公式判断，可以认定在本案中，麦积区公安分局及其工作人员的行政不作为与被害人刘某的死亡之间的损害结果之间可以确定有相当因果关系，公安机关应当就其行政不作为承担相应的行政赔偿责任。

(二)因果联系认定中的举证责任分担

1. 有关举证责任分配的现行规定

2012年修订的《国家赔偿法》第一次明确规定了在国家赔偿案件中赔偿请求人和赔偿义务机关的举证责任，这也是新国家赔偿法的亮点之一。其中包括第15条③、第26条④、2011年最高人民法院《关于人民法院赔偿委员会审理国家赔偿案件程序的规定》第12条⑤、

---

① 参见叶金强：《相当因果关系的展开》，载《中国法学》，2008年第1期。

② 参见贾向明、韩寒：《从一起警察不作为案论我国行政不作为赔偿》，载《江西大学学报》，2005年第5期。

③ 《国家赔偿法》第15条规定："人民法院审理行政赔偿案件，赔偿请求人和赔偿义务机关对自己提出的主张，应当提供证据。赔偿义务机关采取行政拘留或者限制人身自由的强制措施期间，被限制人身自由的人死亡或者丧失行为能力的，赔偿义务机关的行为与被限制人身自由的人的死亡或者丧失行为能力是否存在因果关系，赔偿义务机关应当提供证据。"

④ 《国家赔偿法》第26条规定："人民法院赔偿委员会处理赔偿请求，赔偿请求人和赔偿义务机关对自己提出的主张，应当提供证据。被羁押人在羁押期间死亡或者丧失行为能力的，赔偿义务机关的行为与被羁押人的死亡或者丧失行为能力是否存在因果关系，赔偿义务机关应当提供证据。"

⑤ 最高人民法院《关于人民法院赔偿委员会审理国家赔偿案件程序的规定》第12条规定："赔偿请求人、赔偿义务机关对自己提出的主张或者反驳对方主张所依据的事实有责任提供证据加以证明。有国家赔偿法第二十六条第二款规定情形的，应当由赔偿义务机关提供证据。没有证据或者证据不足以证明其事实主张的，由负有举证责任的一方承担不利后果。"

和第 13 条①。上述规定确立了我国国家赔偿案件中举证责任的分配规则，填补了此方面的立法空白。

2. 因果联系认定中举证责任的具体分配

首先，国家赔偿法第 15 条第 1 款和第 26 条第 1 款明确规定，赔偿请求人和赔偿义务机关对自己提出的主张，应当提供证据。该规定在一定程度上明确了“谁主张，谁举证”这一举证规则在国家赔偿案件中的运用，具体到本案中，张某等五位赔偿请求人对其要求行政赔偿的诉讼主张负举证责任，赔偿义务机关麦积区公安分局对其主张的不赔或降低赔偿数额的抗辩承担举证责任。但是在这里需要强调的是，在学界和司法实务中的观点都认为，对赔偿请求人的举证的证明程度不能过于苛刻要求，应采取“初步证明责任”。赔偿请求权人的“初步证明责任”是指赔偿请求权人只需证明损害事实存在以及该损害是由行政不作为引起即可，无须证明对方心理因素，也不必指明特定的责任人员特征。如果原告能够证明所受损害与被告有可能的、外在的因果关系，则举证责任就转而由被告负担；如果被告认为侵害是不可抗力、不能认识等原因，则应提供相关证据作为免责的依据。② 这是因为行政赔偿诉讼以国家机关为被告，作为原告的受害人对损害产生的依据、内容不甚了解，掌握不了充足的证据，因而无法行使有效的举证权，也难以承担“主张者举证”的责任。③ 而与受害人相反，被告行政机关处于举证的优势地位，并具有程序优势。因此，证明执行职务行为的合法或减免赔偿责任的事由的证明责任，则由作出该行为的国家机关承担。④

其次，行政赔偿诉讼也规定了“举证责任倒置”规则，但在具体适用上又并非一味的倒置。具体来说，依《行政诉讼法》、《国家赔偿法》第 15 条第 2 款的规定⑤、第 26 条第 6 款的规定⑥，被限制人身自由的人或者被羁押人在限制人身自由期间或者羁押期间死亡或者丧失行为能力的，赔偿义务机关的行为与被限制人身自由的人或者被羁押人的死亡或者丧失行为能力是否存在因果关系，赔偿义务机关应当提供证据即负举证责任，用来说明免责减责事由。但鉴于行政赔偿诉讼的特殊性，赔偿诉讼从本质上说更接近民事法律关系，所以使用该规则必须具备一个前提，那就是必须要求原告负一部分举证责任：即就初步的因果关系进行证明，至少证明受害人遭受了损害，该损害与赔偿义

---

① 最高人民法院《关于人民法院赔偿委员会审理国家赔偿案件程序的规定》第 13 条规定：“赔偿义务机关对其职权行为的合法性负有举证责任。赔偿请求人可以提供证明职权行为违法的证据，但不因此免除赔偿义务机关对其职权行为合法性的举证责任。”

② 参见万进福：《国家赔偿因果关系认定中的举证责任分配》，载《人民司法》，2013 年第 5 期。

③ 参见应松年、马怀德：《国家赔偿立法探索》，载《中国法学》，1991 年第 5 期。

④ 参见应松年、马怀德：《国家赔偿立法探索》，载《中国法学》，1991 年第 5 期。

⑤ 《国家赔偿法》第 15 条第 2 款规定：“赔偿义务机关采取行政拘留或者限制人身自由的强制措施期间，被限制人身自由的人死亡或者丧失行为能力的，赔偿义务机关的行为与被限制人身自由的人的死亡或者丧失行为能力是否存在因果关系，赔偿义务机关应当提供证据。”

⑥ 《国家赔偿法》第 26 条第 2 款规定：“被羁押人在羁押期间死亡或者丧失行为能力的，赔偿义务机关的行为与被羁押人的死亡或者丧失行为能力是否存在因果关系，赔偿义务机关应当提供证据。”

务机关的行为存在着外在的、可能的因果关系。①

具体到我们今天讨论的案例中，首先不能免除的一个举证任务是麦积区公安分局对于接到报警而没有及时出警这一行为与被害人死亡结果之间的因果关系是否存在。从案情我们可以看出本案不适用举证责任倒置的规定，而应该适用于国家赔偿法第 15 条第 1 款和第 26 条第 1 款。在本案中，按照"初步证明责任"学说，赔偿请求人张某等五人应该证明遭受到的损害即被害人刘某死亡这一事实，并且证明刘某死亡与麦积区公安分局的不及时出警的行政不作为存在着"可能的"、"外在的"因果关系。而麦积区公安分局应该提出证据予以证明诸如被害人的死亡原因在于受犯罪分子三人的侵害而当场致命，或者说就算出警被害人刘某也无生还的可能，而其未及时出警处理的这一介入因素对于受害者死亡并无促进等积极作用，因而才能免除自身的赔偿责任，否则仍应该予以承担。当然，对于具体的损失，赔偿请求人张某等五人也应附有相应的类似于民事诉讼中的证明责任。

(三)如何区分行政赔偿责任与刑事附带民事赔偿责任的界限

在上述探讨中，我们已经证实行政不作为与被害人的死亡之间因果关系之存在，公安机关应承担赔偿责任。那么在这种行政民事赔偿责任混合之情况下，两者界限如何区分？两者责任如何认定？

1. 民法上"无意思联络的数人侵权"理论的引入

行政民事混合赔偿责任在这里是指在行政不作为案件中，行政主体没有履行好职责，对损害公民权益的行为应承担赔偿责任。而作为损害的直接制造者也应承担相应的民事赔偿责任，即国家赔偿责任与民事赔偿责任发生混合。从侵权关系的角度来分析，在本案中，我们可以看到致害人(即本案中的罪犯)和公安机关(即麦积区公安分局)都与受害人(刘某)之间形成了侵权和被侵权的关系，而本案三名罪犯和麦积区公安分局显然没有共同主观心理状态，只是各自行为在客观事实上的联系，导致发生了同一损害结果。这在民法理论上被称为"无意思联络的数人侵权"。②《侵权责任法》第 10 条③、第 11 条④、第 12 条⑤规定的就是"无意思联络的数人侵权"。依据以上这三条，在无意思联络的数人侵权这一情况下，一般来说，各侵权人对各自的侵权行为产生的后果或者承担按份责任或者承担连带责任等。因此，结合本案的具体情况，麦积区公安分局工作

---

① 参见苏戈、梁青：《国家赔偿中的举证责任》，载《人民司法》，2012 年第 7 期。

② 参见刘凯湘、王永霞：《论无意思联络数人侵权行为》，载《政法论丛》，2009 年第 6 期。

③ 《侵权责任法》第 10 条规定："二人以上实施危及他人人身、财产安全的行为，其中一人或者数人的行为造成他人损害，能够确定具体侵权人的，由侵权人承担责任；不能确定具体侵权人的，行为人承担连带责任。"

④ 《侵权责任法》第 11 条规定："二人以上分别实施侵权行为造成同一损害，每个人的侵权行为都足以造成全部损害的，行为人承担连带责任。"

⑤ 《侵权责任法》第 12 条规定："二人以上分别实施侵权行为造成同一损害，能够确定责任大小的，各自承担相应的责任；难以确定责任大小的，平均承担赔偿责任。"

人员不积极履行职责与三名罪犯的侵权形成无意思联络数人侵权，而当受害人张某等五人请求国家赔偿时，在通常情况下，国家赔偿请求的裁判者应该根据两者侵权关系的密切程度的不同，认定三名罪犯为直接侵权人，并承担主要赔偿责任；同时依照公安机关不履行职责的原因力大小、过错程度与对损害结果起的作用等，确定国家应当承担的赔偿份额或比例。① 即按照按份责任的做法来处理。这种做法也符合最高人民法院发布的《关于公安机关不履行法定行政职责是否承担行政赔偿责任问题的批复》的有关规定："确定公安机关行政不作为承担行政赔偿的数额，应当考虑该不履行法定行政职责的行为在损失发生过程和结果中所起的作用等因素。"

但是，本案中罪犯和麦积区公安分局之间的责任分担，不应当绝对地适用单一的按份责任，还可能承担相应的补充责任。补充责任意味着，先由直接致害人担责；只有在致害人无法确定或者致害人资力不足以承担全部责任时，应当履行职责的行政机关才承担全部责任或者部分责任。② 即致害人因其直接侵害行为承担第一责任，行政机关因其未履行职责和义务承担第二责任。在本案中，由于刑事附带民事赔偿的被告人苏某已被执行死刑，被告人吴某、佟某靠父母养活，无财产可供执行赔偿款，该执行程序也已终结。受害人张某等五人并未从中得到实际应得到的赔偿。在这种致害人不能赔偿、赔偿不足或死亡的情况下，原告张某等五人在获得民事赔偿后，仍然可以向公安机关提起行政赔偿诉讼，获得行政赔偿救济，其赔偿请求应予支持，并应该将公安机关的赔偿责任认定为混合侵权下的补充赔偿责任。同时，公安机关的赔偿标准不应当超过刑事附带民事赔偿责任的标准，并且仅仅限于依《国家赔偿法》规定的赔偿范围和赔偿标准之内。

2. 司法实践中行政赔偿责任及其数额的认定

关于赔偿责任大小认定以及数额的确定问题，审判实践中通常有如下三种做法：一是根据行政机关工作人员的工作失职情况确定行政赔偿责任；二是根据受害人的受害程度确定行政赔偿责任；三是根据致害人的赔偿能力确定行政赔偿责任。在本案中，公安机关的赔偿责任大小的确认和具体数额的确定，可以由天水市中级人民法院根据具体案情和上述标准，自行进行划分认定。

(四)已获得他种抚恤费用时，是否可以抵扣国家赔偿之责任

在本案中，受害人刘某生前为国家公务员，死亡后其家属按照国家政策从被害人刘某的生前所在单位获得了丧葬费、生活补助费、抚恤金等。在一审人民法院的判决书中，关于被害人刘某被扶养人的生活费，本应亦由被告麦积区公安分局按照相应的标准给付。但因被害人刘某的生前所在单位已依据相关政策均已发放。根据行政赔偿损益相抵的原则，即行政赔偿以填补受害人的损失为宗旨，就此部分损失，因原告方已通过抚恤途径获得赔偿，故可折抵被告麦积公安分局不履行法定职责应承担行政赔偿的

① 参见沈岿：《论怠于履行职责致害的国家赔偿》，载《中外法学》，2011年第1期。

② 参见张新宝：《我国侵权责任法中的补充责任》，载《法学杂志》，2010年第6期。

责任。①

对于法院的判决及其所依据的理由，引发了笔者的思考：第一，受害人家属从受害人生前所在单位获得的抚恤金更倾向于是一种补偿，而非赔偿，那么在本案中补偿性质的抚恤费用是否替代赔偿性质的国家责任？第二，在本案中，即使没有加害人的加害行为，如果作为公务员的被害人刘某出现死亡、残疾等状况，那么国家同样有责任依据相关法律和政策给予被害人家属抚恤费用对其实施救济。那么可以发现，抚恤费用的给予与加害行为不存在必然联系。那么从单位所得的抚恤金和国家赔偿是否可以构成重复填补？这就涉及抚恤金的法律属性问题。根据1963年最高人民法院《关于交通肇事的补偿和抚恤问题的答复》称，"不管受害人是否有劳动能力都应当酌情给一点抚恤"，"加害人支付的抚恤费用包括扶养费用，但不限于扶养费用"。1965年最高人民法院办公厅、公安部办公厅《关于交通肇事的补偿和抚恤问题的函》称，"关于职工因交通事故死亡后的家属生活补助问题……除了肇事单位根据肇事人所负责任大小发给一定的补偿费之外，原单位仍应按劳保条例发给抚恤费"②。从这些规定来看，抚恤金体现了对遗属的抚慰功能，抚恤金是被作为遗属的福利保障制度来对待的，与侵权赔偿中的补偿功能并不相同。据此，不管单位所发抚恤费用是否包含了被扶养人生活费，遗属都可以在单位所发抚恤费用之外请求国家赔偿，两者不构成重复得利。③ 国家赔偿和抚恤金补偿两者在性质、目的上均存在差异，它们都是法律设定的不同救济途径，两者不能相互代替。如果国家赔偿因抚恤金的实现而免除，因抚恤金的不能实现而承担，国家赔偿责任的承担与否在一定程度上就会视抚恤金能否得到落实而定，那么在实践中，条件雷同的案件可能会因抚恤金的落实与否而出现不同的结果，这无疑会使国家赔偿制度的严肃性大打折扣。

那么，在这种情况之下，抚恤金还适不适用于国家赔偿，适用不适用行政损益相抵规则。本案中法院将"已获得他种抚恤费用，可以抵扣国家赔偿之责任"的这种做法还是值得质疑的。

三、本案引发的典型意义的思考

1. 典型意义之一：完善行政不作为国家赔偿上的相关立法

行政不作为违法造成损害应承担赔偿责任，在理论层面已达成共识，但实践中还存有争论。这和现行《国家赔偿法》规定上的缺陷有一定关系，《国家赔偿法》从其立法原则到受案范围再到责任规制都对"行政不作为国家赔偿"的态度相对模糊暧昧甚至于只

---

① (2009)麦行赔初字第3号。

② 奚晓明：《〈中华人民共和国侵权责任法〉条文理解与适用》，人民法院出版社2010年版，第137页。

③ 参见周江洪：《侵权赔偿与社会保险并行给付的困境与出路》，载《中国社会科学》，2011年第4期。

字未提。尽管最高人民法院在2001年7月发布了《关于公安机关不履行法定行政职责是否承担行政赔偿责任问题的批复》中，明确了公安机关不履行法定职责，致使公民、法人和其他组织的合法权益遭受损害的，应当承担行政赔偿责任的问题。在2013年发布了《关于公安机关不履行、拖延履行法定职责如何承担行政赔偿责任问题的答复》中再次肯定了公安机关不履行或者拖延履行保护公民、法人或者其他组织人身权、财产权法定职责，致使公民、法人或者其他组织人身、财产遭受损失的，应当承担相应的行政赔偿责任。但是，由于行政管理的领域和范围十分宽广，这一些司法解释还不能成为所有行政不作为赔偿案件的法律依据。① 这也和现代法治社会的要求相违背，现代法治社会要求有效的限制公权力和保护私权利，② 这就应当赋予行政相对人在其权利受到行政主体行政行为（包括作为行政行为和不作为行政行为）的不法侵害造成损害时，有获得政府赔偿的权利，这也是维护和监督行政机关依法行使职权的要求。因此，行政不作为国家赔偿问题，应当从根本的立法上予以完善和解决。

第一，《国家赔偿法》总则中应明确规定行政不作为赔偿问题。《国家赔偿法》第2条第1款③规定应修改为：国家机关和国家机关工作人员行使职权或不履行法定职责，致使公民、法人和其他组织的合法权益遭受损害的，受害人有依照本法取得国家赔偿的权利。相应地，第4条④、第7条⑤也应对行政不作为国家赔偿问题进行明确。

第二，规定行政不作为国家赔偿责任的因果关系、举证责任分担等内容，加强不作为赔偿的可操作性和可追究性。

第三，完善国家赔偿的方式和标准。首先，当前《国家赔偿法》规定赔偿方式以支付赔偿金为主，以返还财产、恢复原状为辅，但这一规定非常简略缺乏可操作性，内容上也有诸多欠缺，不利于受害人权益的保护。在今后的修法中，应完善返还财产和恢复原状的赔偿方式。⑥ 其次，关于国家赔偿标准问题，目前存在惩罚性、补偿性、抚慰性等三种。我国《国家赔偿法》在立法之时因为考虑到国家的财政负担和经济发展水平，主要采用抚慰性的较低赔偿标准。修改《国家赔偿法》，提高国家赔偿的标准，已是学

---

① 参见杜国强：《行政不作为的国家赔偿问题初探》，载《西安石油大学学报》（社会科学版），2006年第4期。

② 参见陈秀平、陈继雄：《法治视角下公权力与私权利的平衡》，载《求索》，2013年第10期。

③ 《国家赔偿法》第2条第1款规定："国家机关和国家机关工作人员行使职权，有本法规定的侵犯公民、法人和其他组织合法权益的情形，造成损害的，受害人有依照本法取得国家赔偿的权利。"

④ 《国家赔偿法》第4条规定："行政机关及其工作人员在行使行政职权时有下列侵犯财产权情形之一的，受害人有取得赔偿的权利：违法实施罚款、吊销许可证和执照、责令停产停业、没收财物等行政处罚的；违法对财产采取查封、扣押、冻结等行政强制措施的；违法征收、征用财产的；造成财产损害的其他违法行为。"

⑤ 《国家赔偿法》第7条第1款："行政机关及其工作人员行使行政职权侵犯公民、法人和其他组织的合法权益造成损害的，该行政机关为赔偿义务机关。"

⑥ 参见应松年：《国家赔偿法修改中的几个问题》，载《国家行政学院学报》，2006年第4期。

术界和实务界的共识，最好的方式在于将国家赔偿标准适用到民事赔偿标准的有关规定。①

2. 典型意义之二：发挥行政不作为赔偿诉讼的协商调解机制

行政赔偿诉讼的调解是指在审判人员组织下，行政机关与相对人就行政赔偿纠纷进行协商达成协议的活动。② 协商调解处理国家赔偿争议，是现代司法可替代解决争议制度的重要内容。③ 我国《行政诉讼法》第60条规定了行政赔偿诉讼适用调解制度，2010年通过的新的《国家赔偿法》第13条④、第37条第2款都明确规定了国家赔偿问题可以适用调解。笔者认为，这些规定都为在实践中建构并运用国家赔偿协商调解机制提供了法律依据。

我国现行国家赔偿采取法定赔偿原则，赔偿范围、标准和方式均由法律明确规定。⑤ 但在国家赔偿纠纷的调解过程中，不可避免地带来的冲突是：调解确定的赔偿数额能否突破法定赔偿数额的限制，即调解制度可以发挥到什么样的程度？调解本是为避免严格适用法律的困难而灵活地解决纠纷的一种方式，在调解双方均为理性人且对调解事项有处分权的前提下，其达成的合意只要不损害国家、集体和第三人的利益，法律无须过多干涉。⑥ 具体到本案中，赔偿请求人张某等五人依法可以对自己享有的权益进行处分，麦积公安分局对赔偿数额也享有一定的自由裁量处分权，再加上天水市中级人民法院对两者之间的调解协议进行居中审查，这些都在一定程度上能够避免赔偿义务机关无原则地满足请求人不合理请求而损害国家利益或者赔偿义务机关利用职权压制申请人利益等现象发生。

前面已经提到当前我国《国家赔偿法》采取的是抚慰性的赔偿标准，赔偿范围窄、标准低。因此，笔者认为将调解的限度和范围限定在法定幅度这一框架不符合其本质，且不利于调解制度最大积极作用的发挥。因此，在实务中应当依据合法合理的“调解”原则来确定赔偿数额，一般做法是高于法定的范围和标准，而不必拘泥于法定赔偿原则的限制。

(作者简介：王振湘，武汉大学法学院2014级宪法与行政法专业研究生。)

---

① 参见应松年：《国家赔偿法修改中的几个问题》，载《国家行政学院学报》，2006年第4期。参见应松年：《国家赔偿若干理论与实践问题》，载《中国法学》，2005年第1期。

② 参见刘志博：《行政赔偿诉讼适用调解若干问题探析》，载《攀登》，2004年第2期。

③ 杨丽萍、杨磊：《和谐视野下的权力救济——关于国家赔偿调解机制的规范基础、正当性来源及其其他几个问题》，载《中国审判》，2011年第12期。

④ 《国家赔偿法》第13条规定：“赔偿义务机关作出赔偿决定，应当充分听取赔偿请求人的意见，并可以与赔偿请求人就赔偿方式、赔偿项目和赔偿数额依照本法第四章的规定进行协商。”

⑤ 参见肖峋：《论国家赔偿的几个基本问题》，载《中国法学》，1994年第4期。

⑥ 参见李景春：《论调解在国家赔偿审判中的适用》，载《山东审判》，2008年第1期。

行政不作为的司法规制(四)：

论危险防止型行政不作为之赔偿

李青龙

摘　要：行政主体的行为根据其法律义务的不同，可以分为行政作为和行政不作为。行政主体的行为构成行政不作为，需要符合以下三个要件：(1)前提条件：作为义务的存在；(2)主观方面：主观上能为而不为；(3)客观方面：程序上有所不为。进而本文探讨了关于行政主体危险防止型行政不作为的赔偿问题，即在行政主体、加害人、受害人三方主体中存在行政主体的危险防止不作为的行为和加害人的加害行为两个行为时，不同性质的责任是否可以按比例承担的问题。

关键词：行政不作为的构成要件；危险防止型行政不作为；补偿责任

一、行政行为的分类

根据行政主体的行为方式，行政行为可分为行政作为和行政不作为。① 一般认为，行政作为是指行政主体积极履行职责的行为，如行政处罚、行政许可等行为；行政不作为就是行政主体消极或懈怠履行职权的行为，如行政相对人申请行政许可，许可机关不受理或受理后超过一定期限不予答复的行为。根据行政行为针对对象的特定与否，可以分为抽象行政行为和具体行政行为。行政不作为相应的就可以分为具体行政不作为和抽象行政不作为两种。② 具体行政不作为是指行政主体及其工作人员有积极实施具体行政行为的职责和义务，应当履行而未履行或拖延履行其法定职责的状态。抽象行政不作为是指具有制定行政规范性文件职权的行政机关，没有或者没有适时地制定行政规范性文件，或者没有适时地修改和废止与上位法相抵触的行政规范性文件，致使行政相对人的权利和义务受到影响的行为。我们通常所说的是具体行政不作为。

① 江国华：《中国行政法总论》，武汉大学出版社 2011 年版，第 191 页。

② 韩凤然、李建波：《论抽象行政不作为及其救济》，载《河北法学》，2007 年第 7 期。

以前有学者以身体的动静作为区分作为或不作为的判断标准①，这显然是不合理的。判断一个命题是假命题，只要举出一个反例就可以了，其中，反例是指它符合命题的题设但并不满足命题的结论。比如，行政许可机关针对符合申请条件的相对人采取推诿的手段不受理，这时候行政主体也为一定的行为了，如积极地推卸责任、扯皮，但是我们仍然认为行政主体是不作为。

现在比较通行的标准是以法律义务的不同来区分。法律义务按其内容不同，可分为积极义务和消极义务。积极义务是指必须做出一定行为的义务；消极义务是指不做出一定行为的义务。作为既可以存在于积极义务，也可以存在于消极义务，只存在"作为合法与否"的问题，不存在"作为存在与否"的问题；② 而不作为只能是针对积极义务而言。这是因为，法律规定了当事人的义务，在其背后隐含着"期待你按照法律的规定作出一定的行为"而你却无动于衷或积极行为逃避履行义务，不论你外在的行为方式如何，都是不作为。上述只是简单介绍下行政行为分类的常识问题，并顺便引出行政不作为的概念。下面我们介绍下什么是行政不作为以及怎样判断什么行为是行政不作为或者说是行政不作为的构成要件。

二、行政不作为的构成要件

(一)作为义务：行政不作为构成的前提条件

构成行政不作为之前提的"作为义务"，是指行政主体在进行行政管理活动中，基于特定的事实和条件而产生的依法应为一定行政行为的具体法律义务。也就是说，这种义务必须是一种法定的行政作为义务，且必须是一种现实的特定的行政作为义务。③

1. 法定的行政作为义务

首先，这种义务来源于法律规范的规定，属于一种法定义务。其区别于道德上的义务，宗教上的义务。因为只有法律上的义务才具有国家强制性，违者才会引起法律后果，其他意义上的义务，则不具有这个特征。

其次，这种义务具有行政性，是行政主体及其工作人员在进行行政管理活动中发生的一种义务。因为行政机关或个人具有双重身份，并不总是行政主体，行政机关或个人也可以以平等主体的身份进行民事活动④。

最后，这种义务是一种积极义务。上面讲到法律上的义务就其内容而言可分为积极义务和消极义务。只有对积极义务的违反，才可构成行政不作为。

2. 现实的特定的作为义务

行政不作为中的义务不仅必须是一种法定的行政作为义务，而且还必须是一种现实

① 张文显：《法学基本范畴研究》，中国政法大学出版社 1993 年版，第 152 页。
② 周佑勇：《行政法原论》，中国方正出版社 2005 年版，第 193 页。
③ 周佑勇：《行政不作为构成要件的展开》，载《中国法学》，2001 年第 5 期。
④ 江国华：《中国行政法总论》，武汉大学出版社 2011 年版，第 130 页。

的特定的行政作为义务。

首先，行政不作为中的义务必须是一种现实的行政作为义务。现实的行政作为义务是与抽象的行政作为义务相对应的概念。抽象的行政作为义务是“法律规范层面上的作为义务”。① 比如，全国人民代表大会常务委员会《关于严惩拐卖、绑架妇女、儿童的犯罪分子的决定》第5条规定：“各级人民政府对被拐卖、绑架的妇女、儿童负有解救职责，解救工作由公安机关会同有关部门负责执行。”该法所规定的公安机关负有解救被拐卖、绑架者的义务就是一种抽象的行政作为义务。现实的行政作为义务则是具体条件已经产生，行政主体必须立即履行的作为义务。比如，甲在其女被拐卖至某乡乙为妻后向某县公安局求救，该县公安局即负有因当事人处在人身危害之中而必须立即采取营救措施的义务，这种义务就是现实的行政作为义务。现实的行政作为义务都附有一定的条件，在认定行政不作为时，必须把特定作为义务与一定的条件联系在一起考虑，如果具体条件不成立，则现实的行政作为义务就不会产生。但是，具体条件一旦成立，这种现实的行政作为义务就会产生，相关行政主体就应当立即履行，否则即构成行政不作为。

其次，行政不作为中的义务还必须是一种特定的行政作为义务。② 特定的行政作为义务与一般的行政作为义务是两个相对应的概念。一般行政作为义务是行政主体针对社会和国家而非特定个体所必须承担的行政作为义务，是从行政主体总的任务和职权来确定的。例如，《宪法》第42条规定：“中华人民共和国公民有劳动的权利和义务。国家通过各种途径，创造劳动就业条件，加强劳动保护，改善劳动条件，并在发展生产的基础上，提高劳动报酬和福利待遇。”特定行政作为义务则是法律、法规、规章等规范性文件及其他行政处理决定针对具体场合所设定的行政作为义务。行政主体对于这种义务的不履行，将直接导致特定行政相对人合法权益受到损害。分清法律上的一般行政作为义务和特定行政作为义务，有利于法院在受理、审理、裁判行政不作为案件时采用不同的标准，作出正确的决断。

（二）作为义务产生的条件、来源

作为义务在何种条件下才能产生？我们认为在依申请的行政行为中，只有行政相对人提出了申请，行政主体才负有作为的义务。对于依职权的行为，只要有相应法定的事实发生，行政主体就具有相应的作为义务，并非一定要基于相对人的合法申请而产生，例如，一旦违反治安管理的行为发生，有关公安机关就应予以相应的处理，否则也可构成不作为。关于依职权的行为，虽然只要有相应法定的事实发生，行政主体就具有相应的作为义务，但法律也不能强人所难，所以行政主体在依职权的行为中，需要得知特定事实后才能采取一定的措施，这就表现为当事人报警等一系列的告知行为，或者当事人能够举证证明行政主体得知的事实。

---

① 周佑勇：《行政不作为构成要件的展开》，载《中国法学》，2001年第5期。

② 李温：《公安行政不作为探析》，载《公安研究》，2003年第11期。

作为义务产生的具体来源主要包括：(1)法律规范明文规定的作为义务。这里的法律我们应该做广义的理解，包括法律、法规、规章和规范性文件。(2)行政行为设定的作为义务。因为行政行为一旦作出，既能产生某种权利，又能引起一定的法律义务；既可为相对人设定义务，也可为行政主体及其工作人员设定义务。(3)先行行为引起的作为义务。① 比如，行政相对人李某被某公安派出所依法留置在留置室中，那么留置行为已将李某置于高危人群、高危环境，其人身安全处于危险状态中，但是留置过程中值班民警玩忽职守，未对留置室状况实施严密监察，因而没能防止李某受到伤害。(4)其他行为产生的作为义务。除上述几种作为义务之产生根据之外，人民法院对行政案件所作的已发生法律效力的判决和裁定，也可为作为被告的行政主体设定相应的作为义务。

(三)行政不作为构成的主观要件

只有行政主体及其工作人员在当时情况下，具有作为之可能性而出于主观意志范围内的原因(故意或过失)没有作为的，才能构成行政不作为。否则，就是“行政不能作为”。“行政不能作为”是指“行政主体在行使职权或履行职责的过程中，因意志外客观因素的限制，使行为过程未能推进到法定过程终端的行为”。行政不能行为虽也属于行政主体没有履行法定作为义务的行为，但它是因意志外客观因素的限制而无法履行法定作为义务的，因此在行政不能行为中显然是应当免除或暂时免除行政主体履行法定义务的。

(四)行政不作为构成的客观要件

1. 程序上有所不为

行政法与其他部门法显著不同的地方，在于行政程序与行政实体的并重，行政实体内容是通过行政程序来实现的。② 如果行政主体在程序上是消极地“不为”，那么在实体内容上肯定就是什么也没做，因而它只能是一种行政不作为。但是，如果行政主体在程序上是积极的“为”，那么它反映的实体内容则可能是“为”，也可能是“不为”。如果程序上“为”，实体上也“为”，则肯定是行政作为。但是如果程序上“为”(这里的“为”是指行政主体启动并完成了行政程序，这有别于最高人民法院公布的行政不作为十大案例的第6个案例)③，而实体上“不为”，如许可机关接到相对人的许可申请后，受理后没有经过任何实体上的审查行为就拒绝颁发给相对人许可证，那么这个“拒绝行为”到底是作为还是不作为呢？我们可以这样想，如果相对人起诉到法院，法院若认为是行政不作为，则一般根据情况会作出如下判决：(1)如果履行还有意义，一般会判决责令一定期限履行；(2)如果履行没有意义，一般会确认违法。针对第一种情况，如果法院认为是行政不作为，则会责令行政主体在一定期限内履行，这样行政主体会陷入两难的境

---

① 陈俊成：《依职权性行政不作为的构成要件探析》，载《学术交流》，2009年第8期。

② 周佑勇：《行政法原论》，中国方正出版社2005年版，第200页。

③ 《人民法院关于行政不作为十大案例》，载《人民法院报》，2015年1月16日，第3版。

地。因为在行政许可中，许可机关对相对人的申请予以明示拒绝，是行政主体依法享有的处置权的组成部分，属于履行法定职责的行为，不存在再履行某项特定职责的问题，只存在正确履行或者错误履行职责的问题。所以说把行政主体在程序上不为作为行政不作为构成的客观要件是符合我国现今的法律的。但是在司法实践中，法院大致将行政不作为分为两种，即完全不作为和不完全作为。不完全作为有点类似于有学者讲的“形式作为而实质不作为”①的情形。从学理来看，不完全作为是一种不适当的行政作为行为，其在程序上完成了一些必须的步骤，所以不认为其是行政不作为。比如，最高院发布的不作为案例的第9个案例——艾立仁诉沈阳市卫生和计划生育委员会行政不作为案②。在本案中，针对相对人认为中大骨科医院越级手术等多项问题提出举报与投诉，市卫计委医政工作人员张某已经通过电话回复说“吴某不是越级手术”，已经作出了处理，程序已经终结。只是后面诉讼中针对该部分事实没有向法院提交相应的证据，应认定其证据不足，才责令市卫计委对艾立仁的举报申请重新作出具体行政行为。如果是学理上的不作为，应该判决责令行政主体在一定期限内作出，而不是重新作出了。

2. 程序不为已过期限

行政不作为在客观上不仅表现为行政主体在程序上有所不为，而且该不为已经逾期。如果行政主体及其工作人员在程序上的不为，时限尚未届满，则应视为行政主体还没有作为，也不构成行政不作为。这里主要强调行政法中的一个现象——逾期的推定效力。主要表现在《行政许可法》第50条的规定：被许可人需要延续依法取得的行政许可的有效期的，应当在该行政许可有效期届满30日前向作出行政许可决定的行政机关提出申请。行政机关应当根据被许可人的申请，在该行政许可有效期届满前作出是否准予延续的决定；逾期未作决定的，视为准予延续。这种情况虽然行政主体没有作为，但是仍然产生法律效力，不能认定为行政不作为。

三、危险防止型行政不作为的责任承担

行政不作为有两种类型，体现在中国《行政诉讼法》第12条第1款的规定之中。该款第3、6项规定了行政诉讼的受案范围。第3项规定申请行政许可，行政机关拒绝或者在法定期限内不予答复；第6项规定申请行政机关履行保护人身权、财产权等合法权益的法定职责，行政机关拒绝履行或者不予答复的。前者可以被称为“许可满足型行政不作为”，后者就是本文所称的“危险防止型行政不作为”。本文所要探讨的是后者的国家赔偿问题，也就是在私人遭受他人侵害时，行政主体因负有保护义务而怠于作为所产生的国家赔偿责任问题。这里我们讨论的是人民法院公布的关于行政不作为十大案例的

① 黄学贤：《形式作为而实质不作为行政行为探讨——行政不作为的新视角》，载《中国法学》，2009年第5期。

② 《人民法院关于行政不作为十大案例》，载《人民法院报》2015-01-16，第3版。

第10个案例①。案子本身很简单，概括起来就是，一般在危险防止型行政不作为造成的损害案件中，往往存在三方主体的两个行为，具体而言也就是民事侵权人对受害人的侵权行为和行政机关对受害人的不作为行为。

(一)国家为什么要承担赔偿责任

一方面，这要讲到行政不作为与损害结果的因果关系。在行政法领域，只要损害结果是决定行政赔偿责任的一个重要因素，就不可能不涉及因果关系的研究。因果关系的研究已经经历了"条件说"到"相当因果关系说"的转变。② 相当因果关系说又分为主观说、客观说、综合说三种。现在比较通行的是相当因果关系客观说。相当因果关系说以条件关系的存在为前提，在对结果的各种条件中，根据社会生活的一般经验，认为该行为中足以发生结果时即具有因果关系。这种判断是法官结合当时行为时所有的客观情况的事后判断，所以刑法学界一般采用相当因果关系客观说。可以适用以下公式：(1)第一个前提：在现实中，该种行为确实引起了该种损害结果(即条件关系)；(2)第二个前提：依据一般的社会知识经验，该种行为能够引起该种损害的结果(即行为与损害结果之间的可预见性)。

另一方面，这要从国家赔偿制度的目的角度来理解。中国《国家赔偿法》第一条即指出，国家赔偿旨在"保障公民、法人和其他组织享有依法取得国家赔偿的权利，促进国家机关依法行使职权"。③ 由此，国家赔偿制度具有两个目的：其一，是对被害者进行救济，填补当事人所遭受的损害；其二，是对国家机关依法行使职权的督促。

(二)行政主体的国家赔偿责任与危险制造者的民事赔偿责任之间的关系及两者是否存在责任分配问题

1. 行政主体的国家赔偿责任与危险制造者的民事赔偿责任之间的关系

对此，国家赔偿法等法律并没有作出规定。为此，我们只能从司法解释和审判实践中寻找答案。对比危险的直接制造者而言，行政主体承担的更多是一种保护义务。虽然相对人的损害是由第三人(即加害人)直接造成的，但是由于公安机关负有保护相对人合法权利、避免或者阻止损害发生的法定职责，相对人与公安机关之间便形成了一种信赖保护的关系。在这种关系中，公安机关所承担的不只是一般的照顾、观察职责，而是实际的保护义务。这个非常类似于《最高人民法院关于审理人身损害赔偿案件适用法律若干问题的解释》第6条规定："从事住宿、餐饮、娱乐等经营活动或者其他社会活动的自然人、法人、其他组织，未尽合理限度范围内的安全保障义务致使他人遭受人身损害，赔偿权利人请求其承担相应赔偿责任的，人民法院应予支持。""因第三人侵权导致损害结果发生的，由实施侵权行为的第三人承担赔偿责任。安全保障义务人有过错的，

---

① 《人民法院关于行政不作为十大案例》，载《人民法院报》2015-01-16，第3版。

② 陈兴良：《刑法因果关系研究》，载《现代法学》，2009年第6期。

③ 王贵松：《危险防止型行政不作为的赔偿责任承担》，载《学习与探索》，2009年第6期。

应当在其能够防止或者制止损害的范围内承担相应的补充赔偿责任。安全保障义务人承担责任后，可以向第三人追偿。”①该司法解释的第二项非常类似于危险防止领域中行政主体的义务以及三方的行政法律关系。如果参照这个司法解释，其赔偿责任分配的原则应是补充原则。

然而，针对李茂润诉阆中市公安局案，2001 年 7 月 22 日起施行的最高人民法院法释(2001)23 号的批复指出：“由于公安机关不履行法定行政职责，致使公民、法人和其他组织的合法权益遭受损害的，应当承担行政赔偿责任。在确定赔偿的数额时，应当考虑该不履行法定职责的行为在损害发生过程和结果中所起的作用等因素。”公安机关与造成损害的直接原因者之间的关系应该如何理解，是比照上述人身损害赔偿司法解释的补充原则来适用，还是自身建立起比例原则来确定如何赔偿？从该解释的字面意思来看，司法解释应该偏重于按责任比例的承担。在司法实践中，有关行政主体与危险制造者之间的责任承担分配并没有按照补充原则进行，也是直接按照责任比例来确定行政主体的赔偿数额的。比如，第 10 个案例就是如此。

2. 关于行政赔偿与民事赔偿不同性质的责任是否可以按比例分担

虽然上述批复在填补行政不作为赔偿理论空白、保障相对人权益等方面无疑具有显著意义。但是关于行政赔偿与民事赔偿不同性质的责任是否可以按比例分担这个问题，上述《批复》及《国家赔偿法》没有明确的规定。

两种责任性质不同，必然表现为各自在主体、原因、事实认定方面、赔偿范围、归责原则、程序、依据不同。如何在具体案件中处理这些矛盾，将是摆在法官面前的一道难题②。二者在一个案件中的互相交织而对受害者产生了同一损害结果，最后只能是剪不断，理还乱。

行政机关与加害人承担按份责任或比例责任，是现行司法实践的通用做法③。实际上民事责任的核心问题就是赔多赔少的问题，虽然两者属于不同性质的责任，但是我们可以从技术上或程序上把他们分开，分别起诉，为我们提供了一个很好的思路。但是这会牵涉到国家赔偿或行政赔偿的一个理论问题：国家作为法律主体的虚拟性。具体来说当国家承担赔偿责任时，虽然是以国库财产作为其赔偿金来源，而事实上国库财产作为纳税人财产，是由全体国民共同拥有。因此，在存在直接民事侵权人的基础上，如果首先将赔偿责任分担于普通公民之上，这一做法是否妥当有待探讨，有点政府犯错，纳税人买单的意味。所以，国家赔偿法对此有一定限制，行政诉讼一般不能调解，因为行政主体没有处分权，调解是建立在处分权的基础之上的。但是按照国家赔偿法的第 23 条规定，赔偿义务机关可以与赔偿请求人就赔偿方式、赔偿项目和赔偿数额依照本法第四章的规定进行协商。言下之意就是赋予赔偿义务机关一定的处分权，但最多就是按照第

① 该解释在 2003 年 12 月 4 日最高人民法院审判委员会第 1299 次会议上通过，2004 年 5 月 1 日起施行。

② 杜仪方：《行政不作为中行政与民事赔偿的责任分担》，载《社会科学》，2009 年第 10 期。

③ 王贵松：《危险防止型行政不作为的赔偿责任承担》，载《学习与探索》，2009 年第 6 期。

四章的法定赔偿数额的赔偿范围内进行调解。

我们比较赞同的是补充责任，或者称之为保证责任。因为这个非常类似上述谈到的民法中的违反安全保障义务者的责任。按照传统行政法理论，政府就是扮演守夜人的角色，对生活在这个国家的人提供起码的生存条件。

美国在行政法领域采取是这种制度。民法上的通说认为，“补充责任，是指在责任人的财产不足以承担其应负的民事责任时，由有关的人对不足部分依法予以补充的责任”。借鉴到国家赔偿领域，行政机关承担保证责任的模式是指，只有当民事侵权人无法进行赔偿时，才存在行政赔偿的空间，并且行政机关只在其过错范围内承担责任。

但是这种制度有一个缺陷是必须穷尽民事救济，然后才能求助行政救济，虽然解决民事责任与行政责任是不同质的问题，但是这一制度的缺陷在于如果民事侵权人进行了完全赔付，行政机关的不作为责任就被免除。我们认为基本赞同这一制度，并对这种制度加以完善，使之更具有可操作性。

第一步，仍然是民事赔偿先行。① 这是因为行政赔偿责任相比民事赔偿责任而言具有特殊性。这种特殊性简言之就是国家作为法律主体的虚拟性。具体来说当国家承担赔偿责任时，虽然是以国库财产作为其赔偿金来源，而事实上国库财产作为纳税人财产，是由全体国民共同拥有。因此，在存在直接民事侵权人的基础上，如果首先将赔偿责任分担于普通公民之上，这一做法自然不具有合理性可言，我们认为更多的追究行政责任人的政治责任更为妥当；行政不作为行为相对于民事侵权行为只是间接原因，退一步说，行政不作为只是加大损害或者未能阻碍损害发生的外部条件。换句话说，在这一情形下，如果不存在行政机关的不作为，那么民事侵权人和受害人之间也同样会产生一般意义上的民事侵权责任。在受害人提起的民事赔偿诉讼中，不把行政主体的不作为作为事实认定的一部分，法院也不对行政机关的责任作判定，这样可以避免两种混合责任的法律适用困难问题。

第二步，在受害人提起民事赔偿诉讼后，可以再提起行政诉讼。此时，法院可以考察行政主体的过错程度来确定赔偿的比例。在这里要把握一个原则——赔偿法损失填补的原则，行政不作为赔偿与民事赔偿交织案件中赔偿数额的底线是不能超过受害人的实际损失。如果直接责任人已经对受害人的损失作出了基本的弥补，那么行政主体就没有作出赔偿的需要，同时节省了国库开支。此时，当事人起诉，可能就像《秋菊打官司》里秋菊一样“我就是要个说法!”法院只需要作出确认违法的判决就可以了，不需要对赔偿数额作出确定。如果加害人不足以弥补受害人的损失，那么此时根据行政主体的过错程度确定赔偿数额。

（作者简介：李青龙，武汉大学法学院2014级宪法与行政法专业硕士研究生。）

◎点　评

针对案例五“王某诉寿光市人民政府行政不作为案”，此案有三点典型意义：一是

① 杜仪方：《行政不作为中行政与民事赔偿的责任分担》，载《社会科学》，2009年第10期。

以裁判方式明确了行政机关不仅应当及时履责，而且还应当全面履责，并要依法实现履责的目的。如果上级行政机关在依法行使监督职责后，下级行政机关没有改正，那么上级行政机关仍要承担相应责任，履行相应义务，此举扩大了不作为的范围。二是通过案例方式将村民委员会组织法确定为法律判决依据。三是本案中被告是市政府，而实际作为主体是村委会，这启示大家在面对主体不适格、对象不合适的情形时，可以通过申请信息公开的方式实现“曲线救国”，如果有义务公开的单位不公开信息，便可通过对不作为单位的审查实现对规范性文件的审查。

针对案例六“沈某、蔡某诉南通市公安局开发区分局行政不作为案”，此案有三点典型意义：一是行政作为的时间问题，延长办案期限需要经上一级公安机关批准。在本案中，被告超过时限且未经批准，明显违反相关规定，迟到的正义不是正义。二是对于治安案件，公安机关履行职责要及时规范，依照正当程序。三是在处理相关纠纷时，基于自愿能调解时可以调解，不能调解时应作出处罚决定，不能以拖促调。

针对案例七“兰州某驾驶员培训服务有限公司诉兰州市城关区城市管理行政执法局行政不作为案”和案例八“赵某诉凤阳县武店镇人民政府行政不作为案”，此案有三点典型意义：一是引起政府的作为义务的依据是什么，县人民政府制定的办法是否可以作为基层政府履行作为义务的直接法律依据的思考。二是案例七中被告在原告起诉期间完成了相应作为义务，原告同意撤诉，和解解决；案例八中被告也在原告起诉期间完成了相应作为义务，但原告未撤诉，所以法院依法作出判决，认为政府在原告起诉前作出的行政行为违法，符合行政诉讼的规定，彰显了司法审查的价值。三是引起原告能否就被告在起诉后作出的对自己不利的行政行为再次提起诉讼的思考。

针对案例九“艾某诉沈阳市卫生和计划生育委员会行政不作为案”，该案有三点典型意义：一是通过对卫生行政主管部门处理医患纠纷的法定职责进行司法审查，对依法保障患者权益和妥善解决医患纠纷有积极作用。二是由于医患关系特殊，医院和医生属于强势地位，在这种情况下，医卫管理部门就应当及时平衡和补强地位不平等的关系，积极履行对医院和医生相关的监管职责，对于违规违法的情况应积极调查，及时处理。三是在本案中，市卫计委经过调查发现涉案的医院没有建立分级制度，就应当责令涉案医院改正，并采取相应的补救措施，但却对当事人的申请作出涉案医院未建立分级制度故不存在违规越级手术问题的答复，明显违反相关法律规范的规定，人民法院因此判决其重新作出具体行政行为，于法有据。本案二审判决对法院处理类似案件有示范作用。

针对案例十“张某等五人诉天水市公安局麦积分局行政不作为赔偿案”，该案有三点典型意义：一是存在推诿责任，应实行首问制。另外，本案中，120应承担连带责任，但判决中120并未出现。二是虽然被害人死亡与出警迟缓没有直接关系，但因为出警迟缓当事人有合理理由推断人民警察有间接责任，存在假定的责任。同时，《人民警察法》明确规定，人民警察的任务是维护国家安全，维护社会治安秩序，保护公民人身安全、人身自由和合法财产，保护公共财产，预防、制止和惩治违法犯罪活动，人民警察在现场就有责任，存在抽象的责任。在本案中，被害人刘某的不幸死亡系因他人犯罪所导致，但公安机关也存在违法拖延出警、未及时履行保护公民人身安全的义务，应当承担相应的赔偿责任。三是行政诉讼法规定了行政赔偿案件可以调解，本案二审法院在查明事实、分清责任的基础上，主持达成调解协议并制作了行政赔偿调解书，既维护了法律的权威，也有利于切实保障当事人的合法权益。

（点评人：武汉大学法学院　江国华教授）

要案评析

呼格吉勒图案的审视与反思

马 啸

摘 要：本文旨要通过介绍与分析呼格吉勒图案，探索此个案成为错案的原因，从刑事诉讼的角度剖判刑事政策对于个案的影响，从证据规则角度简单剖析刑事诉讼法的历史局限。在"严打"的刑事政策下，证据规则自身的欠缺以及其对司法人员约束力的降低，导致了呼格吉勒图错案的发生。其一，要审视"严打"刑事政策对司法的变向扭曲，以至避免；其二，要注意制度失范，如死刑复核权下放与证据规则的缺陷，以及以侦查为中心的刑事司法程序。

关键词：错案；刑事政策；证据规则；侦查中心主义

一、案情回顾

呼格吉勒图案始末①	
1996年4月9日	呼和浩特一女子被掐死在公厕内。
1996年5月17日	呼和浩特市中级人民法院认定呼格犯流氓罪、故意杀人罪，判处死刑。
1996年6月5日	内蒙古自治区高级人民法院二审"维持原判"，核准死刑。
1996年6月10日	呼格被执行枪决，距离案发只有62天。
2005年10月23日	系列强奸、抢劫、杀人案的犯罪嫌疑人赵志红落网，主动交代了其1996年在呼市一毛家属院公厕犯下的杀人案。

① 综合新华社、新京报、新文化报、凤凰卫视、南风窗、呼和浩特晚报报道整理得出。

续表

呼格吉勒图案始末	
2006年3月	内蒙古自治区政法委组成了案件复核组对案件进行调查。
2006年8月	复核得出结论，“呼格案”确为冤案。
2014年11月20日	内蒙古高院向呼格吉勒图父母送达立案再审通知书，呼格吉勒图案进入再审程序。
2014年12月13日	内蒙古高院宣告原审被告人呼格吉勒图无罪，并向其父母送达了再审判决书。
2014年12月30日	内蒙古高院支付呼格吉勒图父母国家赔偿金205万元。
2015年2月9日	呼和浩特中院判决呼格吉勒图案真凶赵志红死刑。

(一)背景

1996年，中国在实行改革开放后的第二次严打。“公共女厕要流氓杀人”，是严打时期须重点打击和整治的。在从重从快的指令下，呼格吉勒图案，从案发到执行死刑，仅用62天。

(二)原审判决认定的案情

1996年5月17日，呼和浩特市中级人民法院一审判决认定，1996年4月9日20时40分许，被告人呼格吉勒图酒后到呼和浩特市新城区诺和木勒大街内蒙古某厂宿舍57栋平房西侧的公共厕所外窥视，当听到女厕所内有人解手，便进入女厕所内将正在解手的被害人杨某某脖子搂住，后采用捂嘴、扼颈等暴力手段强行将杨某某按倒在厕所便坑的隔墙上对杨某某进行流氓猥亵。当听到厕所外有动静，呼格吉勒图便逃离作案现场。杨某某因呼格吉勒图扼颈致窒息当场死亡。

1996年6月5日，内蒙古自治区高级人民法院二审认定的犯罪事实、证据与一审判决一致。①

(三)再审查明的案情

2014年12月13日，内蒙古自治区高级人民法院再审对以下案件事实予以确认：1996年4月9日19时45分左右，被害人杨某某称要去厕所，从呼和浩特市锡林南路千里香饭店离开，当天21时15分后被发现因被扼颈窒息死于内蒙古某厂宿舍57栋平房西侧的公共厕所女厕所内。原审被告人呼格吉勒图于当晚与其同事闫某吃完晚饭分开后，曾到过该女厕所，此后返回工作单位叫上闫某到案发女厕所内，看到杨某某倒在隔

① 参见内蒙古自治区高级人民法院：刑事判决书(2014)内刑再终字第00005号，2014年12月13日。

墙上的状态后，呼格吉勒图与闫某跑到附近治安岗亭报案。①

二、案情分析

在再审判决中，内蒙古自治区高级人民法院认定原审被告人呼格吉勒图犯故意杀人罪、流氓罪的事实不清，证据不足，判决呼格吉勒图无罪。接下来，本文将结合再审判决书，针对原判中认定呼格吉勒图犯罪事实的主要证据的效力进行分析。另外，这个案件也存在未曾得到司法机关正式关注的其他疑点，而其中部分疑点甚至涉及可能左右判决的关键性证据。为了尽可能探求当年冤案的具体情况和引致司法公正的底线失守的原因，本文也将对部分案情疑点进行列举和分析。

(一)原审证据效力分析

1. 指向原审被告人犯故意杀人罪的证据

首先，根据再审判决书，原审被告人呼格吉勒图供述的犯罪手段与被害人杨某某的尸体检验报告不符。例如，呼格吉勒图供称从杨某某身后用右手捂杨某某嘴，左手卡其脖子同时向后拖动杨某某两三分钟到隔墙，与“死者后纵隔大面积出血”的尸体检验报告所述伤情不符，等等。

其次，原审中的关键性证据血型鉴定结论不具有排他性。再审判决理由记录如下，刑事科学技术鉴定证实呼格吉勒图左手拇指指甲缝内附着物检出O型人血，与被害人杨某某的血型相同；物证检验报告证实呼格吉勒图本人血型为A型。但血型鉴定为种类物鉴定，不具有排他性、唯一性，不能证实呼格吉勒图实施了犯罪行为。

当年给呼格吉勒图定罪的主要证据，是由呼和浩特市新城区公安分局刑警队技术室对呼格吉勒图的指缝污垢采样，进行理化检验。呼和浩特市公安局技术室和内蒙古公安厅进行了严格的科学鉴定。最后证明呼格吉勒图指缝余留血样与被害者咽喉被掐破处的血样是完全吻合的。②

根据看过卷宗的知情人回忆，当年检测的是“呼格吉勒图指甲缝里的皮屑”③，这个皮屑的血型与死者一致，都是O型。血型的一致并不能证明这块皮屑来自于被害人，从而无法绝对推断出呼格吉勒图与被害人有过接触，甚至杀害被害人。呼格吉勒图指甲里的皮屑是有可能来自于属于O型血型的不特定的对象，男性、女性，甚至动物，无

---

① 参见内蒙古自治区高级人民法院：刑事判决书(2014)内刑再终字第00005号，2014年12月13日。

② 节选《“四·九”女尸案侦破记》，载《法律与生活》2006年第18期。《“四·九”女尸案侦破记》载于1996年4月20日的《呼和浩特晚报》，是记录当年女厕奸杀案的“侦破纪实”。

③ 谷力：《采访复查呼格吉勒图案负责人》，新知冷热事第93期，新浪新闻，2014年11月21日。采访对象：赫峰，原呼和浩特市公安局副局长，主管刑侦工作。曾在2005年10月23日，策划指挥了对赵志红的抓捕；后任内蒙古公安系统复查“呼格案”专案组的重要负责人，是“呼格案”再审的推动者之一。

法排除合理怀疑，且不能获得其他含有相同信息的证据的支持，因此认定呼格吉勒图构成故意杀人罪的证据效力微弱。

2. 指向原审被告人犯流氓罪的证据

据再审判决书记录，呼格吉勒图的有罪供述不稳定，存在翻供的情形，且其关于杨某某身高、发型、衣着、口音等内容的供述与其他证据不符。如呼格吉勒图供称杨某某发型是长发、直发，而尸体检验报告证实杨某某系短发、烫发；其供称杨某某讲普通话与杨某某讲方言的证人证言不吻合，等等。原判认定的呼格吉勒图犯流氓罪除其供述外，没有其他证据予以证明。

依据《中华人民共和国刑事诉讼法(1979年版)》第35条规定，只有被告人供述，没有其他证据的，不能认定被告人有罪和处以刑罚①。然而，在证据仅限于被告人呼格吉勒图的供述、且其供述不稳定及细节不断变化的情况下，原审法官，即呼和浩特中院和内蒙古高院的法官，却对被告人作出了构成流氓罪的认定，直接违反刑事诉讼法的禁止性规定。作为中院和高院刑庭的法官本应对刑事诉讼法法条烂熟于心，最后却为何对第35条熟视无睹，这不得不让人对这些法官的法律职业素养提出置疑。

(二)其他案情疑点分析

1. 被“忽视”的精斑

呼和浩特市公安局一退休高层官员、“赵志红案”专案组组长告诉新京报记者，当年在诸多证据中，警方确实提取了受害者杨某某体内的凶手所留精斑，但这一核心证据并没有引起警方的重视。上述领导称，首先，警方并没有将呼格吉勒图的精斑与受害人体内的精斑进行对比，其次当赵志红供述了自己是“四·九”案真凶后，原本保留在公安局的凶手精斑样本又莫名丢失。

对于这样的关键证据为何不鉴定？在“四·九”命案发生期间，曾担任呼和浩特市公安局另一地分局局长的老警察说，这中间固然有办案人员的素质问题，即当时的要求是从严从快，具体办案人员认为其他证据足以支撑结论，所以精斑鉴定做不做无所谓了，因而存在“失误”。另一个原因还是跟当时的环境有关，这位人士介绍，当时办案经费非常紧张，最常见的例子是，如果某个警察需要配备警用装备，都需要自己掏钱向公安厅买，那么是否有经费支撑做精斑鉴定就可想而知。而且，在“严打”期间，上级领导对各分局的破案率等都有排名，如果自己辖区内发生命案，迟迟未破就会落后，那么这会使得几乎每个基层干警身上都有破案压力。②

---

① 《中华人民共和国刑事诉讼法(1979年版)》，1979年7月1日第五届全国人民代表大会第二次会议通过，1979年7月7日全国人民代表大会常务委员会委员长令第六号公布，自1980年1月1日起施行，已被《全国人民代表大会关于修改〈中华人民共和国刑事诉讼法〉的决定》(1996年3月17日发布，1997年1月1日实施)废止。

② 谷岳飞：《赵志红案休庭8年未再开庭》，载《新京报》，2014-11-04。又见王筱渔：《呼格吉勒图案始末：被枪毙9年后另一男子供述杀人经过》，凤凰聚焦第24期，2014-11-12。

综合而言，当时呼市没有条件做DNA鉴定，去北京上海做鉴定的经费不足再加上需要耗费几个月的走程序时间，快速结案的要求和压力，以及轻率的办案态度和职业素养的缺失迫使当时的办案人员选择忽视了精斑这一直接关乎本案定罪量刑、关系被告人人身权利的关键性证据。

2. 非法取证的嫌疑

1979年版的刑事诉讼法规定，“审判人员、检察人员、侦查人员必须依照法定程序，收集能够证实被告人有罪或者无罪、犯罪情节轻重的各种证据。严禁刑讯逼供和以威胁、引诱、欺骗以及其他非法的方法收集证据”①。而在呼格吉勒图案被确定为冤案之时以及呼格的冤情昭雪之后，却有不少线索浮现并指向这么一种可能性——当年呼格吉勒图的口供是侦查人员以刑讯逼供、骗供、诱供等方式取得的非法证据。

首先，案发当事人之一，也是呼格的好友闫峰在接受采访时确认呼格在审讯过程中曾被殴打，他认为呼格是被屈打成招的。根据闫峰的笔录记载，他在当晚10点多被呼和浩特市公安局新城分局的刑警带走接受讯问。其间闫峰多次听到隔壁房间的呼格被民警殴打发出的惨叫和桌椅移动的声音。闫峰对记者称：“隔壁审讯室突然传来桌椅剧烈挪动的声音，伴随着呼格痛苦的呻吟声。桌椅动一下，他就喊一声，断断续续的。”“有几次我都听到隔壁的呼格吉勒图大叫，‘你就是打死我，人也不是我杀的’。”②

其次，呼格吉勒图本人在被枪决前的一个月，在接受检察院的讯问过程中翻供。2014年，在呼案进入再审程序之后，《法制晚报》记者从相关渠道获得一份1996年5月7日呼格吉勒图在呼和浩特市看守所内接受讯问的笔录。在该次谈话中，呼格向检方表明自己遭到诱供，推翻了之前警方录的口供，称并未杀害被害人，之前承认的供词并不真实。以下为《法制晚报》记者整理的笔录的部分内容：

呼格说：“我以前讲的不是真的，当时公安局说我讲了就可以回家，而且当时我尿急，想讲完了就可以尿去了。后来，公安局的人跟我说那个女的没死，认出我来了，所以我才全讲了(指承认杀人事实)。”

询问人继续提问，让呼格“如实交代”。呼格再次表明：“我今天讲的全部都是真的，在公安局一开始讲的也是真的，后来他们认为有很多疑点讲不通，他们告诉我那个女的没死，而且我当时尿急，他们说我讲完就可以上厕所可以回家，所以我就那样讲了，讲的都是假的。”

检方问他是否掐死了那个女人，呼格回答没有。③

---

① 《中华人民共和国刑事诉讼法(1979年版)》，第一篇总则第五章证据第32条。

② 王鹏：《呼案亲历者闫峰：如果能重来》，新闻当事人第305期，搜狐新闻中心，2014-11-17。卢美慧：《闫峰：呼格吉勒图之后我没有新朋友》，新京报A18对话，2014-11-25。

③ 杜雯雯：《呼格案两份矛盾的法律文书》，载《法制晚报》，2014年11月28日。前述对复查呼格吉勒图案负责人赫峰的采访中，他也确认自己亲眼看过呼格吉勒图在检察院的笔录，除了有翻供的记录外，还有在公安局里，被诱供和逼供的口述。又见谷力：《采访复查呼格吉勒图案负责人》，新知冷热事第93期，新浪新闻，2014-11-21。

然而，呼格的翻供也再次被检方和法院置之不理，呼和浩特市中级人民法院的一审判决书与内蒙古自治区高级人民法院的二审裁定书同时提到了被告人呼格吉勒图对自己的犯罪事实供认不讳。

此外，呼格吉勒图当年的有罪供述记录着过多的细节，甚至于细致到让人觉得违背常理、有诱供之疑。首先应明确的是，1996 年 4 月 9 日案件发生在晚上，从被害人遇害到呼格吉勒图发现尸体并报案的时间跨度是 19 时到 22 时之间。案发地点是一间在昏暗小巷里的公共厕所，巷里没有路灯，厕所内也没有灯。据原审的证人之一申凤兰老人称，当晚她和邻居一起上厕所，是在划火柴取亮的时候发现厕所里有一个女子姿势奇怪，不知是死是活。① 而根据闫峰叙述的当年报案的具体情况，他和呼格吉勒图也是拿出打火机打了一下才看见厕所隔墙上的被害人。② 因此，可以确定的是当时案发现场没有照明、一片漆黑。然而，呼格吉勒图的多份讯问笔录中，不少内容却异常的细致，与案发环境构成了矛盾。比如呼格吉勒图对于被害人服装的描述，细致到包括穿了几层衣服、什么样式和颜色，笔录中呼格甚至知道被害人系的皮带是向左插的，皮带上还有两个金属扣子，等等。③ 一个年仅 18 岁，胆小懦弱、没有前科的人，在黑灯瞎火中首次实施犯罪的时候对犯罪细节的掌握竟达到惊人的地步，且在事后受讯时居然可以镇定地回忆起这些细节，这让人不得不怀疑其中存在诱供的可能性。

综合整个案情分析，案件的直接证据只有一份不稳定的被告人供述，且被告人供述明显存在不合理成分，其他证据(如主要证据：血型鉴定)的证明力微弱，不能相互印证，能够证明犯罪事实的证据链难以形成，不能排除合理怀疑。根据疑罪从无的原则，呼格吉勒图应被认定无罪，然而当初办理此案时公、检、法在各个环节的工作上都存在着不同程度的漏洞和失误，造成了“呼格案”错判的悲剧。接下来，本文将分析和讨论导致这起冤案的主要原因和它带给我们的反思。

三、历史反思

(一)刑事政策与死刑复核权变迁

1.“严打”政策

从时间上看，呼格吉勒图案就在 1996 年 4 月发生，正处于“严打”时期的风口浪尖。“严打”政策所提出的各种原则，归结到个案上，就是“从重从快”，而呼格吉勒图案从案发到执行死刑仅仅经历了 62 天，死刑立即执行符合“从重”的原则，短短的 62 天也不可谓不快。因而，从整个案子的形式上来看，呼格吉勒图案是十分符合严打时期的原则和要求的。从实质上来看，该案的关键证据被忽视，且侦查人员更是在现有证据

① 王鸿谅，杨璐：《呼格吉勒图：“翻案”有多难?》，载《三联生活周刊》，2009 年第 31 期。

② 王鸿谅，杨璐：《呼格吉勒图：“翻案”有多难?》，载《三联生活周刊》，2009 年第 31 期。

③ 楚京辉，王健：《呼格吉勒图，又一个聂树斌?》，载《法律与生活》，2006 年第 18 期。

无法相互印证和形成证据链的情况下就把案件移交检察院，检察院在审查这些证据后，也并没有要求侦查部门重新侦查，而是直接起诉，法官最后做出疑罪从有的判决，62天包含的侦查、审查起诉、一审、二审、复核，每个环节都显示出“严打”时期司法人员办案结案的急迫性和“高效率”。若要深刻反思呼格吉勒图案件，我们就必须认真检讨该案件的宏观政治或政策背景。

首先，无法否认的是，“严打”政策会损害程序公正。以呼格案为例，呼格吉勒图不稳定的有罪供述，这一证据的可采性是否受到过质疑，质疑是否得到过实际的审查？再如，我国1983年“严打”期间颁布的《全国人民代表大会常务委员会关于迅速审判严重危害社会治安的犯罪分子的程序的决定》明确规定，对于杀人、强奸、抢劫、爆炸和其他严重危害公共安全应当判处死刑的犯罪分子，主要犯罪事实清楚，证据确凿，民愤极大的可以不受法律规定的送达起诉书、传票、通知书的期间的限制，上诉、抗诉期也由10日缩短为3日①。这个决定违反了刑事诉讼法关于第二审程序的规定，侵犯了被告人的期间利益，使法律成为一纸空文。此外，“严打”期间的司法实践中还大量盛行“提前介入”、“联合办公”等做法，刑事诉讼所规定的许多程序性保障机制都被弱化或取消。在其后的历次“严打”实践中，也存在不同程度的限制律师对刑事诉讼程序的介入、限制犯罪嫌疑人、被告人的辩护权等损害程序公正的做法。②

其次，“严打”对实体正义的实现也会产生一定的消极影响。这至少表现在以下几个方面：其一，“严打”要求从快打击犯罪，这将会导致侦控和审判人员对案件事实和证据进行调查和认识的时间随之减少，导致误判的可能性增大。“严打”可能导致能够进入诉讼程序的证据很不全面，侦控和审判人员在政策压力下，对事实和证据没有进行全面的调查和收集，放弃一些可以做进一步鉴定的证据(如呼格案中从被害人身上提取的精斑)，一味追求破案速度，导致无法尽可能地还原案件事实和完整呈现案件证据，最终影响法官裁判的正确性。其二，在“严打”期间的司法实践中，许多司法人员包括法官出于快速打击犯罪的心理倾向和社会压力，往往会自觉或不自觉地降低刑事诉讼的证明标准，这必将导致冤案、错案发生的可能性增加。其三，在“严打”过程中，由于一些执法人员素质不高，错误地认为处刑越重，越符合“严打”精神，致使司法实践中往往出现这样一种情况：对于平时可能判处无期、死缓的被告，“严打”期间必判处死刑；对于法定刑较轻的被告，“严打”时在法定刑幅度内从重处罚是当然之事。这种对“严打”的错误理解明显违背了罪刑法定原则和罪责刑相适应原则，严重侵犯了被告人的权利。③

程序公正与实体公正是刑事诉讼中人权保障的重要屏障。“严打”对于程序与

---

① 《全国人民代表大会常务委员会关于迅速审判严重危害社会治安的犯罪分子的程序的决定》，1983年9月2日第六届全国人民代表大会常务委员会第二次会议通过，1983年9月2日中华人民共和国主席令第四号公布施行。

② 陈光中：《严打与司法公正的几个问题》，载《中国刑事法杂志》，2002年第2期。

③ 李海澄、王立峰：《论“严打”与我国基本刑事政策》，载《行政与法》，2002年第4期。

实体公正的损害使得“严打”不得不站在了人权保障的对立面。“严打”是以控制犯罪为主要目标的，“严打”期间案件的侦查、起诉、审判和执行，一切皆服务于一个目的，即惩罚犯罪，“严打”从快从重的原则为粗糙办案和刑讯逼供等损害程序与实体公正的行为埋下了隐患，法治所要求的犯罪嫌疑人、被告人的权利保障被忽视和抛弃。

2. 死刑复核权下放

1983年9月2日，第六届全国人大常委会第二次会议通过《关于修改〈中华人民共和国人民法院组织法〉的决定》，规定杀人、强奸、抢劫、放火及其他严重危害公共安全和社会治安判处死刑案件的核准权，最高人民法院在必要的时候，可授权省、自治区、直辖市的高级人民法院行使。

1997年修订的刑法和1996年修订的刑事诉讼法均规定死刑由最高人民法院核准，而没有规定最高人民法院在必要时可以授权高级人民法院核准死刑案件。刑事诉讼法、刑法与人民法院组织法，均由全国人民代表大会通过，同属于基本法律的范畴，具有同等的法律效力。对于其规定存在冲突时，应当按照新法优于旧法的原则进行处理，即新法的规定如果与旧法规定不一致，那么同一位阶的法律应当适用新法的规定，即适用刑事诉讼法、刑法的规定，而不是适用人民法院组织法的规定。而根据刑事诉讼法、刑法的规定，最高人民法院并没有权力授权高级人民法院核准部分死刑案件。从法理分析，最高人民法院的授权行为法律依据明显不足。但根据其授权而确立的死刑核准权的下放却在实践中长期得到贯彻执行，这充分暴露了在立法过程中缺乏对有关法律进行统一修改的机制的弊端，也暴露出对司法解释等规范性文件的审查机制方面存在的问题。由于立法过程中对相关法律条文没有进行综合考虑、统筹修改的机制，导致新旧法律之间出现的矛盾和冲突无法得以避免，造成司法和执法上的莫衷一是。

基于简化诉讼程序、提高诉讼效率，与当时的社会总体治安状况相适应，从便利司法机关从重从快打击犯罪，惩治犯罪分子的角度出发，死刑核准权的下放就是必然，其直接结果就是便利了死刑的适用，使得死刑复核程序形同虚设。在如此的制度格局中，这期间类似的暴力犯罪案件，处理程序大多一致，由一审法院迅速下判，二审法院只作书面审。① 二审审理与死刑复核程序合二为一。判处呼格吉勒图死刑的是中级法院，二审便是高院，当时，复核也在高院进行。显然，同一法院的审委会是不会在短时间内就一个死刑案件作出截然不同的两种判决的。如此一来，死刑复核作为一种监督程序，其意义必然受到质疑。

死刑复核程序具有人权保障功能、监督功能和救济功能，其人权保障功能的主要意义就是防止错杀，在二审程序之后多一道程序保障。但死刑复核程序与二审程序合二为一，使复核程序虚置，导致人权保障功能丧失。最高人民法院复核死刑案件的同时，对

① 我国1979年刑事诉讼法对二审法院的审理方式没有作出具体明确的规定，司法实践中对于如何审理二审案件做法不一，总体来说，除对少数案件采取开庭审理以外，大多数案件都是以不开庭方式审结的。

高级人民法院和中级人民法院是一种内部监督，这种内部监督在没有外部监督的时候发挥着重要作用。但是，二审程序与死刑复核程序合二为一使这一内部监督也不复存在。最后，救济功能更是随着二审程序与死刑复核程序合二为一而荡然无存，其他刑事案件都可启动再审程序，而死刑案件一旦执行，对于被执行人来说，生命权已经被剥夺，再审已无法实现其权利救济。因此，立法设置死刑复核程序是对死刑案件的特殊救济，二审程序与死刑复核程序合二为一则剥夺了被告人的救济权利。

呼格案中，呼格吉勒图只有一次当面向法官申辩的机会。可唯一的一次开庭审理，他只有机会简短陈述自己的报案过程，并没有任何机会针对检方的证据做出抗辩。① 二审裁定出来的第5天，1996年6月10日，呼格吉勒图被押往刑场。从案发到执行死刑，只隔了62天。相比2007年1月1日，最高人民法院正式收回死刑复核权之后，以一起普通故意杀人案为例，一审法院作出死刑判决后，若当事人上诉，则二审审判必须开庭，高级法院法官将赶至看守所所在地法院进行二审开庭，二审开庭维持原判后，所有卷宗将报送至最高人民法院。最高人民法院组成合议庭，对全案事实认定、适用法律的情况再次进行审查。与此同时，最高人民法院的法官也将从北京赶至被告人羁押地，就关键事实问题再次进行讯问，至此确信没有疑点为止，整个流程至少需要6个月，这6个月并不意味着被告能多活6个月，一切权利的实现都是需要时间成本的，程序正义与实体正义正是在期间利益的保障下得到有机统一的。必要的诉讼环节对于发现案件事实、防止出现错案具有非常重要的意义。而死刑复核程序与二审程序的合二为一，使死刑复核程序减少了一道纠正错误的机制，必然导致司法实践中出现误判的可能性增大。

（二）非法证据排除规则与沉默权

尽管1979年刑事诉讼法第32条明令严禁刑讯逼供和以威胁、引诱、欺骗以及其他非法的方法收集证据，但是却没有进一步对刑讯逼供等非法取得的证据可采性做出具体的规定。1979年的刑诉对非法证据排除规则的避而不谈，使得刑讯逼供没有受到实质的限制，对非法证据法官仍然可以将其作为判案依据，其结果只能有碍于刑事诉讼价值和刑事诉讼目的的实现。非法证据排除规则建立以前，“在办案中只要有一个非法证据存在，就可能将整个诉讼引入歧途，更为严重的是，一些非法证据的产生，往往不是由于客观原因，而几乎是与司法人员规避违反法律分不开的”②。对非法证据予以采信，客观上纵容了非法取证行为，损坏了司法公正形象。无论是从证据的属性分析出发，还是从司法公正角度考虑，排除非法证据规则之确立，都有其深层的认识论基础。在之后的立法过程中，非法证据排除规则一步步建立，当年的呼格吉勒图却等不到了。

① 王鸿谅，杨璐：《呼格吉勒图：“翻案”有多难?》，载《三联生活周刊》，2009年第31期。

② 樊崇义：《刑事诉讼法学研究综述与评价》，中国政法大学出版社1991年版，第213页。

(三)沉默权

但是诉讼制度失范与缺陷在呼格吉勒图案中的体现并不仅仅只是非法证据排除规则的缺失，就现行的诉讼制度来说，无罪推定也只是停留在刑事诉讼法第 12 条，却并没有深入刑事诉讼的程序之中，刑讯逼供等非法取证行为依旧大量存在。可以说，刑讯逼供等非法取证行为存在的直接原因仍然是现行诉讼制度的不健全，主要表现在：诉讼制度没有完全确立以权利制约权力的机制，没有赋予犯罪嫌疑人、被告人以沉默权和拒绝供述权。

无罪推定是现代刑事诉讼的一项基本原则，同时也是一项基本人权。任何人在未经法院依法判决有罪之前，有权被假定为无罪的人。无罪推定要求追诉方负证明责任，被追诉方不负证明责任。既然被追诉方不负证明责任，被追诉者就应当有沉默权。辩护权也是一项基本人权，沉默权实质上是一种消极的辩护权，是一种无声的辩护。① 现行的《刑事诉讼法》仍然没有明确规定沉默权制度，相反，其中第 118 条规定犯罪嫌疑人对侦查人员的提问，应当如实回答。② 关于“如实回答”的规定与沉默权是相排斥的。沉默权制度的直接效果就是避免在刑事诉讼中获取犯罪嫌疑人、被告人出于非自愿的口供。沉默权及其保障制度可以从根本上遏制刑讯逼供和以其他非法方法获取口供。所以，无论从诉讼民主、文明的需要还是从保障人权、遏制刑讯逼供的需要，我国都应当建立沉默权制度。

(四)以侦查为中心的刑事诉讼程序

1. 公检法缺乏相互制约

在我国，错案的形成遵循着令人吃惊的模式，即有罪推定+刑讯逼供=错案，这一模式可以说是标准的中国式错案的形成模式。在许多错案中，虽然案件中无辜者的经历各异，但他们的悲剧都是依循着这一公式展开。“一错到底”的错案更能体现出错案的典型性，其背后有着深刻的制度因素，立案、侦查、起诉、审判只要有一个环节能把握好，错案就不会发生。一个错案的错误可能肇始于侦查阶段，在起诉和审判阶段得到强化。随着案件的诉讼程序的进展，默认案件前期错误的可能性也越大。任何后面接手案件的司法机关都不愿意轻易否定在前的司法机关的工作成果，特别是在我国目前的绩效考核机制下，三机关实际已成为“利益共同体”。回顾呼格吉勒图案，在证据存在重大问题，无法形成证据链的情况下，为何法院不直接作出证据不足、指控不能成立的无罪判决，而是疑罪从有，这和法院考虑到作出无罪判决将使公安机关和检察机关的利益受损有着一定的联系。公检法之间没有互相制约，而是配合得天衣无缝，侦查中心主义来

---

① 管宇：《刑事诉讼视角下辩护权界说》，载《政法论坛》，2007 年第 6 期。

② 《中华人民共和国刑事诉讼法(2012 年修改)》第 118 条规定，侦查人员在讯问犯罪嫌疑人的时候，应当首先讯问犯罪嫌疑人是否有犯罪行为，让他陈述有罪的情节或者无罪的辩解，然后向他提出问题。犯罪嫌疑人对侦查人员的提问，应当如实回答。

势汹汹，快速结案、昭显效率成为了目的，证据、辩护、审判成为了走过场，而维护司法公正和保障人权却被束之高阁、视而不见，以致最终酿成冤案。

在刑事诉讼中，根据宪法规定的公、检、法三机关“分工负责、互相配合、互相制约”的原则，公安机关、检察院和法院分享侦查、起诉和审判权，三家处理刑事案件的程序呈现出明显的“分段包干”式的流水作业现象①，只有具体权限上的分工，而不存在司法权对于侦查、起诉权的严格制约。虽然1996年修改刑事诉讼法时通过废除免予起诉制度、改革庭审方式和确认“任何人未经人民法院依法判决不得确定有罪”的原则进一步强化了审判的地位和作用，但侦查机关拘留、逮捕、羁押、搜查、扣押、邮检、监听、人身检查、查封、冻结等直接限制或剥夺人身自由或财产权利的强制措施，不受法院任何形式的审查；检察院提起公诉的决定，也具有引起审判程序的当然效力，法院无权以裁判形式直接驳回。从这个角度来看，法院只不过因为处于程序的最后阶段而对刑事案件作出最后处理。

2. 侦查中心主义

“侦查中心主义”乃是我国刑事审判的突出特点，法院的审判在一定意义上不过是对于侦查结果的确认。如果把强大的侦查权、犯罪嫌疑人的如实供述义务与侦查、起诉、审判三阶段的连续性以及传闻证据的完全可采规则联系起来考察，那么可以清楚地发现，我国刑事诉讼的真正中心在侦查程序，而侦查的重点在于审讯犯罪嫌疑人并获得口供。加上法庭调查、辩论程序的形式化导致我国刑事庭审大量使用书面证据，法庭作出刑事判决的依据主要是书面形式的证人证言、被害人陈述和被告人供述，以及侦查机关提交的案卷材料中涉及的证据内容。从呼格案中，侦查机关对口供的高度重视，笔录惊人的细致，审查起诉的流程化，再到一审法官对口供可采性和证明力的毫不质疑都体现了侦查和书证中心主义。

“我国刑事诉讼程序上以获取口供为重点的侦查中心主义、证据规则上以传闻证据为核心的书证中心主义，是实行三机关‘分工负责、互相配合、互相制约’原则而不承认审判中心主义的直接结果。”②从根本上说，审判中心主义的确立有待政治体制改革的深入和国家民主宪政制度的发展。但在当前的司法改革中，决策机关应当配合新的审判方式的落实以及国际人权公约的贯彻而采取一些新的、有助于促进刑事程序向法治化方向发展的有力措施，使审判逐步成为全部刑事程序的真正中心，使法庭审理程序更加公正、审理后所作的裁判更加有权威。

（五）再审启动程序

为何呼格案重审一拖8年？为了对冤假错案进行纠正，我国设置了再审启动程序三种途径即当事人申诉、法院主动再审、上级检察院向同级法院提出抗诉。就当事人申诉来说，刑事诉讼法第242条规定了当事人及其法定代理人近亲属的再审申诉要符合的五

① 孙长永：《提起公诉的证据标准及其司法审查比较研究》，载《中国法学》，2001年第4期。

② 孙长永：《审判中心主义及其对刑事程序的影响》，载《现代法学》，1999年8月。

种情形。① 但是对于当事人而言，该法条所规定的再审申请的理由过于宽泛，缺乏可操作性，而且时隔多年的相关证据的取得与证明也是难以实现的。再审申诉最终还要通过法院、检察院的严格审查。虽然法律规定了当事人有再审申诉的权利，但是这种权利实际上是受到公权力的极大限制的。在2005年赵志红落网后，呼格的父母开始了漫长的申诉之路，但是无一例外地被内蒙古高院拒绝。

而法院主动提起再审或者检察院提起的抗诉所产生的法律效果相对于当事人提起再审之诉所达到的效果在司法实践中要好得多，但是该案如果再审得到无罪的判决，就必定会涉及很多人员问责和国家赔偿的问题，尤其是人员问责是该案久拖不决的关键。但是呼格案之所以拖延如此长时间，主要还是在于司法部门不想启动。他们的顾虑是，如果该案再审，呼格吉勒图确实无罪，那么呼市乃至内蒙古自治区公检法系统当年的办案人员都会被追责。而这其中不少人现已身居要职。他们该承担何种责任？很显然，通过法院主动提起再审或者检察院提起的抗诉这条途径以纠正冤假错案是存在内部阻碍的。

因此，面对无法调和的内部矛盾和自揭其短的悖论，通过当事人再审申诉这一外部监督以实现冤假错案的纠正显然更加现实。呼格案再审的可能性是通过呼格吉勒图的父母的一次次申诉来实现的，但是过程十分艰辛，而且最终再审程序得以启动也得益于新华社记者的五次内参和强大的社会舆论监督。所以，保障当事人再审申诉的权利对于完善诉讼制度、实现司法公正具有重要的现实意义。

然而，目前当事人再审申诉困难，其主要原因是缺乏具体的刑事再审启动审查程序。由于我国法律对当事人的再审申诉没有赋予其“诉”的性质，即当事人的申诉不具有必然引起法院审判的效力，因而法律没有对当事人的申诉规定具体的审查程序②。就当事人的申诉权来说，在当事人提出申诉时，应当保障当事人知悉其申诉是否受理、是否进行审查、审查的进展以及审查的结果如何等。这些都是当事人申诉后最为关心的问题，应当给予确实的保障。然而，刑事诉讼法却没有对这些问题作出明确的规定，更没有对再审审查的告知程序和告知内容作出具体要求③，使得刑事再审启动的审查活动基本上处于“暗箱操作”的状态，因而导致当事人对其申诉的处理及结果一无所知，从而失去了对刑事再审审查活动的监督和信任。

（作者简介：马啸，武汉大学法学院2014级宪法与行政法学专业研究生）

---

① 《中华人民共和国刑事诉讼法（2012）》第242条规定：当事人及其法定代理人、近亲属的申诉符合下列情形之一的，人民法院应当重新审判：（一）有新的证据证明原判决、裁定认定的事实确有错误，可能影响定罪量刑的；（二）据以定罪量刑的证据不确实、不充分、依法应当予以排除，或者证明案件事实的主要证据之间存在矛盾的；（三）原判决、裁定适用法律确有错误的；（四）违反法律规定的诉讼程序，可能影响公正审判的；（五）审判人员在审理该案件的时候，有贪污受贿，徇私舞弊，枉法裁判行为的。

② 邓思清：《完善我国刑事再审启动程序之构想》，载《当代法学》，2004年第3期。

③ 江必新：《完善刑事再审程序若干问题探讨》，载《法学》，2011年第5期。

◎**点　评**

首先，我们应当从呼格吉勒图案中看到中国司法制度历史性的进步。种种历史原因导致了一些冤假错案，这与我们的司法制度是密切相关的。但现在我们的司法制度有了很大的改观，呼格吉勒图案正是司法制度进步的一个里程碑。其次，我们需要对本案反映出来的制度缺陷和观念误区进行反思。尤其在刑事司法中，需要不断坚持和完善无罪推定原则和证据制度。相应地，我们的观念也需要从以前的秩序本位、国家本位转变到人本位、权利本位上来。

（点评人：武汉大学宪法与行政法学博士研究生　李福林）

论念斌案中我国刑事司法的进步与缺陷

沈　拓

摘　要：念斌案是一起特殊的冤案，与一般典型意义上的冤案并不相同，本文通过分析案件发生的经过以及审判中所出现的疑点，总结出我国刑事司法有其进步的地方，但也有其明显的缺陷。其进步主要体现在念斌最终被因证据不足、事实不清而无罪释放，并没有被草率地执行死刑，而且在审判过程中庭审的作用得到发挥，律师以及专家辅助人也扮演了重要的角色。但是念斌案毕竟是冤案，由此看出我国刑事司法应该还是存在一定问题，主要体现在刑事审判受刑事政策影响大、侦查机关违法取证问题、口供至上还有终审效力问题等几个方面。文章最后提供了分析念斌案所带来的启示，包括坚持“疑罪从无”、贯彻“审判中心主义”以及保障律师权利等。

关键词：冤案；刑事司法；疑罪从无；审判中心

念斌投毒案历经8次审理10次开庭，被告人念斌先后4次被法院判处死刑立即执行，3次被撤销判决，最高人民法院6次批准案件延期审理，以致该案成为近几年来最受关注的冤案之一。念斌案有区别于其他冤案的两个显著特点：其一，念斌案并非“真凶再现”或者“亡者归来”型的冤案，念斌是历经多次审判，几次被判决死刑，但最终却被判无罪的。其二，念斌案不光是一起冤案，还是一起悬案，典型的冤案一般有确凿证据推翻原有判决，要么找到真凶，要么所杀之人根本没死，案件结果因新的事实证据出现而水落石出，而在念斌案中，至今凶手并未落网，案件事实仍不清楚。那么，本文将以念斌案这一特殊案例来分析我国刑事司法相比以往的进步与缺陷，并对现今的刑事司法制度提出一些建议。

一、案情介绍

(一)案件过程

家住平潭县的念斌和丁某分别租用了陈某的店铺，且两间店铺相邻，都从事食杂店经营。2006年7月27日晚，丁某一家人与房东陈某共同吃了丁某公公送来的鱿鱼、杂鱼，以及两家各自的稀饭后，出现中毒症状，丁某的一对儿女经抢救无效死亡。平潭县公安局于7月28日作出《立案决定书》，对该起中毒死亡案立案侦查。公安机关经侦查后认为，中毒死亡系人为投入氟乙酸盐鼠药所致，邻居念斌有重大作案嫌疑。8月10日，平潭警方宣布投毒案成功告破，念斌被执行逮捕。2007年2月，福州市人民检察院以念斌犯投放危险物质罪向福州市中级人民法院提起公诉。同年3月，福州市中级人民法院首次开庭审理，念斌当庭翻供并表示其作出的有罪供述都是源于警方的刑讯逼供，但一审仍认定的案件事实为：被告人念斌因生意竞争对丁某怀恨在心，案发当日凌晨1时许，被告人念斌从家中拿出一包老鼠药将其中的一半用矿泉水瓶中加水溶解后，倒入丁某放在与他人共用厨房的铝壶中。当天下午，陈某用该铝壶中的水帮丁某煮鱿鱼，傍晚，丁某又用该铝壶中的水煮稀饭。晚饭时，被害人俞甲、俞乙、俞丙、丁某、陈某、念福珠分别食用了稀饭和鱿鱼而相继中毒。其中，被害人俞甲、俞乙因氟乙酸盐鼠药中毒，抢救无效死亡，① 于2008年2月1日以投放危险物质罪判处念斌死刑，念斌不服提起上诉。12月31日，福建省高级人民法院裁定以“事实不清，证据不足”撤销原判，发回重审。2009年6月8日，福州市中级人民法院再次判处念斌死刑。2010年4月，福建省高级人民法院二审维持死刑判决，该案被移送至最高人民法院进行死刑复核。2011年4月，最高人民法院以“事实不清，证据不足”撤销原判，发回福建省高级人民法院重审；5月5日，福建省高级人民法院以“事实不清，证据不足”撤销原判，发回福州市中级人民法院重审；11月24日，念斌第三次被福州市中级人民法院判处死刑。2014年6月，福建省高级人民法院再次开庭审理该案，认为虽然念斌对投毒过程作过多次供述，但原判认定被害人死于氟乙酸盐鼠药中毒的依据不足，投毒方式依据不确实，毒物来源依据不充分，与上诉人的有罪供述不能相互印证，相关证据矛盾和疑点无法合理解释、排除，全案证据达不到确实、充分的证明标准，不能得出系念斌作案的唯一结论，遂以“事实不清、证据不足”最终改判念斌无罪。② 但在11月，当念斌到有关部门办理出入境手续时，被告知限制出境。原因是平潭县公安局已于9月，对投毒案重立案，并将念斌再度确定为犯罪嫌疑人。

（二）案件疑点

对比福州市中级人民法院对念斌案一审的死刑判决书和福建省高级人民法院最终作出的无罪判决，不难发现念斌案在事实认定和证据印证方面存在的重重疑点和矛盾。具体来说，有以下几个方面：

其一，被害人死因成谜。在四次判决念斌死刑的法律文书中，都认定念斌使用氟乙酸盐鼠药将小孩毒死。然而，检方所提供的理化检验报告所使用的原始质谱图却存在诸多疑点。所谓质谱图，即毒物检验中检测物的离子被分离后，被检测器检测并记录下来、经计算机处理后形成的图，这是用以分析检测物是否含有毒物、何种毒物的依据，

① 参见福建省福州市中级人民法院刑事附带民事判决书(2007)榕刑初字第84号。

② 参见福建省高级人民法院刑事附带民事判决书(2012)闽刑终字第10号。

也是念斌案判决有罪的核心证据。念斌案辩护律师张燕生找到香港、北京两地专家进行比对，却发现同一份质谱图，既被充任汗水样本，又被充任尿液样本；而另一份质谱图，原本是实验室毒物的样本图，却又被复制变成死者查验物的检测图。此外，呕吐物、尿液、血液的检测均未按照规范操作，有“被污染的可能性”。① 对于这份所谓的“核心证据”，原公安部物证鉴定中心毒物麻醉药品鉴定处处长张继宗等 6 名专家将联名签署的《关于念斌投毒案理化检验报告及法医学鉴定书的专家意见》送达福建省高级法院，6 名专家均认为，该案大部分证据的鉴定工作违反了公安部的标准性规范，甚至关键证据系警方伪造。他们建议法院重新审查证据，谨慎判决，避免错杀无辜。

其二，投毒方式存疑。警方认定念斌于 7 月 26 日深夜(27 日凌晨)潜入丁某厨房，向其铝壶内投毒，27 日晚，丁某和房东分别用含有毒水的铝壶制作了稀饭和鱿鱼，造成六人中毒，两人死亡。事实上案发当天，丁某用铝壶里的水做了鱿鱼和稀饭，丁某只喝了稀饭。事实上，氟乙酸盐是水溶性的，只溶于水，不溶于脂类，如果用含有氟乙酸盐的水煮粥，则毒物会完全溶于粥中；若丁某喝了粥，则一定会出现中毒现象。可以推测，如果铝壶里有毒，则丁某也会出现中毒症状，但经检测丁某并没有中毒，这与控方认定的事实相矛盾。此外，铝壶水、高压锅和铁锅的提取送检过程不清，检验报告出具日期竟然早于送检日期，检材来源相关证据间的矛盾和疑点得不到合理解释，检验过程不规范，检验结论可靠性存疑，理化检验报告不足以采信，因此，认定铝壶水有毒缺乏确实依据，念斌将鼠药投放在铝壶水中的基本犯罪事实不清。

其三，毒物来源不明。原判认定上诉人念斌投放的鼠药系在平潭县医院附近向摆地摊的杨某炎购买，主要依据的是原审庭审中原公诉机关出示的证人杨某炎等人证言及辨认笔录、查获的杨某炎配制鼠药工具的照片、理化检验报告、鼠药包装袋、搜查证、搜查笔录、扣押物品清单及照片，念斌的有罪供述及指认购买鼠药地点笔录和录像等证据。但经高院查明，虽然侦查机关找到卖鼠药的证人杨某炎，上诉人念斌与杨某炎却相互不能辨认；供述的卖鼠药人的特征及年龄，与杨某炎情况差异明显；供述的鼠药包装袋规格，与从杨某炎住处查获的实物差异较大；供述在购买鼠药时到过商店批发香烟，时间约为 7 月中旬，与证人证实其批发香烟时间为 7 月初不一致。② 诸多疑点表明，念斌投放的鼠药系从杨某炎处购买依据不充分。

其四，存在刑讯逼供。警方认定被告念斌因一包香烟的生意被抢而与被害人丁某结仇，这样的杀人动机本身就较为牵强，且与之印证的唯一证据就是念斌自己的口供，其中极有可能存在刑讯逼供。警方为了证明念斌的口供是“自愿认罪”而提交法院的审讯录像光盘上则被发现从 10 分 55 秒处有“断点”现象，这个断点恰好是念斌从不招供到招供的节点，断点持续了一个多小时。念斌称，他在这期间遭到了刑讯逼供。念斌被释放之后对记者说，最初他不愿认罪，办案人员就把他带到隔壁房间，吊到窗户上，用铁棍打，并用长长的竹签使劲往肋骨的缝隙里插，在审讯期间曾一度咬舌自尽。此外，供

① 参见《关于念斌投毒案理化检验报告及法医学鉴定书的专家意见》，2013 年 7 月 18 日。

② 参见福建省高级人民法院刑事附带民事判决书(2012)闽刑终字第 10 号。

述的鼠药来源经查证与事实不符合，供述的作案工具、剩余鼠药均未查获。念斌的有罪供述与其他证据不能相互印证，口供不足以采信。

二、我国刑事司法的进步

（一）“疑罪从无”

根据我国《刑事诉讼法》(1996)第12条以及第162条之规定，可以看出在当时已经确立了疑罪从无原则。① 2012年《刑事诉讼法》的修改又进一步地强化了这一原则。对于“疑罪”，学界有多种定义。有学者认为，疑罪，指的是在刑事诉讼过程当中，由于证据不充分，因而无法正确判断犯罪嫌疑人、被告人的行为是否构成犯罪，罪轻还是罪重、触犯了什么罪名、是一罪还是数罪等情况。② 也有学者认为，疑罪是指虽然有一定证据能够支撑诉讼的主张，但这种证据的证明力尚未达到定罪量刑所要求的证明标准，因而对犯罪嫌疑人究竟构成犯罪与否处在一种无法证实或证伪的状态。③ 还有学者认为刑事诉讼中的疑罪是指司法机关经过对刑事案件进行审查未合理排除案件疑点因而无法定罪的一种状态。④ 不管如何定义，疑罪重点都是一个“疑”字，即证据无法完全证明罪名成立，最终法院应当判决无罪。在念斌案之前发生的典型性冤案，如呼格吉勒图案和赵作海案等，法院都是持着“疑罪从轻”、“疑罪从有”强调打击犯罪的态度，在证据不足，案件事实不清的情况下仓促判决，最终使犯罪嫌疑人或被告人成为新的受害者，甚至让他们付出了生命的代价。而在念斌案中，虽然念斌经历了8次审理10次开庭，4次被判处死刑立即执行，但最终被宣判无罪，从总的进程上看，念斌案最终是做到了“疑罪从无”，而没有像之前的冤案一样“疑罪从有”，使得原本无辜的犯罪嫌疑人或被告人被判有罪，这应当算得上是“疑罪从无”贯彻落实的一个进步。

（二）二审和死刑复核的程序作用

之前的刑事立法并没有规定发回重审的次数，在事实不清，证据不足的情况下，又不想办错案，一审法院和二审法院可以互相推诿，使得审限无限制地延长，使得可能被判无罪的被告人一直处于不确定的状态，是一种变相的侵犯其人权。针对司法实践中的这种情况，2012年修订的《刑事诉讼法》完善了发回重审制度，增加了一项规定：即对因事实不清证据不足的案件发回原审法院重审并再次作出判决之后，被告人再次不服并

---

① 参见《中华人民共和国刑事诉讼法》(1996)第12条：“未经人民法院判决，对任何人不得确定有罪”，及第162条：“证据不足，不能认定被告人有罪的，应当作出证据不足，指控的犯罪不能成立的无罪判决。”

② 胡云鹏、段启俊：《疑罪问题研究》，载《中国法学》，2006年第3期，第153页。

③ 张建伟：《“疑罪”的含义与处理原则》，载《检察日报》，1997年3月31日。

④ 谢进杰：《“疑罪从无”原则的证据学三维》，载《成都理工大学学报》，2007年第2期。

提起上诉或者检察院提起抗诉的，二审的人民法院应依法作出判决或者裁定。① 也就是说对于二审法院发回重审的事实不清，证据不足的案件，只能发回一次，如果对重审的结果再次上诉，那么二审法院只能自己审理该案件，该规定限制了上下级法院对因事实不清、证据不足而对案件相互推诿、逃避审理判决的情况，当案件再到二审法院时，如果还是证据不足，事实不清，则法院必须作出有利于被告的无罪判决。新的《刑事诉讼法》于2013年1月1日起实施，念斌案的审理正是处在《刑诉法》修改的过程中，这使得福州中院于2011年底第三次判决念斌死刑，念斌上诉后，福建省高院之后不能再因事实不清证据不足，发回福州中院重审，而必须作出判决。这一道程序使得之前无休止地发回福州中院重审的问题得到了解决，也间接地使得福建省高院对于念斌案的审理更为重视，这才有了最终的审判结果。

而对于死刑复核程序的作用在念斌案中也是起到了非常重要的作用，此前下放的死刑复核权于2007年1月1日收归最高人民法院，念斌案中，2010年4月福建省高院第二次进行二审，最终维持原判，案件发往最高院进行死刑复核。2011年4月最高院以事实不清，证据不足为由撤销原判，发回福建高院重审。这一道程序相当于是挽救了念斌的生命，相比1996年的呼格吉勒图案，呼和浩特市中院判决死刑，呼格上诉，内蒙高院立马驳回上诉维持原判，核准死刑，短短61天，呼格一个年轻的生命就消失了。虽然两个案子时代已经不同，但是其念斌案中起到关键作用的还是死刑复核程序，这为死刑执行把了最后一道关。

（三）庭审实质化

念斌案直到最后福建省高院的审理才使得庭审变得实质化，但这对最终的审判结果起到了决定性的作用。2013年7月、2014年6月，福建省高级人民法院最后两次对念斌案进行开庭审理。第一次开庭，有4名鉴定人、9名侦查人员、4名专家辅助人出庭；第二次开庭，有2名证人、3名鉴定人、4名侦查人员、5名专家辅助人出庭；出庭人数之多引人注目。法院通知相关证人、鉴定人出庭作证，侦查人员出庭说明情况，专家辅助人出庭就理化检验报告和法医鉴定意见提出意见。其中，专家辅助人的出庭大大加强了辩护方对于鉴定意见的质证能力，专家辅助人的意见从根本上动摇了控方的鉴定意见；控辩双方针对案件中的主要争议如被害人死因是否为氟乙酸盐鼠药中毒、投毒方式、毒物来源等进行了充分的辩论。直接言词原则在该案的审理中得到了贯彻，庭审成为整个诉讼过程中的决定性环节。这一进步都得益于2012年修订的《刑事诉讼法》强化了证人、鉴定人出庭作证制度，建立了警察出庭作证制度和专家辅助人制度。新《刑诉法》的第192条，在原刑诉法第159条的基础上，首次加入了“有专门知识的人”这一概念，规定，“公诉人、当事人和辩护人、诉讼代理人可以申请法庭通知有专门知识的人出庭，就鉴定人作出的鉴定意见提出意见”。“第二款规定的有专门知识的人出庭，适用鉴定人的有关规定。”“有专门知识的人”就是我们所讲的“专家辅助人”。《刑诉法》的

① 参见最高人民法院关于适用《中华人民共和国刑事诉讼法》的解释第328条。

修改意旨在念斌案中得到了较为充分的体现，大量鉴定人、侦查人员、专家辅助人出庭，克服了“案卷笔录中心主义”的弊端，让法庭查清了案件的相关事实；证人出庭，证人证言在公开的法庭上接受质证，加强了审判的公正性和裁判的正当性。审判的实质化有效地切断了侦查与审判之间的联系，从而使之前“流水作业式”的审判方式转变为“审判中心式”的审判方式，保障了审判程序独立功能的发挥。①

三、刑事司法的缺陷

(一)有罪推定

虽然念斌最终被判无罪，但他却经历了八年的磨难，多次发回福州中院重审，福州中院三次判决死刑立即执行，其根本原因还是因为在理念上延续了“有罪推定”的思维。在前文中虽然从总体上认为念斌案是坚持了“无罪推定”，取得了进步的，但是从细节上看“疑罪从无”其实并未得到很好的贯彻落实。念斌案也恰恰是因为福州中院没有坚持“无罪推定”“疑罪从无”而出现的，所以从目前的司法现状来看，司法理念还需要极大的转变。“有罪推定”仍然是频频发生冤假错案的罪魁祸首。

(二)刑事政策不当

2004年，公安部在全国侦破命案工作会议上提出了“命案必破”的号召，之后在全国开展了“侦破命案专项活动”。这在一定程度上表明国家打击命案这种严重犯罪的决心和对人民生命权利的保护力度，对潜在的犯罪嫌疑人起到一种震慑作用。这种出发点固然是值得肯定的，但是这种规定本身就是过于理想化的、不切实际的。在现实中，一般公安机关都有一定破案的硬性指标，所以办案人员会面临很大的办案压力，一旦破了案，会带来各种奖励乃至职务的升迁等一系列利益，这种压力和利益都使得办案人员可能采用违法手段铤而走险。当时“命案必破”的口号一定程度上影响了本案，念斌遭受刑讯逼供跟“命案必破”的刑事政策显然有所关系。所以，在我国刑事司法中，刑事政策的导向和压力作用会导致冤假错案的频发，刑事政策对于司法的影响作用巨大。

(三)口供至上

“在纠问式诉讼程序下，被告人是刑事诉讼的客体，口供的作用被无限地抬高，口供成了证据之王。”②虽然现在我国法律规定，仅有被告人供述而没有其他证据的不能定案，但是被告人的供述却可以成为获取其他证据包括物证的来源，即被告人的供述的作用就放大了，因为口供可以成为侦破案件的突破口。毕竟，案件是过去发生的事实，如

① 参见熊秋红：《以念斌案为标本推动审判中心式的诉讼制度改革》，载《中国法律评论》，2015年第1期。

② 樊崇义主编：《诉讼法学研究(第四卷)》，中国检察出版社2003年版，第5页。

果没有被告人供述的话，侦查是比较困难的，所以这也成了刑讯逼供滋生的温床，最终也就不可避免地酿成了冤案。念斌案中出现刑讯逼供的原因也就是因为重口供，要求念斌供述其犯罪过程，最终酿成了一起悲剧。

(四)侦查机关违法取证

一方面，是提取证据存在瑕疵，在“念斌案”中，参加现场勘查和破案的人员出入现场不够规范，照相、录像、提取物品等比较混乱，存在记录无序的问题，提取的150余件物品大多没有贴具体标签，缺少签字或者盖章，全程录音录像不完善，出现了断点。另外，侦查人员将犯罪嫌疑人和物证分别带到公安机关后再清点，补签法律文书，并未当场查点清楚。问题非常多，以至于证据效力微弱。另一方面，是证据存在伪造现象，甚至刑讯逼供严重。例如，检验报告出具日期竟然早于送检日期，明显属于伪造证据。这些问题的出现跟“侦查中心主义”是分不开的，侦查机关违法取证是我国刑事司法过程中存在的严重问题，也是冤假错案发生的重要原因之一。

(五)终审效力不足

念斌经历了十次开庭审判、四次死刑判决，八年期间经过不断的申诉，最终获得了福建省高院的无罪判决。然而就在无罪判决生效后的十多天内，侦查机关却再次将此次投毒案的嫌疑人指向念斌。将经宣判无罪的当事人再度以相同理由列为犯罪嫌疑人，映射出我国刑事诉讼领域中存在的种种制度不完善之处，违反了一事不再罚的原则。在事实上，念斌案先经最高人民法院审理认为“事实不清，证据不足”，再经福建省高院审理也认为“事实不清，证据不足”，因而作出无罪判决，在这样的背景下，当地公安机关仍然再度将念斌确定为犯罪嫌疑人，司法审判权威何在，公民人权如何保障。因此，在法院的无罪判决生效后，要将原当事人重新确定犯罪嫌疑人应当在法律上有明确的标准。其中，必然要有充分的证据证明是基于“新的事实和新的证据”才将念斌再次列为犯罪嫌疑人，而在之前好几年都没有新证据出现的情况下，被宣判无罪后短短时间内将念斌列为犯罪嫌疑人显然是不合理的。原当事人已经接受过一次完整的追诉和审判过程，刑事诉讼程序已经完整启动过一次，如果侦查机关有权恣意对其进行重复或多次追诉，那么是对其人权的侵犯，更是对法院审判权威的损害。

四、念斌案对刑事司法改革的启示

(一)坚持“疑罪从无”的司法理念

审查近年来我国的冤案案例，就会发现中国式冤案的发生有着极其相似的模式化的形式。冤案的发生基本上是偏重口供，存在非法取证的行为，并且事实不清的情况下，选择了“疑罪从有”。虽然1996年刑事诉讼法就提出了疑罪从无原则，要求定罪证据不足的案件，应当坚持疑罪从无原则，依法宣告被告人无罪，不得降格作出“留有余地”

的判决。但在我国司法实践中，很多案件都是实行“疑罪从有”“疑罪从轻”，审判机关明知证据不足却作出有罪判决。在念斌案中，一审不止一次判处死刑，高院二审多次撤销原判，发回重审，历经几个来回，时隔八年，最终才做出无罪判决，却已然是我国刑事司法难得的进步，具有法治标本的意义。现代司法公正追求的应当是个体公正，法院错判一个案件，其错案率哪怕只是千分之一，甚至更低，但对被错判者的人生而言，打击毫无疑问是毁灭性的，轻者如念斌入狱耗费八年青春身心俱伤，重者如呼格吉勒图被剥夺生命。司法不公对社会公正具有致命的破坏作用，应当充分认识到冤假错案的严重危害性，要像防范洪水猛兽一样来防范冤假错案，坚持“疑罪从无”原则。

（二）坚持“审判中心主义”与庭审实质化

我国《刑事诉讼法》第 7 条明确规定了三机关分工负责、互相配合、互相制约原则。分工负责要求公检法三机关在进行刑事诉讼活动时，应当按照法律的规定在各自的职权范围内行使。该规定的实质是分权，即将犯罪追究权根据功能的不同划分为三种相对独立的权力并由三个国家机关独立行使：侦查权、起诉权和审判权。互相配合是指公检法三机关在进行刑事诉讼时，在分工负责的前提下，互相配合和支持，共同完成惩罚犯罪和保障社会、公民的合法权益的任务，从而保障无罪的人不受到刑事追究。互相制约是指公检法三机关在进行刑事诉讼时应按照各自的职能分工，保持相互的制约和平衡，以便及时地发现和纠正工作中出现的问题或错误。但是，司法实践中一直实行的是“侦查中心主义”，审判功能不能正常发挥，导致审判结果基本由侦查决定。在念斌案中，警方只因念斌“神色异常”就锁定了念斌是犯罪嫌疑人，一切调查和证据收集都围绕念斌展开，甚至逼取认罪口供，在行使侦查权过程中程序上有着诸多违法之处，严重侵害犯罪嫌疑人的人权，而这样漏洞百出的一起冤假错案却没有被一审法院及时发现和纠正，可见法庭审理流于形式。所幸的是，2012 年的《刑事诉讼法》修改强化了证人、鉴定人出庭作证制度，建立了警察出庭作证制度和专家辅助人制度，向“审判中心主义”和庭审实质化迈进了一大步。《刑事诉讼法》的修改意旨在念斌案的后期审理中得到了较为充分的体现，大量鉴定人、侦查人员、专家辅助人出庭，一定程度上克服了“侦查中心主义”之弊，让法庭查清了案件的相关事实；证人出庭，证人证言在公开的法庭上接受质证，加强了审判的公正性和裁判的正当性。①

“审判中心主义”要求法院在审判阶段，需要重新进行角色的定位。它要求逐步弱化政法委的职能，并使其不再干涉个案，并通过常规性的庭前会议、全面的证据公开、改革审判委员会职能等各方面实现向庭审中心主义的转变。树立“庭审中心”观念，保障被告及其辩护人的辩护权，包括在庭审中的陈述、发问、质证、辩论等法庭权利。法庭对被告人及其辩护人在庭上提出的全部辩护意见、辩解理由及证据不能视而不见，而应当庭作出回应，或在裁判文书中阐明是否采纳及采纳理由。保障辩护律师充分发表辩

① 参见熊秋红：《以念斌案为标本推动审判中心式的诉讼制度改革》，载《中国法律评论》，2015 年第 1 期。

护意见，真正做到事实证据调查在法庭，定罪量刑辩论在法庭，裁判结果形成于法庭。①

（三）确保律师在诉讼中的地位

念斌最终得以改判，律师起到了非常重要的作用。律师是司法共同体中的成员，具有同公诉人平等的法律地位，法庭应当充分尊重律师依法履职，欢迎他们依法对公诉词进行反驳，对证人证据进行激烈质疑，律师这样辩护能使法官的中立地位更超然，有利于法官排除法外干扰，提升审判质量，避免冤案发生。然而现实难能如愿，刑辩律师的辩护意见再正确再有据都不一定有用，这是刑辩律师当下面临的困境。反观念斌案，在首次审理中辩护律师就已经提出了案件的事实认定和证据方面的诸多疑点，倾尽全力为被告作无罪辩护，而且有理有据，遗憾的是都被法庭拒绝采纳，导致这些被告人念斌一次又一次被判处死刑。然而，也正是念斌案辩护人张燕生律师坚持长达八年的奔走和努力，提出了大量的无罪辩护意见和证据支持，最终使得念斌被宣告无罪。可以说，如果律师在法庭上能同公诉人平等进行有根有据的激辩，则是阻止冤案发生的重要力量。因此，为使冤案能够及时在审判环节被发现，同时为日后万一发生悲剧追责溯源有据，以利倒查，法律法规应明确以下几点以保障律师能够真正发挥作用。

第一，律师提出犯罪嫌疑人无罪、轻罪或免除刑事责任的证明材料，法庭必须记录入卷，认真审查，并且必须对其证明材料作出书面评价，一并入卷；第二，如果律师要求向被害人亲属收集与案件有关的证据，则检方应予支持，必要时应提供协助；第三，律师或被告人庭审提出刑讯逼供的申诉，并显示伤痕，法庭往往要其举证，这个举证义务应当倒过来由侦控方举证，提出没有刑讯逼供的证据，并将申诉与查证材料全部入卷；第三，正在服刑的死缓、无期或有期徒刑的犯人，如其原审律师提出无罪或轻罪的新证据，原审法院有责任配合服刑地管辖法院进行联合调查复审，并将复审意见答复申诉。嫌犯如对二审判决不服，允许律师代理申诉，律师利用其专业和经验，可增加申诉成功与纠错几率。②

（作者简介：沈拓，武汉大学法学院2014级宪法与行政法学专业硕士研究生。）

◎ 点　评

中国的老百姓有很强烈的正义观念，相较于坚持法律事实和客观事实的区分，他们更讲求事实真相，认为有罪就赔偿，无罪就不必赔偿。然后，律师在其中发挥的作用还太小，“不让律师说话”或者“律师说话没有分量”的现象还较严重，这值得我们反思。最后，福建省高院对念斌案作出无罪判决是基于法官内心的良知并且长期坚持这种良知

---

① 参见郑学娇：《审判中心主义背景下的审查起诉工作应对》，载《法制与社会》，2015年第9期。

② 参见蔡嘉源，徐武，唐富乐：《刑事冤假错案防范与纠正机制构建研究》，载《东南学术》，2015年第2期。

的结果，念斌案中所体现的司法理念的进步会推动司法改革的进步。另外，念斌案受到关注，不仅因为其戏剧性的审判过程，而且更在于从未有过一个案件如此强烈地冲击着我国的司法公信力，同时，又如此有力地张扬了我国的司法公信力。专家出庭作证是刑事审判的一个重大进步，也是新《刑事诉讼法》关于专家证人制度规定的落实。我们应对念斌案审判经验在全国范围内的推广寄予希望，以期能够防止类似悲剧的发生。念斌案中正义是迟到了，但终究还是来到了。

（点评人：武汉大学法学院宪法与行政法学博士研究生　李福林）

立法解读

慎刑与规制：评议《刑法修正案(九)》

李福林

摘　要：《刑法修正案(九)》的内容透露出我国刑法发展的两大趋势：一是刑法规制公民生活的范围不断扩张；二是以生刑更重、死刑更少的精神调整刑罚结构。本文通过从整体上对刑法发展的两大趋势进行法条的梳理，继而进一步深入地探讨两大趋势中的关于扩张性条款的增设、应当如何平等规制律师，以及死刑罪名的废止等问题。

关键词：慎刑；规制；刑法扩张；死刑存废

一、刑法发展大趋势

全国人大常委会2015年8月29日表决通过了《刑法修正案(九)》，对我国现行刑法作出修改，以解决当前司法实践中出现的一些新情况、新问题，更好地适应预防和惩治犯罪的需要。修正案共52条，自2015年11月1日起施行。

《刑法修正案(九)》贯彻了宽严相济的刑事司法政策，体现了问题导向的立法指导思想，发挥了刑法的指引功能。整体上通观修九，其内容清晰地透露出我国刑法发展的两大趋势：一是刑法规制公民生活的范围不断扩张；二是以生刑更重、死刑更少的精神调整刑罚结构。

(一)刑法规制公民生活的范围不断扩张

自1997年全面修订刑法典以来，刑法典被不断地修改，不断地增加罪名，刑法越来越深入广泛地介入公民生活，刑法之网越来越密。仅仅修九就在分则部分新增15条，增加20个罪名，删除1个罪名(嫖宿幼女罪)，新增6个单位犯罪，减少2个单位犯罪，修改了17个罪名的犯罪构成(主要是扩大犯罪范围)，在扩张刑法规制范围上又迈出了很大一步。修九犯罪化的内容主要包括以下7个方面：

1. 扩大恐怖主义犯罪范围

一是增加规定，以制作、散发宣扬恐怖主义、极端主义的图书、音频视频资料或者其他物品，或者通过讲授、发布信息等方式宣扬恐怖主义、极端主义的，或者煽动实施恐怖活动的犯罪；增加规定利用极端主义煽动、胁迫群众破坏国家法律确立的婚姻、司法、教育、社会管理等制度实施的犯罪；增加规定明知是宣扬恐怖主义、极端主义的图书、音频视频资料或者其他物品而非法持有，情节严重的犯罪。二是增加规定，以暴力、胁迫等方式强制他人在公共场所穿着、佩戴宣扬恐怖主义、极端主义服饰、标志的犯罪。三是将资助恐怖活动培训的行为增加规定为犯罪，并明确对为恐怖活动组织、实施恐怖活动或者恐怖活动培训招募、运送人员的，要追究刑事责任。四是将为实施恐怖活动准备凶器、危险物品或者其他工具，组织恐怖活动培训或者积极参加恐怖活动培训，为实施恐怖活动与境外恐怖活动组织或者人员联系，以及为实施恐怖活动进行策划或者其他准备等行为，明确规定为犯罪。五是将拒绝提供恐怖主义、极端主义犯罪证据的行为，规定为犯罪。

2. 扩大侵犯人身权、财产权犯罪范围

一是修改强制猥亵、侮辱妇女罪，扩大该罪范围，将犯罪对象扩大到“他人”。二是增加规定，对未成年人、老年人、患病的人、残疾人等负有监护、看护职责的人虐待被监护、看护的人，情节恶劣的，构成犯罪。三是修改出售、非法提供因履行职责或者提供服务而获得的公民个人信息犯罪的规定，扩大犯罪主体的范围，同时，增加规定出售或者非法提供公民个人信息情节严重的犯罪。四是修改抢夺罪，将多次抢夺的行为规定为犯罪。

3. 扩大妨害公共安全与秩序犯罪范围

一是修改危险驾驶罪，将“从事校车业务或者旅客运输，严重超过额定乘员载客，或者严重超过规定时速行驶的；违反危险化学品安全管理规定运输危险化学品，危及公共安全的”，规定为犯罪。二是将非法生产、销售窃听、窃照专用器材的行为规定为犯罪。三是将聚众扰乱社会秩序，情节严重，致使医疗无法进行，造成严重损失的首要分子；多次扰乱国家机关工作秩序，经行政处罚后仍不改正，造成严重后果的；多次组织、资助他人非法聚集，扰乱社会秩序，情节严重的行为，规定为犯罪。四是将盗窃、侮辱尸体罪，扩大为“盗窃、侮辱、故意毁坏尸体、尸骨、骨灰罪”。五是将走私制毒物品罪、非法买卖制毒物品罪，修改为“非法生产、买卖、运输、走私制毒物品罪”，将非法生产以及在国内非法运输制毒物品行为增加规定为犯罪。

4. 扩大网络犯罪范围

一是针对一些网络服务提供者不履行网络安全管理义务，造成严重后果的情况，增加规定：网络服务提供者不履行法律、行政法规规定的信息网络安全管理义务，经监管部门责令采取改正措施而拒不改正，致使违法信息大量传播的，或者致使用户信息泄露，造成严重后果的，或者致使刑事案件证据灭失，情节严重的，以及有其他严重情节的，构成犯罪。二是对设立用于实施诈骗、传授犯罪方法、制作或者销售违禁物品、管制物品等违法犯罪活动的网站、通信群组的；发布有关制作或者销售毒品、枪支、淫秽物品等违禁物品、管制物品或者其他违法犯罪信息的；为实施诈骗等违法犯罪活动发布信息的，明确规定为犯罪。三是针对在网络空间传授犯罪方法、帮助他人犯罪的行为多发的情况，增加规定：明知他人利用信息网络实施犯罪，为其犯罪提供互联网接入、服务器托管、网络存储、通信传输等技术支持，或者提供广告推广、支付结算等帮助，情节严重的，构成犯罪。四是增加规定：编造虚假的险情、疫情、灾情、警情，在信息网络或者其他媒体上传播，或者明知是上述虚假信息，故意在信息网络或者其他媒体上传播，严重扰乱社会秩序的，为犯罪行为。

5. 扩大失信背信行为犯罪范围

一是修改伪造、变造、买卖居民身份证的犯罪规定，将证件的范围扩大到护照、社会保障卡、驾驶证等依法可以用于证明身份的证件；同时，将在依照国家规定应当提供身份证明的活动中，使用伪造、变造的居民身份证、护照、社会保障卡、驾驶证等依法可以用于证明身份的证件，情节严重的行为，规定为犯罪。二是增加规定组织考试作弊等犯罪，将在法律规定的国家考试中，组织作弊的，为他人提供作弊器材或者其他帮助的，向他人非法出售或者提供试题、答案的，以及代替他人或者让他人代替自己参加考试等破坏考试秩序的行为规定为犯罪。三是增加规定虚假诉讼犯罪，将以捏造的事实提起民事诉讼，妨害司法秩序或者严重侵害他人合法权益的行为，规定为犯罪。

6. 扩大妨害司法犯罪范围

一是将司法工作人员、辩护人、诉讼代理人或者其他诉讼参与人，泄露依法不公开审理的案件中不应当公开的信息，造成信息公开传播或者其他严重后果的行为规定为犯罪。二是扩大扰乱法庭秩序罪的构罪范围，在原规定的聚众哄闹、冲击法庭，殴打司法工作人员等行为的基础上，增加“殴打诉讼参与人的”，“侮辱、诽谤、威胁司法工作人员或者诉讼参与人，不听法庭制止，严重扰乱法庭秩序的”，以及“有毁坏法庭设施，抢夺、损毁诉讼文书、证据等扰乱法庭秩序行为，情节严重的”行为为犯罪。

7. 扩大贿赂犯罪范围

增加规定：为谋取不正当利益，向国家工作人员的近亲属或者其他与该国家工作人员关系密切的人，或者向离职的国家工作人员或者其近亲属以及其他与其关系密切的人行贿的，作为犯罪打击。

(二)以生刑更重、死刑更少来调整刑罚结构

针对我国刑罚体系中死刑罪名偏多，自由刑相对较轻，尤其是死刑与生刑之间缺乏应有的衔接的情况，修九在修八确立限制减刑制度的基础上，确立了终身监禁制度，提高了部分犯罪的自由刑，增加了部分犯罪的财产刑；在修八取消 13 个罪名死刑的基础上，进一步减少了死刑罪名。

1. 生刑更重

修九对部分犯罪加重了自由刑，对有些犯罪增加了罚金刑与没收财产刑，加大了对犯罪的惩罚力度。

(1)恐怖主义犯罪方面。

第一，对组织、领导、参加恐怖组织罪增加规定了罚金与没收财产等财产刑。

第二，将与恐怖主义相关的偷越国边境犯罪，提高一档法定刑。

(2)侵犯人身权犯罪方面。

第一，加大对强制猥亵他人与侮辱妇女犯罪情节恶劣情形的惩处力度，增加规定有其他恶劣情节的，处五年以上有期徒刑。

第二，收买被拐卖的妇女、儿童罪，将可以不追究刑事责任的规定取消，一律入刑。

(3)妨害社会管理秩序犯罪方面。

第一，增加规定对暴力袭击正在依法执行职务的人民警察的，依照妨害公务罪从重处罚。

第二，对扰乱无线电通信管理秩序罪，增加“情节特别严重的，处三年以上七年以下有期徒刑，并处罚金。”

第三，拒不执行判决裁定罪，增加“情节特别严重的，处三年以上七年以下有期徒刑，并处罚金”。

第四，将非法生产、买卖、运输、走私制毒物品罪，情节特别严重的，提高一档法定刑。

第五，对伪造、变造、买卖、盗窃、抢夺、毁灭国家机关的公文、证件、印章罪，伪造公司、企业、事业单位、人民团体印章罪，增加罚金刑。

第六，对于组织、利用会道门、邪教组织破坏法律实施罪，增加了罚金刑；加大对情节特别严重行为的惩治力度，增加了“无期徒刑”，“并处罚金或者没收财产”。

(4)贪污贿赂犯罪方面。

第一，增加规定贪污贿赂犯罪的“终身监禁”。规定对犯贪污、受贿罪，被判处死刑缓期执行的，人民法院根据犯罪情节等情况可以同时决定在其死刑缓期执行二年期满依法减为无期徒刑后，终身监禁，不得减刑、假释。

第二，对行贿罪，增加罚金、没收财产等财产刑；进一步严格对行贿罪从宽处罚的条件，将“行贿人在被追诉前主动交待行贿行为的，可以减轻处罚或者免除处罚”的规定，修改为“行贿人在被追诉前主动交待行贿行为的，可以从轻或者减轻处罚。其中，犯罪较轻的，对侦破重大案件起关键作用的，或者有重大立功表现的，可以减轻或者免除处罚”。

第三，对介绍贿赂罪、单位行贿罪，增加罚金刑。

第四，对非国家工作人员受贿罪，在第一档刑中增加了罚金刑。

2. 死刑更少

(1)减少了死刑罪名。

在修八取消 13 个经济性非暴力犯罪的死刑的基础上，修九又取消了 9 个罪名的死刑。这 9 个死刑罪名包括：①走私武器、弹药罪；②走私核材料罪；③走私假币罪；④伪造货币罪；⑤集资诈骗罪；⑥组织卖淫罪；⑦强迫卖淫罪；⑧阻碍执行军事职务罪；⑨战时造谣惑众罪。修九生效后，死刑罪名将从 55 个减少到 46 个。

也许有人会提出，修九取消9个罪名的死刑并不能说明太多问题，因为这次取消死刑的9个罪名，在实践中较少适用死刑，甚至从来都没有适用过，基本属于死刑“僵尸条款”，在这几个罪名中取消死刑，对死刑的司法适用不会产生多大影响。如果仅从这个角度看，那么确有一定道理。但是，如果结合司法实践，则我们可以明显看出，此次减少死刑罪名与我国近十年来不断减少死刑适用的刑事司法政策是保持一致。据了解，自从死刑二审案件必须开庭审理以及死刑核准权收归最高法院以来，在最高人民法院严格限制死刑适用的政策指引下，死刑的实际适用量在逐年减少，各地的死刑适用量已不及几年前的一半。此次刑法修正，减少死刑罪名，同样体现了这种严格限制死刑、逐步减少死刑的刑事司法政策精神。

(2)提高了死缓执行死刑的门槛。

修九不仅减少了死刑罪名，还进一步提高对死刑缓期执行罪犯执行死刑的门槛。现行刑法第五十条规定：被判处死刑缓期执行的，在死刑缓期执行期间，如果故意犯罪，查证属实的，则由最高人民法院核准，执行死刑。修九将上述规定修改为：“对于死缓期间故意犯罪，情节恶劣的，报请最高人民法院核准后执行死刑；对于故意犯罪未执行死刑的，死刑缓期执行的期间重新计算，并报最高人民法院备案。”将死缓期间只要有故意犯罪就核准执行死刑，修改为只有故意犯罪情节恶劣的才核准执行死刑。据此，被判处死缓的罪犯最终被执行死刑的比例将大幅度下降。

更少的死刑罪名与死刑的适用，体现了时代的进步，彰显了刑事法制的人道主义精神。修九以生刑更重、死刑更少的精神调整刑罚结构，这种刑罚结构整体是科学合理的，是符合现代刑法发展趋势的。

以上是我们从整体上对刑法发展的两大趋势进行了法条的梳理，接下来的时间我们来讨论修九条文透露出的关于这两大趋势更深层次的思考。

二、是“冲动的惩罚”，还是“惩罚的冲动”

《修正案(九)》除废止部分死刑罪名的条文之外，其余大多为扩张刑罚制裁的条款，从立法者严密的刑事法网、加强对社会控制的种种努力背后，我们感到了一丝丝的忧虑——刑事制裁作为最严厉的社会管理措施，体现铁腕治理社会，固然有较大威慑力，但事无巨细、责无大小，一概以刑罚的高压手段来管理社会，则打击面过广，使人人自危。我们不能用立法上的勤奋来代替司法上的懒散。当下，我们如果过于迷信刑法，过多采用刑罚手段来管理社会，则是治理方式的落后。所以无论是对原有罪名、罪状、刑期的修改，还是增设新的罪名，就是扩张刑事制裁边界。笔者认为，我们在立法时至少要考虑以下三个方面：第一，是否为多发性犯罪，其社会危害性是否严重？第二，其犯罪根源是什么？行为人的主观恶性和人身危险性是否较大？第三，是否采用行政制裁等手段就可实现有效管理，采取刑事制裁有无必要？概而言之，对某些实施了严重危害社会行为的“冲动”，应当通过刑事制裁加以“惩罚”，但要求我们进行立法“惩罚”时也不得“冲动”，非不得已，不可滥用刑罚。然而，综观《修正案(九)》52个条文，不当扩张刑事制裁边界的条文不少，笔者觉得这种立法理念值得推敲，下面笔者选取几个法律条文作评述：

（一）关于“买卖”和“使用”假证入刑

原《刑法》第 280 条中规定的罪状是“伪造、变造居民身份证的”，此次修九的第 22 条将其修改为“伪造、变造、买卖居民身份证、护照、社会保障卡、驾驶证的”，将“买卖”行为入刑且扩大了假证的范围；《修正案（九）》第 23 条还规定在“依照国家规定应当提供真实身份的活动中”使用该类伪造、变造证件的，应当以拘役或管制追究刑事责任。

从司法实践来看，大多数“买卖”或是“使用”假证者，坑蒙拐骗者有之，仅为生计所迫者有之，或贪图便利者亦有之，但坑蒙拐骗者已因其他严重罪行吸收“买卖”或“使用”行为，没有必要同时再单独定罪；生计所迫者和贪图便利者则多为底层工薪阶层，一般来说，主观恶性不大，亦无另行追诉的必要。至于“使用”行为，立法需要规制的对象主要是造成严重后果并构成犯罪的行为，对此按牵连犯择一重罪处罚是没有问题，但若是不加限制，所有“使用”伪造、变造证件的行为均以刑罚相向，则难免小题大做，责罚过滥。比如，买个假身份证到宾馆登记住宿，就触犯刑律？偏远农村地方考证麻烦，买个假驾驶证开摩托车，也得拉去坐牢？虽然说，此条规定有“情节严重”的限制，但是“情节严重”在司法实践中常常也会有不同的理解，此罪名被滥用的风险自然就会增加。即便，触犯刑律未必就一定会蹲大牢，但毕竟是刑事犯罪，是有犯罪记录的，别的不说，名誉受损带来的就业受限等影响，对行为人的惩罚也是巨大的。相反，如果加强宾馆、酒店软件、硬件管理，严格执行规定区分真假证件，则也足以防止该现象发生。

因此，上述的立法规定不是对“冲动”的惩罚，而是立法者惩罚的“冲动”，这种立法现象，我称为“带着情绪的立法”，这种不科学、不合理的立法现象不应该得到鼓励。

（二）关于加强对国家机关的维护

如果讨论对国家机关工作秩序保护的问题，根据《刑法》第 290 条第 2 款的规定“聚众冲击国家机关，致使国家机关工作无法进行，造成严重损失的”，可按聚众冲击国家机关罪论处，这一条的规定就足以保障国家机关的正常运作。

然而《修正案（九）》第 31 条在《刑法》第 290 条中增加两款，即规定“多次扰乱国家机关工作秩序，经行政处罚后仍不改正，造成严重后果的”和“多次组织、资助他人非法聚集，扰乱社会秩序，情节严重的”行为构成犯罪，“处三年以下有期徒刑、拘役或者管制”。

《修正案（九）》的上述修改，一方面，以“扰乱秩序”、“资助他人”、“非法聚集”等难以具体界定的字眼作为罪状构成，入罪条件模糊。众所周知，犯罪构成要件的明确性对于刑罚的限定起着非常重要的作用，如果构成要件模糊，刑罚滥用的风险就会显著增加。另一方面，该罪入罪门槛较低，这无疑大大增加了此类罪名被滥用并伤及无辜的风险，随意扩张刑罚的思想十分明显。

法律是治理社会的最后手段，却不一定是最好的手段。然而，在我国，不断地增设罪名、修改罪状，最大限度地扩张刑事制裁边界等泛刑化现象，却成了近年来刑法修正案及司法解释等刑事立法的显著特色。过分迷信刑法、张扬刑罚的思潮折射到司法实务中，就是对罪刑法定原则的淡化、兜底条款的滥用。应当看到，过于严苛、细密的刑事法网，未必能减少、根治犯罪。只有体现宽容、彰显人性、具有人道情怀的法律，才能得到更为普遍的认可与遵从。英国学者边沁曾言，“温和的法律能使一个民族的生活方式具有人性，政府的精神会在公民中间得到尊重”,① 这种法律理念或许值得我们每一个法律人深思。

三、刑法应当如何平等规制律师

为进一步说明新刑法有扩张趋势这一问题，接下来笔者还想和大家专门讨论一个在修九通过前引起了社会广泛热议的《刑法修正案(九)》的第37条。

修九第37条，将刑法第309条修改为：

“有下列扰乱法庭秩序情形之一的，处3年以下有期徒刑、拘役、管制或者罚金：

(一)聚众哄闹、冲击法庭的；

(二)殴打司法工作人员或者诉讼参与人的；

(三)侮辱、诽谤、威胁司法工作人员或者诉讼参与人，不听法庭制止，严重扰乱法庭秩序的；

(四)有毁坏法庭设施，抢夺、损毁诉讼文书、证据等扰乱法庭秩序行为，情节严重的。”

关于本条的修改，争议的焦点仍是刑法扩张的问题。律师界担心此条会被法官滥用，而部分法官则为此条的修改叫好。下面我们就从这个法条出发来谈谈律师的执业行为究竟应该在何种合理的界限内被刑法所规制的问题。

律师普遍认为：这条规定是对律师在法庭上履行辩护职责的一种压制与限制，认为这个条款的正式通过，它的作用会与现行刑法第306条一样。(1997年《刑法》第306条规定：在刑事诉讼中，辩护人、诉讼代理人毁灭、伪造证据，帮助当事人毁灭、伪造证据，威胁、引诱证人违背事实改变证言或者作伪证的，处三年以下有期徒刑或者拘役；情节严重的，处三年以上七年以下有期徒刑。)

刑法第306条出台之后所引起的后果是相当严重的，全国有将近几百个律师在侦查和起诉阶段被抓，相关案件的辩护工作受到极大的影响，最主要的后果是从根本上妨碍了被告人(犯罪嫌疑人)的辩护权。这一条伴随着一代律师的血和泪，在长达十几年的时间里，律师界、法学界纷纷呼吁废除它。废除第306条可以说是改善律师地位的标志，但是非常遗憾的是，到今天为止，第306条仍然是我国现行的刑法条文。

---

① 屈学武：《刑罚谦抑性的正确解读和适用》，载《光明日报》，2003-11-04。

回到现在的问题上，《刑法修正案(九)》的第37条是对律师在法庭上履行辩护职责的一种压制，为什么这么说？因为在目前这个背景下，辩审双方的冲突时有发生，甚至有愈演愈烈的趋势。而《刑法修正案(九)》中的这条规定实施之后，其后果就是法官可以直接追究律师的刑事责任，也就是法院直接判律师有罪，而这个律师恰恰是辩护席上的律师、代理席上的律师。可以想象如果一个辩护律师在法庭上有了一些不正当的、违规的言论，就被称为"侮辱、诽谤、威胁司法工作人员的情形"，法院直接就把他定罪判刑的话，不仅律师个人无辜受刑，而且将会导致整个法官职业群体和律师职业群体强烈的对立，矛盾也将严重被激化。

我们从逻辑关系上来想，辩审冲突的发生深层原因主要是在法官。为什么呢？其实道理很简单。因为律师是求助于法庭的。律师只有通过法官的作用才能实现自己的诉求，律师不生产公平与正义，律师只是公平和正义的搬运工，说句难听的话，律师是依靠、求助于法官的，作为一个思维正常的律师，如果主动找法官"闹事"，无异于"耗子找猫闹事"，则是"找死"。在这种情况下，如果辩方再受到打压的话，则所带来的副作用将会导致律师在法庭上不敢说话；如果律师在法庭上不敢说话，则辩护就形同虚设，对被告人的辩护权是一种巨大的伤害。作为法律职业共同体的法官、检察官、律师"本是同根生"为何相煎得这么急呢？

实际上，在我们认真研究了很多案例后发现，确实有个别律师是存在违规行为的。但考虑到律师作为公民权利的代言人、维护人这样的特殊角色，尤其是考虑到控辩双方对立紧张的场合，不应当将诉讼代理人、辩护人的不适当的、过于激动甚至带有一定人身攻击性的辩护言论、代理行为、辩护策略都简单粗暴地作为扰乱法庭秩序的行为加以论处，必须要进行严格解释，以"最高的善意"来理解、适用这个条款，以便保障律师正当履行辩护权。当然任何事情都不否认有个别现象，但如果以个别现象作为一个普遍问题来立法，就有问题了。因为作为偶发情形，其整体的社会影响不大，危害性也有限，完全不必动用单独的刑罚来加以规制。无论从报应、功利或是道义责任论的角度，单独立法都是没有必要的。

在现代法律制度中，律师一旦在法庭上出现《修正案(九)》第37条里面提到的聚众哄闹、冲击法庭、侮辱诽谤威胁司法人员、扰乱法庭秩序等不当行为，我们就可以通过以下三个层面的方法来处理他：

第一个层面是程序性制裁的办法，也就是在诉讼程序的轨道内来解决。例如，一个律师提交了一个证据，这个证据又因律师有一些违规行为而不符合法律规定的要求，法官可以直接宣告无效。这是在《刑事诉讼法》中最常用的，也是副作用最小的一种方法。

第二个层面就是诉诸司法行政机关启动纪律惩戒行为。如果一个律师存在《修正案(九)》第37条当中提到的那几种违规行为，法庭完全可以发出一个司法建议书，建议司法行政机关正式启动对该律师的职业调查行为。我们都知道，对律师职业惩戒最严厉的是剥夺律师资格。在任何一种职业里面，剥夺一个人的从业资格都是最严厉的处罚，相当于判处职业上的"死刑"。难道这个还不足以制止绝大多数律师的违规行为吗？

如果以上两个层面都不足够，我们还有第三个层面，对特别严重的违规行为，可以拘传、司法拘留。现有的法律已经给了法官大量缓冲的手段和机会。我们有三个层面的方法对待有不当行为的律师，何必再搞一个能够激化两种职业矛盾的新罪名？

正是基于这样一种前提，《修正案(九)》第37条的规定是否有对律师执业行为的刑法规制过度以及滥用的嫌疑？从刑法的谦抑精神出发。刑罚之界限应该是内缩的，而不是外张的，刑罚应该是国家为了保护法益与维持秩序时的最后手段。因此《修正案(九)》第37条规定的实质合理性，从可罚的必要性的角度来讲，应该是值得我们进一步推敲的。

四、我们该如何讨论死刑

修九通过后的新刑法，除了以上我们讨论的刑法规制公民生活的范围不断扩张这个趋势之外，另一个趋势就是以生刑更重、死刑更少的精神来调整刑罚结构。

其中引人注目的就是废除部分死刑罪名的问题，在《刑法修正案(九)》通过之前，草案稿中提出拟废除9个死刑罪名，围绕着这些死刑罪名是否应该废除，在社会公众和学界都引起了较大的争议。长久以来，死刑案件以及由此而来的死刑存废问题都很难让人心平气和地讨论。民间讨论涉及这个问题的时候，基本上都是只有立场的对立，没有共识的建立。当然，“对于一个向往正义的公民，死刑多少构成一种诱惑，并被当作一种实现正义的方式”。但我们作为法律研究者，面对不同的意见表达，必须正视，力求以建设性的说理方式讨论这类问题。

正如贝卡利亚所说“刑罚的威慑力不在于其严酷性而在于其不可避免性”。自从《刑法修正案(八)》启动减少死刑罪名的进程开始，我国刑法第一批先废除了13个死刑罪名，并且相对来说较为顺利，社会震动较小，公众接受度较高，这是值得庆幸的。《刑法修正案(九)》的通过，又废除了9个死刑罪名。然而，这9个罪名的废除在审议过程中却遇到了较大的阻力，有人提出废除上述罪名的死刑，将易引起社会动荡、引发群体性事件，会干扰和危害国家的经济、金融安全，会给国家安全造成极大的安全隐患等。

这就带来我们要讲的第一个问题，减少死刑罪名难在哪里？

在我看来，难点还是在于缺乏正确的死刑观。这里所谓死刑观，是指对死刑的态度和立场。死刑观的不同，决定了死刑制度在我国的命运，也决定了我国废除死刑的立法进程。死刑观有正义观和功利观这两个维度：正义观从公正与否的角度阐述死刑存在的合理性，而功利观则从功利主义的角度论证死刑存在的必要性。在我国，死刑存在的根据主要还是预防必要性。例如，相关人士言及集资诈骗罪不应取消死刑时的理由是，它容易引起社会动荡、引发群体性事件，会干扰和危害国家的经济、金融安全。因此，在这些人士看来，保留集资诈骗罪的死刑是必要的。其实，这是对死刑功能的一种误解，以为死刑能够杜绝和绝对减少某种犯罪的发生。

笔者认为一定的犯罪植根于一定的社会形态，是特定时期生活状态的征表。以集资诈骗罪为例，它反映了当前我国金融的国家垄断，金融的市场化程度较低，资金流动性较差的现实。在现有的国家金融体制下，金融难以满足市场的实际需求。在这样一种背景下，各种形式的集资诈骗行为才会层出不穷。集资诈骗罪在我国是一种常见多发的经济犯罪，而在实现了金融市场化的国家，几乎见不到集资诈骗罪的踪影。可以说，集资诈骗罪是金融垄断的并发症。因此，如果不从金融体制改革入手，解决金融市场化的体制障碍，那么集资诈骗罪就难以得到有效的抑制。即使是死刑，也会无功而返。如果实现了金融市场化，那么不要说死刑，就连集资诈骗罪几乎会消亡。由此，我们可以得出结论，对于死刑对犯罪的威慑功能，我们不能过度迷信，更不能将死刑作为达成某种社会或者经济目标的根据和手段。我认为，死刑设立的目的必须是为了正义，而不考虑任何功利的因素，死刑必须是对死罪正义的惩罚。现在看来，减少死刑的当务之急是改变死刑观，树立起对死刑功能的正确认知。这就是死刑的启蒙，这种启蒙应该是全民的启蒙。

树立了正确的死刑观，再继续深入讨论废除死刑罪名的时候，我们还应当注意以下两个问题：

（一）不能以保留特定罪名的理由来论证必须保留该罪死刑

在讨论是否废除某一罪名的死刑时，有些反对废除该罪死刑的理由几乎就是取消该罪的理由。例如，前面我所提到的反对集资诈骗罪应该废除死刑的理由是，取消集资诈骗罪的死刑，就会引起社会动荡、引发群体性事件等说辞。这一理由用于反对取消集资诈骗罪可能是恰当的，但用于反对废除集资诈骗罪的死刑则并不适当。例如，吴英集资诈骗案，虽然一审和二审均判死刑立即执行，但最高人民法院没有核准死刑，发回重审以后，改判为无期徒刑。最高人民法院对吴英案不核准死刑的裁定，还是获得了社会公众的认同，并没有产生消极的社会后果。因此，不能以反对取消某一罪名的理由作为反对废除某一罪名死刑的理由。即便某一罪名的死刑废除了，但还可以最高判处无期徒刑，犯罪分子还是能受到法律应有的惩罚。

（二）不能以抽象危害为根据论证保留某一罪名的死刑

在我国刑法中，备而不用的死刑罪名占有较大比重。在死刑不是一种立法的稀缺资源的情况下，备而不用的死刑存在具有其合理性。因为这些犯罪的死刑尽管处于基本不用的状态，但一旦需要适用死刑，能够满足司法实践的需要。但是，当减少死刑成为一种新常态，死刑成为一种稀缺的刑罚资源的情况下，首先应当废除的就应该是这些备而不用的死刑罪名。在一定意义上说，备而不用的立法是一种法律资源的浪费。虽然在1997年《刑法》中规定了68个死刑罪名，但常用的死刑罪名只不过5个而已，这5个死刑罪名是：故意杀人罪，故意伤害罪，强奸罪，抢劫罪，贩卖、运输、制造毒品罪。①

① 赵秉志等：《五种常见多发犯罪之立法完善研究》，《刑事法治发展研究报告（2005—2006年卷）》，中国人民公安大学出版社2006年版，第22页。

这5个罪名的死刑适用案件几乎达到全部死刑案件的九成左右。① 其他死刑罪名，要么是偶尔适用，要么是完全不适用。

尤其值得一提的是，有些死刑罪名不仅死刑没有适用过，甚至连一般案例都没有发生过。这样的罪名，这样的死刑，完全是“法律稻草人”。例如，《修正案(九)》废除的死刑罪名包括走私核材料罪。走私核材料罪是我国《刑法》分则第三章第二节走私罪中的一个罪名，在现实生活中，并没有出现走私核材料罪的案件，更不用说走私核材料判处死刑的案件。因此，走私核材料罪属于典型的备而不用的死刑罪名，在《修正案(九)》中，将走私核材料罪的死刑予以废除。对废除走私核材料罪的死刑，有关人士提出了异议，认为虽然走私核材料罪在实践中极少适用，但如果发生，后果不堪设想，将造成巨大的社会危害；因此，反对废除走私核材料罪的死刑。我认为，这一反对理由是难以成立的。这里所谓走私核材料罪的巨大的社会危害是建立在假设该罪发生的基础上的，因此只是一种抽象的社会危害性而非现实的社会危害性。一种犯罪，只有当它实际发生的情况下，其对社会的危害性才是现实的，这时才需要动用刑罚进行惩治。抽象的社会危害性不能成为对某一罪名设置死刑的根据。同样，也不能以抽象危害为根据论证保留某一罪名的死刑。打个不太恰当的比方，例如，地球毁灭对于人类来说是最大的灾难，那么，是否有必要在刑法中设置一个毁灭地球罪，并且设置死刑呢？按照“如果发生，后果不堪设想，将造成巨大的社会危害”这一逻辑进行推理，完全有设置毁灭地球罪并规定死刑的必要。但世界上没有一个国家的刑法典这样做。

总之，《刑法修正案(九)》基于“严格限制和慎重适用死刑”的立场，取消九种犯罪的死刑，在立法上进一步减少死刑的罪名，这是我国死刑立法改革的重大进步。然而，死刑制度的完善仅靠立法上的进步是不够的，我认为死刑立法改革与司法改革并进是当前我国死刑改革的基本路径。相比于司法改革，死刑立法改革能从源头上实现限制与减少死刑适用的目标。但是，“徒法不足以自行”，“严格限制和慎重适用死刑”的刑事司法政策能否在司法实践中得到充分的贯彻和落实，还要看能否积极发挥司法的能动性。因此，在对死刑进行立法改革的同时，我们也要重视死刑的司法改革，严格规范死刑适用的司法标准、对象和程序。只有立法改革与司法改革相互配合、相互促进，我国的死刑改革才能真正朝着废止死刑的方向不断进步。

（作者简介：李福林，武汉大学法学院2014级宪法与行政法专业研究生。）

◎ 点　评

其一，对即将生效的法律，我们应当去批判还是信仰？许多学者可能更多的是去批评，但法律制定终究是要适用的，随着立法技术的不断完善、立法过程的科学化与民主化，以及立法工作者的努力，我们国家的法律越来越合乎良法善治。所以，对一部即将适用的法律，我们应该更多地给予尊重，将修法的遗憾在适用的过程中不断完善。其

① 苏永通、任重远：《152份死刑复核裁定书分析报告公开的中国死刑密码》，载《南方周末》，2014-04-16。

二，宪法应该给予刑法及其他部门法更多的支持，加强与各部门法之间的交流。其三，本次修法还涉及了一些宪法学思考。例如，《刑法修正案(九)》为什么由人大常委会通过？终身不得从事某种职业是否合理？责任刑与预防刑之间的关系又如何？

（点评人：武汉大学法学院　陈家林教授）

《行政诉讼法》改革评析

彭维汉

摘　要：《行政诉讼法》被众多人称为小宪法，从1990年正式颁布施行至今，终于迎来了其第一次修改，此次修改的内容颇多，且被外界赋予了很高的期望。“立案难，审判难，执行难”，这“三难”曾是该法在过去20多年施行过程中带给我们最大的问题，于是新法出台后，上至官员学者，下至平民百姓，大家似乎都期待着这样一部民告官的法律能够给人惊喜，解决这“三难”的尴尬问题。2014年11月4日，全国人大常委会正式对外公布了关于修改《中华人民共和国行政诉讼法的决定》，并且新法将于2015年5月1日正式施行。

关键词：行政诉讼法修改；立法目的；受案范围；原告资格

一、理论概述

(一)行政诉讼的概念

行政诉讼是指公民、法人或者其他组织认为行政机关的行政行为侵犯了自己的合法权益，依照行政诉讼法的规定向人民法院起诉，人民法院在双方当事人和其他诉讼参与人参加下，审理和解决行政案件的活动，以及在这些活动中所产生的法律关系的总和。

(二)我国行政诉讼发展的现状

自1990年《行政诉讼法》正式颁布实施以来，行政诉讼法实施20多年，成绩是巨大的，成果是丰硕的。首先，在观念方面，它第一次将“民告官”这样一种法律制度固定下来，改变了长久以来人们“官贵民贱”这样一种观念，使得老百姓和政府能够坐在同一个法庭的两端，来接受法院的裁判。这种观念的改变是巨大的，对政府观念的改变更是十分显著。大家知道今天我们的官员之所以还知道一点“依法行政”的观念，知道一点行政诉讼法的知识，我想行政诉讼法是功不可没的。这种观念的变化比任何制度，甚至环境的变化要重要的多，因为它是从骨子里头发生作用。另外，行政诉讼法促使了一大批民主法制制度的健全和完善，这个从行政诉讼法实施之后的国家赔偿法开始，到后来的行政处罚法、行政复议法、立法法、行政许可法都是在行政诉讼法这样一个大背景下形成了一系列的制度。所以说，行政诉讼法在我们国家整个行政法制的奠基过程中起到了非常重要的作用。还有就是在救济老百姓，救济公民、法人和其他组织权益方面，提供了一个重要的途径。尽管现在很多人还认为这个渠道不是直接的、最有效或者最完美的，但它毕竟是一个渠道。试想一下，如果没有行政诉讼法，那么也许今天我们有更多的冤案，今天我们有更多的人上访，或者有更多的社会不和谐的因素。所以，诉讼法为人们宣泄、为人们调整和政府的关系、为人们权利的保障和救济提供了非常重要的一个渠道。

从某种意义上来说，《行政诉讼法》的制定是社会主义中国民主法制建设史上的一座丰碑。十几年来，行政诉讼制度的实践对"依法行正"、"有限政府"、"权力制约"、"人权保障"等法治理念的普及起到了巨大的推动作用，毫不夸张地说，《行政诉讼法》的颁行已经成为当代中国开启民主宪政建设的里程碑。

然而，随着司法实践的发展，行政诉讼法自身的缺陷逐渐突显，诸多规定已不能适应现实的需要，并出现了一些问题。这些问题归纳起来，主要有几个方面：

1. 受案范围过窄，不少行政行为被不合理地排斥在可诉范围之外

行政诉讼受案范围是行政诉讼中突出而重要的问题，在行政诉讼制度中也是最受关注的问题，在学界的讨论和争议也是最多的。行政诉讼受案范围解决的是司法机关与其他国家机关之间处理行政争议的分工和权限问题，反映了一个国家司法权对行政权的监督的深度和广度，也表明一个国家行政相对人权利救济的深度和广度，在一定程度上反映了一国的法治建设水平。我国行政诉讼的受案范围仅限于外部的、具体涉及人身权和财产权的行政行为。随着国内国际经济、政治形势发展的要求，公民、法人或者其他组织法律意识的增强，各项改革事业的深入，要求我们必须抓住机遇，借鉴世界上主要国家规定行政诉讼范围的通常做法，应切实采取措施进一步完善我国行政诉讼的受案范围，完善我国行政诉讼法律制度，实现行政法治，进而推动法治国家建设的进程。

目前，我国行政诉讼存在着社会上发生的行政纠纷供给量和法院实际受理的行政案件数量双重过剩的怪现象：一方面，很多行政案件求诉无门；另一方面，各级各地法院行政庭门厅冷落，根源就在于对行政诉讼受案范围规定的过于狭窄和模糊不清。2013年《最高人民法院工作报告》中就2013年全国法院受理的案件作了统计：全年新收刑事、民商事、行政一审案件共计6999350件，审结案件7022142件，其中行政收案129133件，审结129806件，未结案5873件。① 在一审新收案件中，行政案件仅占1.84%。行政案件受案率低，百姓起诉难，是目前我国各级法院普遍存在的问题，行政诉讼受案范围在一定程度上制约着行政案件的受理。这不仅束缚了法院和法官顺利受理行政案件的手脚，而且对于一些复杂案件，经常遇到界限不清，难以处理的情况。法院因难以定夺是否属于行政案件的受案范围，往往造成依法应受理的案件而得不到受理，

① 佟季：《2013年全国法院审理各类案件情况》，载《人民司法》，2014年第5期。

制约行政相对人行使诉权和法院受理案件的障碍。

而正确确立行政诉讼受案范围，是促进依法行政、深化法治的关键所在；是切实兑现宪法所允诺的公民权利，实现真正意义上的宪政的需要；是有效抑制行政权，形成均衡的统治体系，实现对权利和自由的保障，实现“依法治国”的需要，是有效解决日益增多的行政争议，为不断出现的新型行政争议提供充分的救济途径的现实需要。随着我国经济、社会的发展和公民权利要求的增强，受案范围狭窄的问题日益显现，很多行政纠纷仍然被排除在行政诉讼之外，与我国民主法治建设水平、诉权保障要求、现代化行政的理论设计和行政法治的目标取向都还有很大差距，极大影响了行政诉权的行使。①

2. 行政诉讼审查原则上只限于合法性审查，不包括合理性审查

我国现行《行政诉讼法》第5条规定：“人民法院审理行政案件，对具体行政行为是否合法进行审查。”该条确立了我国行政诉讼一项重要的基本原则，即审查具体行政行为合法性原则。在确认合法性原则之余，《行政诉讼法》54条又留下对行政处罚显失公正的具体行政行为可以变更这样一个例外。这就是学者们常说的“以合法性审查为原则，以合理性审查为例外”的制度。这些规定将大多数行政执法中的合理性问题排除在行政诉讼之外，造成了行政诉讼合理性原则的缺位。并且长期以来，我们习惯于从形式合法的角度来理解行政行为的合法性，把实质合法归入行政行为的合理性范畴，从而人为地缩小了合法性审查的外延，并把合法性审查与合理性审查对立起来。这样，实质上有违法律的内在精神和公正法则的行为就被当作“合法”行为，成为司法审查不能问津的“禁区”。由于大量的不公正行为游离于司法审查范围之外，行政诉讼制度的功能自然大打折扣。②

另外，面对广泛存在的行政自由裁量权，传统的合法性原则已经无能为力。虽然我国《行政诉讼法》第五十四条规定了“行政处罚显失公正的，可以判决变更”，但由于其性质是属于合法性审查还是合理性审查，理论和实务界仍争论不已，同时缺乏明确的立法解释或司法解释，对于什么是“显失公正”进行明确的界定，这对于过于自抑或过分依赖规则的法院来说，势必过于抽象与笼统，不太具有可操作性。另外，“显失公正”现今也只能适用于行政处罚领域。然而，在现实中并不是只有行政处罚领域才会存在合理性问题，在行政许可、征收、裁决等方面同样存在着广泛的自由裁量权，而且日趋膨胀。因此，单一严格的合法性审查原则，不利于法院发挥应有的司法审查监督作用，也不利于全面维护相对人的合法权益。

3. 诉权主体资格受限，行政公益诉讼制度难以实施

对于行政诉讼原告资格，我国现行《行政诉讼法》第2条规定：“公民、法人或者其他组织认为行政机关和行政机关工作人员的具体行政行为侵犯其合法权益，有权依照本法向人民法院提起诉讼。”但在司法实践中，往往将原告推定为行政相对人，这就缩小了原告的范围。为此，最高人民法院还出台了司法解释《关于贯彻执行〈中华人民共和

---

① 徐延成：《行政诉讼受案范围研究》，内蒙古大学硕士学位论文，2007。

② 杨阳：《关于修改〈行政诉讼法〉总则的几点建议》，载《行政论坛》，2003年第6期。

国行政诉讼法〉若干问题的解释》，该解释第 12 条明确赋予了行政关系利害关系人的诉讼主体资格。这一规定对扩大了原告的范围，保障公民行政权益具有积极意义。但是利害关系是一个抽象模糊的概念，怎么样才算是存在利害关系并没有一个明确的标准，将“法律上的利害关系”来判断原告主体资格存在可操作性难的问题。

而对于被告的主体资格，行政诉讼的被告的认定与行政主体的认定具有直接关系。然而，由于行政主体越来越广泛，行政形式也呈多样化，按照原本的行政主体的认定标准来确定行政主体已不合时宜。这也导致行政诉讼被告认定困难，影响行政诉权的实现。

另外，在我国司法实践中，我国诉讼资格中“个人权益”和“法律上的权利”标准起着核心作用。在起诉时必须是当事人个人权益受到侵犯，非严格的私人权利无法提起行政诉讼，这就把与个人有关的公益诉讼排除在外。然而很多情况下，个人权益属于公共利益的一部分，侵害公共权益的同时，也侵害了个人权益。“较为明显地体现在公民的环境权益上，该环境权益的主体在多数情况下并非是特定的。因此，在判断起诉人的权益是个人权益还是公众权益就存在相当大的难度，很可能因为无法确定而致使受害的公民不能行使诉权。①

除了以上这些司法审查中存在的问题，另外在赔偿范围上我国行政诉讼的规定也是有待商榷的，虽然最新颁布的《国家赔偿法》已经在赔偿范围和赔偿标准上有了很大的进步，但是对行政赔偿范围仍有待进一步的扩大和规定以充分保障公民的合法权益，有力保障行政诉权的有效实施和行政责任的合理配置。

二、行诉修改的总体概况

这是行政诉讼法颁布 25 年，实施 24 年后的首次修改。针对性加强，力图解决“立案难、审判难、执行难”这“三难”的问题。将所有法条中出现的“具体行政行为”替换为“行政行为”。改动的条文数非常多：旧法 75 条，修改了 47 条(其中删除了 5 条，修改数占原条文数比例达到 63%)新法 103 条，包含了三个部分，一部分是完全未改的 28 条，一部分是新增的 28 条，还有就是在旧法基础上修改的那 47 条。有些条文的规定改动与民事诉讼法一致或者基本一致，包括：多数人诉讼、代理、证据类型、移送管辖、起诉方式、审判公开、撤诉与缺席判决、宣判、上诉审、再审、检察机关参与诉讼、执行、强制措施规定等。删除的条文包括：涉外诉讼对等规定条文，侵权赔偿责任整章。

三、重点条文分析

(一)立法目的的调整

现行《行政诉讼法》第 1 条规定：“为保证人民法院正确、及时审理行政案件，保护

① 袁伟伟：《论我国行政诉权的保护》，山东大学硕士学位论文，2011。

公民、法人和其他组织的合法权益，维护和监督行政机关依法行使行政职权，根据宪法制定本法。”新《行政诉讼法》第1条规定：“为保证人民法院公正、及时审理案件，解决行政争议，保护公民、法人和其他组织的合法权益，监督行政机关依法行使职权，根据宪法，制定本法。”

《行政诉讼法》第1条开宗明义地指出了立法目的和立法依据。行政诉讼有三个功能：监督行政机关依法行政、保护行政相对人合法权益和解决行政争议，即监督、救济、解纷。以往，我国比较注重行政诉讼的监督和救济功能，忽视了它的解决纠纷功能。新《行政诉讼法》第1条增加了“解决行政争议”六个字。这一增一减，凸显我国对加大行政争议解决力度，加强对行政机关依法行使行政职权的监督，保护公民、法人和其他组织合法权益的态度和决心。同时，还删去了“维护”两个字，以前旧的行诉法从平衡论的角度出发，既监督行政机关行使职权，又保护行政机关，其实这是相互矛盾的，作为小宪法的行政诉讼法，其立法目的应该是要向公民倾斜，所以，现在新法去掉“维护”两个字，是必然的趋势。①

(二)受案范围的扩大

1. 受案范围类型的扩大

现行《行政诉讼法》第2条规定：“公民、法人或者其他组织认为行政机关和行政机关工作人员的具体行政行为侵犯其合法权益，有权依照本法向人民法院提起诉讼。”新《行政诉讼法》第2条第1款规定：“公民、法人或者其他组织认为行政机关和行政机关工作人员的行政行为侵犯其合法权益，有权依照本法向人民法院提起诉讼。”第2款规定：“前款所称行政行为，包括法律、法规、规章授权的组织作出的行政行为。”

现行《行政诉讼法》第2条是关于受案范围的规定，赋予公民、法人和其他组织受到行政侵权时提起行政诉讼的权利。从上述变化可以看出，此次修改扩大了行政诉讼的受案范围。

(1)可诉的行政行为类型增加。

根据现行《行政诉讼法》，可以提起行政诉讼的只有具体行政行为，不包括抽象行政行为。也就是说，具体行政行为之外的行政行为一律不可诉。这大大限制了行政诉讼案件的受案范围，导致一些行政相对人的合法权益受到违法行政行为侵害却无法得到法律救济。②

新《行政诉讼法》将相关条文中的“具体行政行为”一律修改为“行政行为”，为扩大行政诉讼受案范围去除了法律原则上的障碍。在此基础上，新《行政诉讼法》第12条以列举的形式增加了对行政机关作出关于自然资源所有权或使用权决定不服、行政机关没有依法支付最低生活保障待遇等多种新型案件。

(2)行政侵权的主体范围扩大。

---

① 王春艳：《新〈行政诉讼法〉有哪些看点？(一)》，载《中国工商报》，2014-11-04，第3版。

② 张俊：《行政首长出庭应诉的实证研究》，苏州大学硕士学位论文，2014。

新《行政诉讼法》第 2 条在原有基础上增加了一款，明确了行政侵权主体的范围。近年来，行政审批制度改革深入推进，简政放权已经成为大势所趋，社会组织依法承担公共管理和公共服务职能的机会越来越多。在实践中，这类组织实施的行为同样会对行政相对人的权利义务造成实际影响，将这类社会组织纳入可诉对象，有利于充分保护行政相对人的合法权益。

2. 受案范围类别的扩大

现行《行政诉讼法》第 11 条第 1 款共列举八类可诉具体行政行为，新《行政诉讼法》将第 11 条改为第 12 条。现行《行政诉讼法》的受案范围主要针对公民、法人和其他组织人身权、财产权受到违法行政行为侵害的情形。《行政诉讼法》颁布施行以来，对公民、法人和其他组织权利的保护已经不仅仅限于人身权和财产权，而且行政相对人的权利范围在相关单行法中不断扩大，相关行政争议也逐渐增多。为此，新《行政诉讼法》在保障公民、法人和其他组织人身、财产合法权益免受侵害的基础上，加强对其他社会权利的保护，如社会保障权、公平竞争权。新《行政诉讼法》第 12 条规定，对限制人身自由、房屋土地征收补偿、滥用行政权力、行政机关侵犯公民人身财产权利等 12 种情形法院应受理，无论是在案件类型，还是在具体文字表述方面都对现行《行政诉讼法》有较大修改。但是，作为解决立案难问题的重点，受案范围的规定还是令人有所失望，这 12 条的规定之中，有的规定是进步的，有的却是退步与模糊的，总体来说，是保守与平庸的。① 例如，

（1）新《行政诉讼法》第 12 条第 1 款第 1 项把现行《行政诉讼法》第 11 条第 1 款第 1 项中的“没收财物”改为“没收非法财物”这实际上是对现行行政诉讼受案范围的缩小，但增加对“暂扣”“没收违法所得”“警告”不服三种可起诉情形，这又是一大进步，在实践中，“警告”可能会对公民名誉权造成侵害，而在我国，面子观念十分浓重，将对“警告”的不服纳入诉讼范围，能够保障公民的人身权及名誉权。

（2）新《行政诉讼法》第 12 条第 1 款第 2 项增加对“行政强制执行”不服的可起诉情形。现行行诉法只规定了对行政强制措施的诉讼，而忽略对行政强制执行中侵益保护。这也是一大进步。

（3）现行《行政诉讼法》第 11 条第 1 款第 3 项改为新《行政诉讼法》第 12 条第 1 款第 7 项，删去“法律规定的”五个字，增加认为行政机关侵犯其“农村土地承包经营权、农村土地经营权”两种可起诉情形。结合新《行政诉讼法》第 12 条第 1 款第 4 项“对行政机关作出的关于确认土地、矿藏、水流、森林、山岭、草原、荒地、滩涂、海域等自然资源的所有权或者使用权的决定不服的”这两项的规定，是对于我国现在城镇化过程中，行政机关侵犯农民土地权益的规制，是进步且适时的条款。

（4）新《行政诉讼法》将现行《行政诉讼法》第 11 条第 1 款第 8 项规定的“认为行政机关侵犯其他人身权、财产权的”改为新法第 12 条第 1 款第 12 项“认为行政机关侵犯其他人身权、财产权等合法权益的”。我们认为这一款的规定又是模糊的，需要司法解释进

① 王春艳：《新〈行政诉讼法〉有哪些看点？（一）》，载《中国工商报》，2014-11-04，第 3 版。

行明确。从字面意义上来看，我们对这句话有两个理解，第一个理解是认为行政机关侵犯其他人身权、财产权的，意思就是说包括除了侵犯上述列举的一些人身权、财产权案件的其他案件。还有一种理解是认为行政机关侵犯除人身权、财产权以外的其他诸如政治权利等权利或者其他新类型的案件。如何理解这个兜底条款？根据某高院领导介绍，这个条文事实上是给法院留了余地，让法院在遇到棘手的政治性权利案件时有这样一个挡箭牌。我们有理由相信，关于受案范围的这个规定在以后的司法实践中还是会产生许多争议。

总的来说，受案范围的立法方式是完全没改，学者普遍的建议是采取概括规定加上否定排除的立法方式，而现在还是采用肯定的概括列举的方式，唯一的区别是增加了几项列举。包括我们后面要谈到的对抽象行政行为的审查问题。因此，我们称这次修改的受案范围是保守的，虽然有进步，但进步不大。

（三）诉权的保障

1. 新《行政诉讼法》增加了1条，作为第3条

第3条第1款规定："人民法院应当保障公民、法人和其他组织的起诉权利，对应当受理的行政案件依法受理。"第2款规定："行政机关及其工作人员不得干预、阻碍人民法院受理行政案件。"第3款规定："被诉行政机关负责人应当出庭应诉。不能出庭的，应当委托行政机关相应的工作人员出庭。"

新增的第3条可以说是整个修改部分中的"明星条款"，被许多媒体甚至学者大肆追捧，大家都说这一条的规定充分彰显了对当事人诉权的保障，而且行政机关负责人应当出庭应诉的规定也被很多人解读为新法的一大历史性进步。然而，事实真是如此么，我们可以仔细对其语义进行分析，首先第1款规定的"人民法院应当保障公民、法人、其他组织的起诉权利，对应当受理的行政案件依法受理"。第1款让人有点模棱两可，表面上似乎保障了当事人的诉权，但实际上会产生一个问题，本来法院就应该受理应当受理的案件，为何还需要在总则中加上这样一句废话？难道该审判的案件不审判么？该执行的案件不执行么？同理，第2款规定的行政机关及其工作人员不得干预、阻碍人民法院受理行政案件，为什么只谈受理？难道审判、执行就能干预、阻碍了么？再看第3款，这一条是对实践中比较关注问题的一个回应，实践中一般说的是行政首长出庭应诉，我们认为行政首长应诉还是不太现实，按理来说行政首长是应该需要对本机关相关事务了如指掌，也应该承担出庭应诉的责任。但实践中我们会发现，行政首长对很多本机关工作人员所作的行政行为侵害公民利益的事情并不了解，让其出庭，反而会增加其下属的工作负担，既要帮其写稿子，又要教其如何应对法庭辩论。第3款规定的行政机关负责人出庭应诉应该算是比较适格的主体，但是问题就在于后面那句"不能出庭的，应当委托行政机关相应的工作人员出庭"。这样一个但书让第3款前面的内容基本又成了废话，唯一进步的意义就在于，在这样的行政诉讼中，行政机关再也无法将全部事情委托给律师处理了，而是要委托一部分给其机关内公职人员。而关于谁可以是本案适格的被告委托人，我们认为还应该通过进一步的司法解释加以明确，出庭应诉的公职人员应该是直接经手此行政争议的负责人，而不能只是一个与案件无关的人员。

追究第3款背后立法者的深意，我们觉得是不是立法者是想告诉大家，行政诉讼的立案难是现实生活中现状的一个反映，所以我们一定要强调保障当事人的诉讼权利，这个大家可以讨论。

2. 新的行诉法还在现行法第56条的基础上进行了修改，即新法第66条

（1）人民法院在审理行政案件中，认为行政机关的主管人员、直接责任人员违法违纪的，应当将有关材料移送监察机关、该行政机关或者其上一级行政机关；认为有犯罪行为的，应当将有关材料移送公安、检察机关。

（2）人民法院对被告经传票传唤无正当理由拒不到庭，或者未经法庭许可中途退庭的，可以将被告拒不到庭或者中途退庭的情况予以公告，并可以向监察机关或者被告的上一级行政机关提出依法给予其主要负责人或者直接责任人员处分的司法建议。

该条的第2款可以说是对第3条规定的补充，即对行政机关的不配合行为不仅追法律责任，而且还将依法向社会公示。这就要求行政机关增强法治意识，严格遵守司法程序，依法履行法院裁判；否则，不仅面临被追责的法律后果，而且还会损害部门形象。这条规定对于行政机关的威慑还是比较大的，当前行政机关最忌惮的莫过于两个主体：一个是上级领导机关；另一个则是公众舆论的监督。从这两个法条的修改，我们还是看到了新的行诉法在对当事人诉权保障上是有着扎扎实实的进步。

3. 现行《行政诉讼法》第25条共5款，规定了被告资格

第1款规定："公民、法人或者其他组织直接向人民法院提起诉讼的，作出具体行政行为的行政机关是被告。"第2款规定："经复议的案件，复议机关决定维持原具体行政行为的，作出原具体行政行为的行政机关是被告；复议机关改变原具体行政行为的，复议机关是被告。"第3款规定："两个以上行政机关作出同一具体行政行为的，共同作出具体行政行为的行政机关是共同被告。"第4款规定："由法律、法规授权的组织所作的具体行政行为，该组织是被告。由行政机关委托的组织所作的具体行政行为，委托的行政机关是被告。"第5款规定："行政机关被撤销的，继续行使其职权的行政机关是被告。"

新《行政诉讼法》将第25条改为第26条，将第2款修改为："经复议的案件，复议机关决定维持原行政行为的，作出原行政行为的行政机关和复议机关是共同被告；复议机关改变原行政行为的，复议机关是被告。"增加了1款，作为第3款："复议机关在法定期限内未作出复议决定，公民、法人或者其他组织起诉原行政行为的，作出原行政行为的行政机关是被告；起诉复议机关不作为的，复议机关是被告。"将第4款改为第5款，修改为："行政机关委托的组织所作的行政行为，委托的行政机关是被告。"将第5款改为第6款，修改为："行政机关被撤销或者职权变更的，继续行使其职权的行政机关是被告。"

这是关于被告的规定。对比上述规定可以看出，新《行政诉讼法》对被告资格作出了较大调整。

（1）经复议的案件，复议机关决定维持的，与原行为机关是共同被告。

在实践中，一些行政机关的复议机构为维护部门利益对被申请行政复议的行政行为缺乏有效审查，不轻易改变原行政行为，草率作出维持决定。让法律上的复议机关变成了事实上的维持机关，许多人将复议机关亲切地称为维持机关。对行政复议制度的功能和作用提出质疑，与行政机关产生争议后倾向于直接提起行政诉讼，或在原行政行为被复议机关维持后再次寻求法律救济提起行政诉讼。新《行政诉讼法》将作出维持决定的复议机关列为共同被告，是对行政诉讼监督功能的充分彰显，倒逼行政机关和复议机关依法行政，加强对行政行为合法性及合理性的公平、公正审查。

(2)复议机关不作为，或可成为被告。

根据新《行政诉讼法》的规定，复议机关未在法定期限内作出复议决定的，原告既可以原行为机关为被告，也可以复议机关不作为为由起诉复议机关。这赋予行政案件原告更多选择权，同时也督促复议机关在法定期限内及时作出行政复议决定，避免久拖不决。

在一定意义上说，这一条的修改有助于复议机关积极履行行政复议的职权，但同时，也意味着所有对行政复议结果不满寻求行政诉讼的案件，复议机关都将成为本案被告。那么，这样可能导致上级机关对下级机关通过绩效考核等方法规控相对人的复议。让作出行政行为的行政机关鼓励相对人去直接提起行政诉讼。这样做法的效果如何，还有待进一步观察。

(四)原告资格的规定

现行《行政诉讼法》第 24 条第 1 款规定："依照本法提起诉讼的公民、法人或者其他组织是原告。"第 2 款规定："有权提起诉讼的公民死亡，其近亲属可以提起诉讼。"第 3 款规定："有权提起诉讼的法人或者其他组织终止，承受其权利的法人或者其他组织可以提起诉讼。"

新《行政诉讼法》将第 24 条改为第 25 条，将第 1 款修改为："行政行为的相对人以及其他与行政行为有利害关系的公民、法人或者其他组织，有权提起诉讼。"

这是关于原告资格的规定。合理划定行政诉讼参加人的范围对行政诉讼制度有着极其重要的作用。从语义角度进行分析，现行《行政诉讼法》只规定提起诉讼的即为原告，并未对原告资格的构成要件作出明确规定。根据 20 余年的行政审判实践，新《行政诉讼法》对于原告、第三人、共同诉讼和委托代理人均作出一定调整，将原告限定为"行政行为的相对人以及其他与行政行为有利害关系的公民、法人或者其他组织"。也就是说，行政案件的原告不仅限于行政相对人，而且还包括其他与行政行为有利害关系的公民、法人和其他组织，明确赋予后者依法寻求救济的权利。原告资格的要件规定对于我们最近热炒的行政公益诉讼密不可分，在新的行政诉讼关于原告的资格规定中，其进步之处在于填补了旧法没有的规定。但这一条规定的"行政行为的相对人以及其他与行政行为有利害关系的公民、法人或者其他组织"中，"利害关系"的界定还是比较模糊的，到底多少的联系才能被认定为有利害关系？这也是我们不得不考究的问题，从实际来说，要在现有的法律框架下构建行政公益诉讼，那就必须要对这个"利害关系"进行扩大化的解释。这样才能让一些公益组织参与到行政诉讼中来。

（五）管辖规定的变化

1. 中院管辖范围的调整

新《行政诉讼法》大大拓宽了中级人民法院行政诉讼案件的管辖范围。尤其是将现行《行政诉讼法》第14条第2项改为新《行政诉讼法》第15条第1项，直接把受案范围从省级人民政府所作的具体行政行为扩大至“县级以上地方人民政府所作的行政行为”。并且增加1项作为第4项，作为兜底条款。

从该部分法条的改动，我们看得出立法者对于地方行政干预的忌惮，将中院行诉管辖的范围进一步的扩大，让中院对于被告为县级政府机关的行诉有了直接的规控。从这点来说，无疑是进步的。

2. 跨区域集中管辖的创制

现行《行政诉讼法》第17条规定：“行政案件由最初作出具体行政行为的行政机关所在地人民法院管辖。经复议的案件，复议机关改变原具体行政行为的，也可以由复议机关所在地人民法院管辖。”新《行政诉讼法》将第17条改为第18条。第1款规定：“行政案件由最初作出行政行为的行政机关所在地人民法院管辖。经复议的案件，也可以由复议机关所在地人民法院管辖。”第2款规定：“经最高人民法院批准，高级人民法院可以根据审判工作的实际情况，确定若干人民法院跨行政区域管辖行政案件。”

对新法第18条的规定，我们主要分析第2款。当前，行政区划和司法管辖权相对应，行政审判饱受诟病的最突出问题就是行政干预。一些基层人民法院人、财、物受制于地方政府，与某些行政机关联系密切，导致行政案件不能判、不好判、不敢判。减少人民法院“地方化”对公正审判造成的影响，必须保障人民法院具有独立审判权。为减少地方政府对行政审判的干预，此外，新《行政诉讼法》赋予复议机关所在地人民法院更大的管辖权：经过复议的行政案件，无论是否改变原行政行为，都可以由复议机关所在地人民法院管辖。①

跨区域集中管辖，是针对行政干预作出的回应。前不久上海依托上海铁路运输中级法院设立了我国第一个跨行政区划法院，开启了跨区划集中管辖法院设立的新篇章。我们认为，新行政诉讼法构建的这种管辖制度对规避行政诉讼中地方行政机关的干预是一个突破，而依托本来就是跨区域管辖而且案源难以饱和的铁路运输法院来构建跨区域管辖法院或者由高院指定铁路运输法院来管辖比较敏感的行政诉讼未必不是一个很好的尝试。例如湖北省高院就可以将被告为武汉市政府部门的行政诉讼指定到襄阳铁路运输法院来进行管辖。这里要提出的问题是，现在行政干预已经有了相应的法律对其进行规避了，那么行政诉讼审判难、执行难的症结就一定会得到解决么？我们认为这个还是个未知数，因为，我们通过很多渠道了解到的信息是，近年来，政法委、行政机关干预行政诉讼的情况已经是非常少了。已经远不是20多年前的那种情况，现在的行政机关也能

① 汪庆华：《中国行政诉讼：多中心主义的司法》，载《中外法学》，2007年第5期。

比较正确的对待行政诉讼。然而，问题出在了法院自己的心理障碍，法官自己给自己带枷锁。不能在具体案件审判中依据事实和法律进行公正的审判，而是片面的“讲政治”、“谈和谐”，什么叫“讲政治”？我认为，所有人都可以讲政治，但是唯独法官不能讲政治。因此，我们认为，破解行政诉讼的三难问题，还有很多的事情要做。更要要求我们法院和法官能够依据事实和法律进行判案。不过，跨区域集中管辖的制度设计，还是迈出了很有意义的一步。

（六）关于证据的规定

新《行政诉讼法》增加了 3 条，作为第 36 条、第 37 条、第 38 条。

第 36 条规定：“被告在作出行政行为时已经收集了证据，但因不可抗力等正当事由不能提供的，经人民法院准许，可以延期提供。原告或者第三人提出了其在行政处理程序中没有提出的理由或者证据的，经人民法院准许，被告可以补充证据。”

第 37 条规定：“原告可以提供证明行政行为违法的证据。原告提供的证据不成立的，不免除被告的举证责任。”

第 38 条规定：“在起诉被告不履行法定职责的案件中，原告应当提供其向被告提出申请的证据。但有下列情形之一的除外：(1)被告应当依职权主动履行法定职责的；(2)原告因正当理由不能提供证据的。在行政赔偿、补偿的案件中，原告应当对行政行为造成的损害提供证据。因被告的原因导致原告无法举证的，由被告承担举证责任。”

新《行政诉讼法》在证据章节增加了很多内容，使行政诉讼证据制度更加完善，有利于司法公正。新增的这 3 条规定主要涉及举证责任分配问题，借鉴了最高人民法院《关于行政诉讼证据若干问题的规定》第 1 条至第 6 条的规定。

《行政诉讼法》明确规定了被告对被诉行政行为负举证责任，这是行政诉讼举证责任分配的基本原则，与民事诉讼谁主张、谁举证的举证责任分配的基本原则大不相同。在一般情况下，行政机关基于调查收集的证据作出行政行为，即先取证、后裁决，因此人民法院原则上不允许被告补充提供证据。但在实践中，行政机关可能在作出行政行为时已经收集了证据却因不可抗力等正当事由不能提供，有的原告、第三人在行政诉讼程序中提出在行政处理程序中没有提出的反驳理由或者相关证据，这都使行政机关难以应对，不利于公平公正审判。为有助于程序公正的实现，新《行政诉讼法》第 36 条规定被告在特定情况下可以补充证据，即允许行政机关在举证期限后进一步提供证据。①

适用新《行政诉讼法》第 36 条应注意五点：一是行政机关延期提供的证据必须是在作出行政行为时已经收集的证据，而不是事后补充收集的证据，且该证据因不可抗力等正当理由不能按期提供。二是延期提供证据须经人民法院准许。三是行政机关补充提交证据的前提是，原告或者第三人提出的理由或证据在行政处理程序中没有提出。四是行政机关补充的证据必须与原告或者第三人此次提出的理由或证据有关。五是行政机关补

① 单国杰：《试论行政诉讼举证责任分配和举证规则的优化》，山东大学硕士学位论文，2009。

充证据的时间不再限于第一审程序。①

（七）附带审查规范性文件

新《行政诉讼法》增加1条，作为第53条。第1款规定，“公民、法人或者其他组织认为行政行为所依据的国务院部门和地方人民政府及其部门制定的规范性文件不合法，在对行政行为提起诉讼时，可以一并请求对该规范性文件进行审查。第2款规定，前款规定的规范性文件不含规章。”

新《行政诉讼法》增加1条，作为第64条。规定，人民法院在审理行政案件中，经审查认为本法第53条规定的规范性文件不合法的，不作为认定行政行为合法的依据，并向制定机关提出处理建议。

对于这2条新增的内容，我们对其的评价是一分为二的：一方面，规范性文件属于抽象行政行为的范畴，是指行政机关制定、发布法规、规章以外的具有普遍约束力的决定、命令的行为。在我国行政复议法上，规定了上级行政机关对规范性文件的审查，而且在我国的行政诉讼司法实践中，也出现过法院对规范性文件的附带审查先例。这次的修改，新增了对规范性文件的附带审查，无疑是具有进步意义的。这样留给了原告更多的申告空间，有利于保护其合法权益。另一方面，第64条规定的“人民法院在审理行政案件中，经审查认为本法第53条规定的规范性文件不合法的，不作为认定行政行为合法的依据”，这句话正面来解读，似乎合情合理，意思是指假如经审查后发现规范性文件不合法，则依据该规范性文件所作的行政行为也是不合法的。但是反面来解读，即假如经审查后发现规范性文件合法，就认定其为行政行为合法的依据。事实情况是，在我国，规范性文件并非一般的法律渊源形式，即规范性文件并不能成为具体行政行为合法与否的标准。由此可知此条规定也是有歧义的，需要进行司法解释才能得到很好的适用。而且，经过司法审查后确认违法的规范性文件，司法机关还不能直接作出处理，只能向指定机关提出司法建议。那么该司法建议如何提出？向指定机关还是指定机关的上级机关提出？这些都是需要具体规定明确的问题。

（八）关于调解的适用

新行政诉讼法修改现行《行政诉讼法》第50条“人民法院审理行政案件，不适用调解”。作为第60条“人民法院审理行政案件，不适用调解。但是，行政赔偿、补偿以及行政机关行使法律、法规规定的自由裁量权的案件可以调解。调解应当遵循自愿、合法原则，不得损害国家利益、社会公共利益和他人合法权益”。这是关于审理行政案件原则上不适用调解及其例外情形的规定。

根据现行《行政诉讼法》的规定，行政案件原则上不适用调解，要求人民法院不得采用调解的方法处理行政案件，不得将调解作为处理行政案件的必经程序和行政案件结案的方式。不过，不适用调解原则也存在例外。根据最高人民法院《关于审理行政赔偿

① 余凌云：《论行政诉讼法的修改》，载《清华法学》，2014年第3期。

案件若干问题的规定》第30条的规定，行政赔偿诉讼可以适用调解。在司法实践中，大量行政案件通过庭外和解、协商等纠纷化解方式处理，并采用撤诉方式结案，但有相当一部分庭外和解脱离社会监督，其协商过程、协商结果等均无从得知，当事人的合法权益无法得到有效保障。新《行政诉讼法》扩大了行政案件调解的适用范围，明确规定调解应当遵循自愿、合法原则，不得损害国家利益、社会公共利益和他人合法权益。根据新《行政诉讼法》的规定，行政调解适用于两类案件：一类是行政赔偿、补偿案件；另一类是行政机关依法行使自由裁量权的案件。前一类案件涉及的是行政机关的经济权益，对经济权益的自由处分并不会影响行政机关职权的正常行使，主要包括行政赔偿、行政合同、行政补偿等。在后一类案件中，行政主体具有自由裁量的空间，行政机关可以在法定自由裁量幅度内处分公权力，妥善解决纠纷。①

我们对这一条仍然做一分为二的解读，首先，行政诉讼区别与民事诉讼，是公权力和私权利的斗争之诉，在很多情况下，其象征意义可能会大于其实质意义。老百姓在这种民告官的案件中胜诉，哪怕得到的只是官员对其公开的赔礼道歉，可能也会比得到实际的一丝利益而更让人欢欣鼓舞。现行诉讼法第50条的规定，就是堵住调解的口子，因为调解就意味着私底下将可能存在着一系列的威逼利诱等暗箱操作的手段。这样的规定就是为了防止在实践中大量行政诉讼案件最终以调解结案。而在新法修改中，不适用调解原则还是被突破了，其调解适用的案件被限定在了“行政赔偿、补偿以及行政机关使用法律、法规规定的自由裁量权的案件”。这样一种突破，可以说是对现实的妥协。但是，我们回归法条，会发现，适用调解的包括行政赔偿，但是关于行政赔偿的标准，在《国家赔偿法》中规定的已经非常清楚，几乎没有可以自由裁量的空间，例如行政行为造成行为相对人死亡的，赔偿金额上限为上年度职工平均年工资的20倍。假如对于此类行政诉讼最后进行了调解结案，若调解的赔偿金额高于《国家赔偿法》的规定，那么超出的部分又该由谁来埋单呢?

另外，除了行政赔偿之外，行政补偿和其他行政机关行使法律、法规规定的自由裁量权的案件若适用调解，确实可能会让相对人的利益得到更充分的维护，诉求得到更现实的伸张，我想，这可能也就是此条修改的唯一进步意义了。

四、总体评析

这次行政诉讼法的修改主要是对司法解释成熟经验的总结，虽然说在很多条文的修改上都体现出了立法者希望改变行政诉讼三难问题的想法，但无奈基于我国现在的国情，立法上的惯性还是难以改动，平和、中庸的立法宗旨也一如既往地被贯彻在这次修法之中。这可能是让我们这些学者较为失望的一点。其中，在受案范围、抽象行政行为上比较保守，在审判体制、诉讼类型、公益诉讼上毫无突破。

---

① 赵艳花、耿宝建：《行政诉讼中的调解：西方的经验与中国的选择》，载《行政法学研究》，2009年第3期。

基于对行政法的理解，我们建议在未来的修改中，继续扩大行政诉讼的受案范围，建议采取肯定概括和否定排除的立法方式，在这次取消只有具体行政行为可诉的基础上，进一步明确哪些抽象行政行为可诉，并将行政指导、行政合同纳入受案范围中来，对其进行规制和救济。并在长远的规划中，达到不再根据行政行为的性质来判断其是否应该可诉，而是根据行政方式理论，只要行政机关依职权所做的行政行为或者事实行为侵犯公民合法权益时，这种损失就该得到追偿，这类案件就该被行政诉讼法所规控。同时，我们希望，行政公益诉讼也能尽快被纳入行政诉讼中来，正如某最高检领导所说，行政公益诉讼不是搞不搞的问题，而是怎么搞的问题。

（作者简介：彭维汉，武汉大学法学院2014级宪法与行政法学硕士研究生。）

◎ **点　评**

本次《行政诉讼法》的修改在立法目的、技术上，实现了从政治语言向法律语言的转变，并且明确了“解决行政争议”定纷止争、定位明确。在法律条文中，以“行政行为”替代“具体行政行为”则为之后的扩大审查内容作了铺垫；规章授权的内容纳入诉讼制度中，只是一种扩大，并不构成冲击。《行政诉讼法》中第12条受案范围中“警告等体现人格、精神损失方面跨出了一步”，事实行政行为内容纳入到了受案范围，落款“等合法权益的理解，则可以通过实践判例得到内容的扩展与认可。在跨区域管辖制度上，明确了将由铁路法院“挂牌”来实行，是否机构的新设就能解决行政类侵权问题则尚待观察。

对于行政复议制度的修改，行政复议制度乃是可供当事人选择的救济途径，应当肯定其存在的必要性；修改后将复议机关的维持行为亦纳入被告，在立法上可为防止行政机关狼狈为奸。对于规范性文件的审查第53条、第64条的理解，需要最高院作出司法解释。具体诉讼制度上，将“电子数据”这一证据形式予以立法上的认可。立案登记制的效果则善待观察，保障受理的制度内容第51条上，明确“一次性告知”的义务，存在产生向上的诉讼与管辖制度的冲突衔接问题。

针对修改法第60条的内容，行政诉讼不适用调解，但新法依旧予以保留，“但书”内容解释的余地较大，赔偿、补偿事项本为民事纠纷；自由裁量权的案件可以调解，扩大了调解的范围，则存在合理性审查中裁量基准的审查。公益诉讼在行政诉讼法中未被涉及，理论上应当构建起民事公益诉讼与行政公益诉讼两大体系，目前则期待检察机关作为公益诉讼主的诉讼制度构建以及与《环境资源法》等部门法的衔接。

（点评人：武汉大学法学院　江国华教授）

论我国环境公益诉讼制度

吴　珏

摘　要：环境公益诉讼是指由特定的国家机关、相关团体和个人对有关民事主体或行政主体侵犯环境公共利益或可能造成环境公共利益受损的行为向法院提起诉讼，由法院依法追究行为人法律责任的制度。诉讼主体的特殊性、诉讼目的的公益性、诉讼功能的预防性、诉讼程序的特殊性是环境公益诉讼的特征。公共信托理论、私人检察官理论、环境权理论构成了环境公益诉讼的理论基础。新修改的《民事诉讼法》和《环境保护法》确定了公益诉讼制度，最高院环境民事公益诉讼司法解释对其进行全面规定，我国环境公益诉讼制度初步建立。原告资格、管辖法院、诉讼费用、责任方式、与环境私益诉讼的关系是环境公益诉讼制度的主要内容。原告范围界定不足、未规定环境行政公益诉讼、赔偿金管理与使用规则欠缺又是我国环境公益诉讼制度可能存在的问题。

关键词：环境公益诉讼；内容；问题

一、环境公益诉讼概述

（一）环境公益诉讼的概念和特征

公益诉讼起源于古罗马时期，是相对于私益诉讼而言的。在当时，“私诉”是指保护个人利益和权利的诉讼类型，只有特定的人才可以提起。而“公诉”是对有关国家利益案件的审查，是涉及国家和政府利益的诉讼，除法律有特别规定外，任何市民均有权提起。① 20 世纪 60 年代起，资本主义经济的飞速发展使侵害众多消费者权益和污染环

① 参见[意]彼得罗·彭梵：《罗马法教科书》，黄风，译，中国政法大学出版社 1992 年版，第 92 页。

境等损害公共利益的案件频繁发生，公益诉讼在美国得到迅速发展，并逐渐成为西方国家普遍关注的焦点。随着环境污染、生态破坏等环境问题愈演愈烈，环境保护运动的浪潮逐渐高涨，以环境公共利益为诉讼理由的公益诉讼案件频繁出现，欧美各国普遍建立了相应的环境公益诉讼制度，譬如德国的团体诉讼制度、英国的检举人诉讼制度、美国的集团诉讼制度和公民诉讼制度等。

我国学者对环境公益诉讼的研究已历时数年，随着民众对环境问题关注度的日益提高，学界对环境公益诉讼制度的研讨也更趋激烈。由于对环境公益的概念、原告范围等问题理解不同，各学者对环境公益诉讼的定义也不尽相同，其中较为全面的观点认为：环境公益诉讼是指由特定的国家机关、相关团体和个人对有关民事主体或行政主体侵犯环境公共利益或可能造成环境公共利益受损的行为向法院提起诉讼，由法院依法追究行为人法律责任的制度。①

由于环境公益诉讼并非基于与案件的利害关系而提起，它与传统的诉讼模式有着显著的区别，其主要特征有以下几点：

1. 诉讼主体的特殊性

在一般的民事或行政诉讼中，原告必须与案件具有直接利害关系，而环境公益诉讼的发起者既可以是环境侵权行为直接受害者，也可以是无直接利害关系者。公共利益与私人利益往往具有一定相关性，侵犯公共利益的行为或多或少、或早或晚会对私人利益产生影响，因此对于没有人身或财产上直接利害关系的主体，法律也应允许其具有环境公益诉讼的起诉权。除起诉主体具有特殊性以外，环境公益诉讼的被诉对象也不同于普通诉讼，它既包括一般民事主体，也包括国家行政机关。一般的民事主体，如企事业单位和个人，当其行为对环境公共利益已经构成或可能构成损害，而环境行政无力解决时，即可成为环境公益诉讼的对象。国家行政机关未履行法定职责，构成了对损害环境公共利益的不当行政行为，也应是环境公益诉讼的对象。

2. 诉讼目的的公益性②

维护公共利益是公益诉讼的本质属性，环境公益诉讼的目的是维护环境公共利益。具体来讲，是为了保护国家环境利益、社会环境利益及不特定多数人的环境利益，追求社会公正、公平，保障社会可持续发展。公益和私益并非完全对立，而是具有相对性和交叉性，维护公共利益的同时也可以促进私人利益，但提起公益诉讼的目的并非直接为了保护私益。

3. 诉讼功能的预防性

传统诉讼中对于损害的救济只能针对现实的、正在发生或已经结束的损害。由于环境破坏的不可逆转性，环境公益诉讼的提起并不要求必有损害事实发生，只要根据有关事实能合理判断出公益损害之可能性，即可提起诉讼。把环境侵害行为消灭在萌芽状

---

① 参见吕忠梅：《环境公益诉讼辨析》，载《法商研究》，2008年第6期。

② 参见余贵忠、杨武松、余计灵：《环境公害诉讼研究》，西南交通大学出版社2013年版，第53页。

态，是对环境公共利益最有效的维护。

4. 诉讼程序的特殊性

公益诉讼特殊的原被告资格和诉讼内容的专业性等因素决定其具有特殊的诉讼程序，主要表现在举证责任分配、原告诉讼费用承担、原告处分权限制等方面。在下文对我国环境公益诉讼制度内容的阐述中会涉及相关程序性规定，此处就不一一赘述了。

(二)环境公益诉讼的理论基础

现代环境公益诉讼制度的兴起和发展是以一系列理论的提出为基础的，如公共信托、私人检察官和环境权等理论，这些观点的发展为环境公益诉讼提供了强大的理论支撑。

1. 公共信托理论

公共信托理论来源于罗马法，即空气、水、河流、海岸及其他自然资源在本质上属于公民的共同财产，这些共同财产应基于公共利益之目的而通过由政府或其他组织以信托的形式加以管理和利用。当信托财产受到侵害时，国家有义务对其进行保护，国家将保护环境的诉权分配给检察机关或者其他组织，由这些机关代表国家作为国民的受托人具体提起诉讼。如果这些国家机关或者组织没有依职权向法院提起诉讼，那么任何一个国民均可依公共信托理论向法院提起诉讼，以便保护信托财产。据此理论，环保部门、检察机关和环保组织可取得环境权人的诉权，当环境权人不愿、不敢或不能起诉时，这些主体便可以自己的名义提起环境公益诉讼，其诉讼利益则归属于相应的环境权人。①

2. 私人检察官理论

私人检察官理论产生于1943年美国联邦第二上诉法院的判例中，法院指出，为防止公务员从事违法行为侵害公共利益，国会可以授权一个公共官吏提起诉讼制止违法行为，如授权检察官对行政机关的行为申请司法审查，也可以授权任何人提起诉讼解决这类争端，而得到授权的人即相当于私人检察官。② 这一理论成为公民诉讼最强有力的支撑，随后进入了美国的环保法律体系中，法律规定在政府不能或不愿履行环保职责时，公民或团体可以对违反法定义务的污染者或疏于执法的环境保护行政机关提起诉讼。

3. 环境权理论

环境权是指公民享有在不被污染和破坏的环境中生存及利用环境资源的权利。它是在20世纪六七十年代环境危机日益严峻的情况下被提出的，是环境保护运动的产物。针对当时环境公害肆虐的现实，有学者主张在宪法上直接创设一种新型的保障环境公益的权利，即环境权，以此解决环境公益诉讼主体资格障碍。萨克斯的环境资源“共有说”和“公共信托说”为其奠定了基础。一些学者认为，既然公民对环境是拥有权利的，那么当这种实体权利受到侵犯时，正当的法律应该授予他们诉讼的权利。环境权作为一

---

① 参见张示军：《环境公益诉讼原告资格研究》，武汉大学法学院博士论文，2005年。

② 参见徐祥民、胡中华、梅宏等：《环境公益诉讼研究——以制度建设为中心》，中国法制出版社2010年版，第99页。

种独立的权利，当然且应该能够通过诉讼的方式得以实现，而环境公益诉讼正是环境权实现从理论到实践飞跃的重要途径。①

二、我国环境公益诉讼制度的探索与现状

(一)我国环境公益诉讼制度的探索历程

我国学术界对环境公益诉讼的探讨已经有十余年的历史了，在这期间，随着公民环保意识的增强和国家政策的支持，国家机关和社会各界人士都积极投入环保事业中，环境公益诉讼的制度建设和司法实践得到了很大的发展。

官方首次明文提出环境公益诉讼是在2005年的《国务院关于贯彻落实科学发展观加强环境保护的决定》，该决定鼓励社会组织参与环境监督，“推进环境公益诉讼”。2007年贵州成立了第一家环保法庭后，随后各地法院相继设立了环保庭，据不完全统计，截至2014年6月最高院环保法庭成立时，全国各地共设有310个环境保护审判组织，其中省高院级别的有6个，中院级别的有52个，基层法院级别的有252个。虽然各地环保法庭相继审理了一些由行政机关、检察院和环保组织提起的环境公益诉讼，但更多案件因为提起主体不适格或法律无明文规定而被法院拒绝受理。此阶段环境公益诉讼的开展面临着诸多困难，原告资格不清晰、受案范围过窄、信息渠道不畅、经济门槛过高、原告能力不足、取证和举证艰难、地方支持力低等，可谓是举步维艰。

自2012年起，随着一些法律的修改和司法解释的出台，我国环境公益诉讼制度有了显著发展。2012年8月《民事诉讼法修正案》出台，规定“对污染环境、侵害众多消费者合法权益等损害社会公共利益的行为，法律规定的机关和有关组织可以向人民法院提起诉讼”。这一规定首次以法律的形式确定了环境公益诉讼，对我国公益诉讼制度的发展具有重要意义。但它把诉讼范围限制为“污染环境的行为”，对于破坏生态的行为是否可以提起公益诉讼没有做出规定；且该条文缺少具体操作规范来支撑，在司法实践中，由于相关法律条文的缺失，法院不受理环保诉讼的情况仍然屡屡发生。

2012年《环境保护法修正案(草案)》一审稿出台，其中没有对环境公益诉讼作出任何规定，社会舆论一片哗然。在众多专家学者的呼吁下，修正案草案二审稿中加入了环境公益诉讼的规定，但把起诉主体限制为“中华环保联合会以及省、自治区、直辖市设立的环保联合会”，这使起诉资格完全由中华环保联合会垄断的规定明显违背了法律面前人人平等的原则。随后的三审稿放宽了起诉门槛，规定“依法在国务院民政部门登记，专门从事环境保护公益活动连续5年以上且信誉良好的全国性社会组织”可以提起环境保护公益诉讼。但这一规定中“全国性社会组织”的限定缺乏合理依据，且“信誉良好”措辞抽象，极易导致实践中自由裁量权滥用。经历一波三折的修改、审议、再修改，《环境保护法》于2014年4月24日最终通过修订，自2015年1月1日起施行。该

① 参见关丽：《环境民事公益诉讼研究》，中国政法大学博士学位论文，2011年。

法第58条对环境公益诉讼作了细致的规定："对污染环境、破坏生态，损害社会公共利益的行为，符合下列条件的社会组织可以向人民法院提起诉讼：(一)依法在设区的市级以上人民政府民政部门登记；(二)专门从事环境保护公益活动连续五年以上且无违法记录。符合前款规定的社会组织向人民法院提起诉讼，人民法院应当依法受理。提起诉讼的社会组织不得通过诉讼牟取经济利益。"该条文在《民事诉讼法》规定的基础上扩大了环境公益诉讼的受案范围，将破坏生态的行为囊括在内，同时具体地规定了诉讼主体资格，使其具有广泛性且便于审查，克服了修正案审议稿规定中的抽象性和狭隘性，使更多的民间组织拥有参与诉讼的法定资格。并且该条文还强调符合条件的社会组织向人民法院提起诉讼时，法院应当依法受理，为解决实践中环境公益诉讼立案难问题提供了支持。尽管新环保法的规定将使环境公益诉讼更容易被提起，也更容易被受理，但是在这一立法进步的背后仍然存在着诉讼程序缺失、实践操作难等问题。

2014年12月，长达五万字的《民事诉讼法司法解释》由最高人民法院通过并公布，其中有专门一个章节对公益诉讼进行规定。

随后《最高人民法院关于审理环境民事公益诉讼案件适用法律若干问题的解释》(以下简称"环境公益诉讼司法解释"或"司法解释")在2015年1月6日公布，它在基本上囊括了民诉法司法解释对公益诉讼的规定外，增加了更多的条款，全面而具体的构建了环境民事公益诉讼制度，从原告资格、受理条件、办理程序、责任方式、诉讼费用等多方面完善了该制度，使《环境保护法》和《民事诉讼法》相关规定能够落到实处，得以真正有效实施。

自《环境保护法》修改以来，环境公益诉讼的僵局被逐渐打破，社会组织提起环保诉讼的数量大幅增加，法院态度变得更开放，更多案件得到了受理和重视，检察院、环保部门和专业机构纷纷参与和支持诉讼。其间还产生了一些具有社会影响力的环保大案，如2014年底江苏泰兴"12·19"环境污染公益诉讼案，该案由环保组织作为原告，泰州市中院副院长和江苏省高院院长分别担任一审和二审的审判长，泰州市检察院副检察长和江苏省检察院副检察长分别在一审、二审出庭发表意见支持起诉，泰州市环境监测站对污染水体进行采样监测，江苏省环保厅出具监测数据认可书，江苏省环境科学学会出具了污染损害评估技术报告，特聘大学教授作为专家辅助人提供技术咨询意见，并出庭说明解释。① 该案最终判决污染企业赔付1.6亿元，创我国环境公益诉讼赔付之最。社会各界对该案的大力支持和广泛关注体现了国家鲜明的环境司法政策和群众高度的环保热情，环境公益诉讼的发展形势空前良好。接踵而至的最高院司法解释更是将其推到了高潮，社会各界关注与讨论十分热烈，纷纷表示"环境公益诉讼的春天已经到来"。

① 参见别涛：《环境公益诉讼的成功探索——泰州"天价环境公益诉讼案始末及评析"》，载《中国环境报》2015-01-14，第8版。

(二)我国环境公益诉讼制度内容

随着新修改的《民事诉讼法》和《环境保护法》对公益诉讼的确立，以及最高院环境民事公益诉讼司法解释的全面规定，我国学者倡导多年的环境公益诉讼制度已初步建立。环境民事公益诉讼司法解释的规定构成了这一制度的主要内容，该司法解释从原告资格认定、管辖法院、诉讼权利、诉讼费用缴纳、判决执行等方面作出了规定，组成了一套较为完整的诉讼程序规则。本文拟选取其中具有鲜明特色、受关注较多的几个方面进行介绍：

1. 原告资格

原告资格一直是环境公益诉讼中最受关注的问题，原告不适格也是法院拒绝受理环境诉讼的主要理由。按照现有规定，有资格提起环境公益诉讼的主体是“法律规定的机关和有关组织”，不以与案件具有直接利害关系为要件。对于何为“法律规定的机关”，立法没有作出明确解释，但是，新的法律和司法解释对社会组织的起诉资格作出了详细规定，主要有以下几点：

(1)依法在设区的市级以上人民政府民政部门登记。设区的市级指在行政区划的等级上与设区的市相当。满足这个要求的民政部门包括民政部，省、自治区、直辖市的民政厅或民政局，四个直辖市所在的区民政部门，设区的市、自治州、盟、地区的民政部门，以及不设区的地级市的民政部门。根据相关条例的规定,① 在民政部门登记的非营利性社会组织目前有社会团体、民办非企业单位以及基金会三种类型，三类组织均有资格提起环境民事公益诉讼。但《司法解释》的规定并不限于以上三类组织，而是保持了一定的开放性，防止以后新的行政法规或地方性法规拓展社会组织的范围，保证了诉讼主体的广泛性。

(2)专门从事环境保护公益活动连续五年以上。只要社会组织的宗旨和主要业务范围是维护社会公共利益，且从事环境保护公益活动的，就可以认定为“专门从事环境保护公益活动”，对社会组织提起诉讼的地域范围则未予限制。同时，社会组织在起诉前的成立时间必须满五年，一些专门为提起某项环境民事公益诉讼而临时成立的社会组织不应被赋予原告资格。此外，社会组织提起的诉讼所涉及的社会公共利益，应与其宗旨和业务范围具有关联性。这一规定保证了起诉主体具有一定的专业性和诉讼能力，有助于案件的顺利开展，防止诉累和司法资源浪费。

(3)无违法记录。司法解释将“违法记录”限制为“起诉前五年内因从事业务活动违反法律、法规的规定受过行政、刑事处罚”，不包括情节轻微的违规行为，也排除了社会组织成员以及法定代表人个人的违法行为。这样的解释可以扩大诉讼主体范围，使更多依法运行并且具备维护环境公共利益能力的社会组织能够参与到环境民事公益诉讼中来。

据有关部门统计，符合以上条件的社会组织大约有700多个，占全国生态环保类社

---

① 如《社会团体登记管理条例》、《民办非企业单位登记管理暂行条例》、《基金会管理条例》。

会组织总数的十分之一，且分布领域广，涉及野生动植物保护、水资源保护、湿地保护、江河湖泊海洋保护等多个方面。

2. 管辖法院

环境民事公益诉讼的级别管辖和地域管辖规则是遵照《民事诉讼法》中普通民事案件的管辖规则制定的，并根据诉讼特点作了一定变通。而跨区划集中管辖是环境民事公益诉讼不同于普通民事诉讼的特殊规定。

(1)级别管辖。环境民事公益诉讼属于新类型案件，审理、执行难度较大，社会关注度高，因此原则上应由中级以上人民法院管辖。但考虑到一些基层人民法院较早建立了专门的环保法庭，在审理环境民事公益诉讼方面已经积累了一定经验，故中级人民法院可以依据民事诉讼法第 38 条的规定，在报请高级人民法院批准后，将本院管辖的第一审案件通过一案一指的方式裁定交给基层人民法院审理。

(2)地域管辖。环境民事公益诉讼本质上属于侵权纠纷性质，原则上应按照《民事诉讼法》关于侵权案件管辖的规定，由侵权行为地或被告住所地人民法院管辖，侵权行为地包括污染环境、破坏生态行为发生地和损害结果地。法律或司法解释有特殊规定的，应从其特殊规定。如因污染海洋环境提起的公益诉讼，由污染发生地、损害结果地或者采取预防污染措施地海事法院管辖。对同一侵权行为分别向两个以上有管辖权的法院提起公益诉讼的，由最先立案的人民法院管辖，必要时由共同上级人民法院指定管辖。

(3)跨行政区划集中管辖。水、空气等环境因素具有流动性，而目前环境监管、资源利用却是以行政区划为界限，此种行政权力配置与生态系统相割裂的冲突，导致跨行政区划污染不能得到有效的治理。为了解决生态环境的整体性与保护的分散性之间的矛盾，克服地方保护主义，此次司法解释专门规定了环境民事公益诉讼案件实行跨行政区划集中管辖。① 即经最高人民法院批准，高级人民法院可以根据本辖区环境和生态保护的实际情况，在辖区内确定部分中级人民法院受理第一审环境民事公益诉讼案件，中级人民法院管辖环境民事公益诉讼案件的区域由高级人民法院确定。比如，北京市范围内跨行政区划的环境保护案件就由北京市第四中级人民法院受理。

3. 诉讼费用

在诉讼资格之外，诉讼相关费用一直是经费不足的环保组织参与环境公益诉讼的拦路虎。为了鼓励社会组织积极参与维护环境公共利益，《司法解释》构建合理的诉讼成本负担机制。主要体现在以下几个方面：一是在《诉讼费用交纳办法》的框架内尽量减轻原告的诉讼费用负担。在诉前，原告交纳诉讼费用确有困难的，可申请缓交，法院应当准予。诉后，败诉或部分败诉的原告申请减交或者免交诉讼费用的，法院应根据相关规定，视原告的经济状况和案件审理情况而决定是否准许。若案件胜诉，原告为该案件支出的检验、鉴定费用，合理的律师费以及为诉讼支出的其他合理费用等均应由被告承

---

① 参见颜运秋、余彦：《我们究竟需要什么样的环境民事公益诉讼——最高院环境民事公益诉讼解释〈征求意见稿〉评析》，载《法治研究》，2015 年第 1 期。

担。二是给予适当的司法救助。对于应由原告负担的调查取证、专家咨询、检验、鉴定等必要费用，法院可以从其他环境民事公益诉讼生效裁判认定的生态环境修复费用以及服务功能损失等款项中酌情予以支付。

在为社会组织解决费用方面后顾之忧的同时，《解释》还强调了不得借公益诉讼牟利的原则。一旦发现社会组织有通过诉讼违法收受财物等牟利行为，法院可以根据情节轻重依法收缴其非法所得、予以罚款；涉嫌犯罪的，依法移送有关机关处理。

4. 责任方式

类似于普通侵权责任，环境民事公益诉讼的被告败诉后承担责任的方式主要有停止侵害、排除妨碍、消除危险、恢复原状、赔偿损失、赔礼道歉等。环境公益诉讼追求的审判目标主要是恢复生态环境的状态和功能，这决定了恢复原状在被告责任承担方式中的核心地位。

恢复原状应遵循以下原则：一是生态环境损害发生后，被告首先应当采取有效措施将生态环境修复到损害发生之前的状态和功能。比如，在植被破坏地按照受损植被的种类、数量进行补种复绿。二是出现部分或全部无法原地原样恢复情形的，可以准许采用替代性修复方式。比如，因采矿遭受破坏的山体植被无法原地恢复的，可以在异地按照相同种类、数量进行补种复绿。

为确保恢复原状责任方式的有效执行，《司法解释》采取了以下两个方面的措施：一是修复主体多元化。人民法院可以在判决被告修复生态环境的同时，确定被告不履行修复义务时应承担的生态环境修复费用；也可以直接判决被告承担生态环境修复费用。然后，通过招标等方式委托第三方治理机构修复生态环境；此外，法院认为必要的，也可以商请负有监督管理职责的环境保护主管部门与上述修复主体一道共同组织修复生态环境。二是建立对生态环境修复结果的监督机制。对于生态环境修复结果，法院可以委托具有环境损害评估等相关资质的鉴定机关进行鉴定，必要时还可以商请负有监督管理职责的环境保护主管部门协助审查。

除生态环境修复费用外，原告还可以请求被告赔偿生态环境受到损害至恢复原状期间服务功能所受的损失。而法院判决被告承担的生态环境修复费用和服务功能损失费用等款项，应当专门用于修复被损害的生态环境，即所谓的“专款专用”，原告不能直接领取，管理单位也不得挪用。

5. 与环境私益诉讼的关系

特定的公民、法人或其他组织因人身、财产等权益受到环境侵权行为的损害而向法院提起的诉讼是环境私益诉讼。它与环境民事公益诉讼在诉讼目的、诉讼请求上存在区别，又在审理对象、案件事实认定等方面存在紧密联系，因此，协调环境民事私益诉讼与公益诉讼的关系十分必要。

(1)环境民事公益诉讼和私益诉讼属于相互独立的诉。法律规定的机关和社会组织提起环境民事公益诉讼，不影响公民、法人和其他组织依法提起私益诉讼，这样可以避免出现以涉及公益为名将私益诉讼拒之门外的现象。同时，基于诉讼效率的考虑，环境民事公益诉讼和私益诉讼不能合并审理，如公民、法人和其他组织以人身、财产受到损害为由申请参加环境民事公益诉讼的，法院应告知其另行起诉。

(2)私益诉讼原告有“搭便车”的权利。① 环境民事公益诉讼与私益诉讼在案件事实认定以及法律适用方面具有很大程度的共通性，且私益诉讼原告举证能力较弱，为解决环境私益诉讼举证难、提高其审判效率和防止法院作出相互矛盾的裁判，《司法解释》规定了私益诉讼原告的“搭便车”制度。即除被告有相反证据予以推翻外，公益诉讼生效判决认定的有利于私益诉讼原告的，其可以在私益诉讼中主张直接适用；而如果被告主张直接适用对其有利的认定，则法院不应支持，被告仍应举证证明。

(3)私益诉讼原告的受偿顺位优先。当被告因污染环境、破坏生态被环境民事公益诉讼和私益诉讼判决承担责任，其财产不足以履行判决确定的全部赔偿义务的情况下，应当先履行私益诉讼判决所确定的义务。但法律有特殊规定的除外，如对于船舶油污损害赔偿纠纷案件，采取按比例受偿的原则。②

6. 其他公益性的规定

除以上规定以外，司法解释的一些规定充分体现了环境民事公益诉讼的公益性，主要体现在以下几点：

若原告起诉时提出的诉讼请求不足以保护公共利益，法院可以行使释明权，告知其变更或增加诉讼请求。

环境民事公益诉讼生效裁判的执行关系到环境公共利益能否得到及时维护，因此无须原告申请，应由人民法院依职权移送执行。即由审判人员直接移送执行人员。

为了维护环境公益诉讼的公益性，诉讼当事人的处分权应受到一定程度限制。具体表现为：原告不能作出有损公共利益的自认，否则法院将不予确认；被告不能以反诉的形式提出诉讼请求；原告申请撤诉只能在法庭辩论终结前进行；法院应对当事人达成的调解协议或和解协议进行公告及审查。

三、我国环境公益诉讼制度可能存在的问题及改进建议

目前环境公益诉讼是机遇与挑战并存，《民事诉讼法》和《环境保护法》为公益诉讼提供了合法性支持，《司法解释》为其提供了具体操作规则，但在司法实践中还有诸多问题阻碍着环境公益诉讼的开展。

(一)原告范围界定不足

《环境保护法》和《环境公益诉讼司法解释》在《民事诉讼法》的基础上完善了关于环境公益诉讼原告资格的规定，既重申了“法律规定的机关”有提起诉讼的权利，又全面

① 参见颜运秋、余彦：《我们究竟需要什么样的环境民事公益诉讼——最高院环境民事公益诉讼解释〈征求意见稿〉评析》，载《法治研究》，2015年第1期。

② 参见《1992年国际油污损害民事责任公约》以及《最高人民法院关于审理船舶油污损害赔偿纠纷案件若干问题的规定》。

规定了社会组织提起诉讼的条件，对环境公益诉讼的开展起了重要促进作用。但是在看到进步的同时也应注意到实践中一些关于原告范围的复杂问题并没有得到立法的明确回应，环境公益诉讼的开展仍然困难重重。

1.“法律规定的机关”不明确

《民事诉讼法》和《环境公益诉讼司法解释》对于“法律规定的机关”可提起公益诉讼都是一笔带过，没有任何多余的说明。对于具体哪些机关有提起诉讼的权利我们目前不能从立法上得到满意的解释。从学界的探索和环境公益诉讼司法实践来看，应当重点明确检察机关和环保部门的起诉权利。①

(1)明确检察机关的环境民事公益诉讼起诉权。

与生俱来的公共性特征决定了检察机关在履行职责时不仅是国家利益的代表，而且是社会公共利益的代表。法律只有赋予检察机关以环境诉权，才能使其在环境公共利益受到不法侵害时作为环境公益的代言人提起诉讼达到维护公共秩序的目的。相对于其他可能的原告而言，检察机关作为国家力量的代表，有更加充足的人力、财政支持，可以负担起环境公益诉讼巨大的诉讼成本。尽管目前没有获得法律的明确授权，但是在多年的司法实践中，各地检察机关已经进行了一定的有益尝试，且取得了不错的成果，可以说近年来取得胜诉的环境公益诉讼案件半数以上是以检察院为原告进行的。当然我们也不能忽视由检察机关提起公益诉讼将会面临的一些技术性难题：如可能会造成当事人诉讼地位不平等、与检察机关“法律监督者”身份存在一定冲突、部分基层检察院超负荷运转无力承担公益诉讼等。但是这些问题都不能从根本上否定检察机关提起环境公益诉讼的权利，不能因此而对其全盘否定，因噎废食往往得不偿失，我们应该做的是通过更加严格的立法来构建相关制度，实现检察机关诉权的合理行使。②

(2)明确环保部门的环境民事公益诉讼起诉权。

我国宪法规定“环境保护是国家的一项职责”，行政机关以公众受托人和国家环境资源所有权代表人的身份，直接对侵害公众或国家环境资源权益的行为提起诉讼是其履行环保职责的题中之意。环保部门以外的其他行政机关因职权、编制与预算等均有严格法定性，参与公益诉讼可能会影响其本身职责的行使，故除了少数由法律明确规定可以提起环境公益诉讼的行政机关外，其余则不宜作为环境公益诉讼原告。环保行政机关是代表国家履行环境保护职责的主力军，赋予其环境公益诉讼起诉权有利于克服这些部门环境行政权的局限，保障环境监管真正实现。以广州市番禺区检察院诉东泰皮革厂一案为例，此案中表面强势的环保局实际权力极其有限，即只能就污染行为本身进行行政处罚，而对权限以外的环境赔偿无能为力。如果本案中检察院没有提起公益诉讼，而环保局自身又无起诉权利，则如此严重的环境问题就有可能面临着环境行政层面和法律层面

---

① 参见王灿发、程多威：《新〈环境保护法〉下环境公益诉讼面临的困境及其破解》，载《法律适用》，2014年第8期。

② 参见颜运秋、余彦：《我们究竟需要什么样的环境民事公益诉讼——最高院环境民事公益诉讼解释〈征求意见稿〉评析》，载《法治研究》，2015年第1期。

均无法有效解决问题的危险。从已有的环境行政机关作为原告的判例来看，绝大多数取得了较为理想的结果。霍姆斯说："法律的生命不在于逻辑，而在于经验。"理想的法律实践结果也可以成为制度构建的理由。

2. 个人的诉讼资格没有得到承认

公民个人是环境公害的直接受害人和环境公益的直接受益人，是保护环境最原生的权利主体，无论是法律规定的机关的起诉权还是社会组织的起诉权，实际上都是基于民众的信托或者委托，在法律规定的机关和社会组织怠于行使起诉权时，公民个人的公益起诉权就显得非常必要。或许是考虑到公民有限的应诉资源和对诉讼爆炸的担心，立法对公民个人的公益诉讼起诉权持保守态度。但是本文认为可以通过一定的辅助措施来保障公民起诉权的有效实施，如充分发挥环保组织、环保部门和检察机关支持起诉的作用，鼓励律师对其进行法律援助等。希望我国法律在条件成熟时可以将个人纳入环境民事公益诉讼的原告范围之内，进一步打开环境公益诉讼私人执行的大门。①

(二)未规定环境行政公益诉讼

在司法实践中，时常会出现环境行政管理部门怠于履行行政职责或其具体行政行为危害公共环境利益的情况，相较于社会主体对环境造成的损害，政府部门有关环境的不当决策有时对环境造成的损害更为严重。贵州、云南、江苏等地法院曾作出尝试，将行政公益诉讼案件纳入环保法庭审理范围。贵州省金沙县检察院诉"环保局怠于处罚逾期不缴纳排污费的企业"一案迈出了行政公益诉讼的第一步，具有示范效应。② 司法实践和学界的讨论都对环境行政公益诉讼之于环境保护的作用予以了充分的证成，但是立法却对其采取回避态度。新修订的《行政诉讼法》没有对环境行政公益诉讼作出规定，《环境民事公益诉讼司法解释》以"民事"命名，也回避了这个问题。《环境保护法》第58条关于"污染环境、破坏生态，损害社会公共利益的行为"的规定，是否包括行政机关违法审批、怠于履职导致环境污染和生态破坏的行为，仍然处于不确定的状态。如果答案是肯定的，则环境行政公益诉讼制度可以建立起来；如果答案是否定的，就将使环境公益诉讼丧失一个重要的组成部分。从以往的公益诉讼实践来看，许多法院在受理公益诉讼案时往往对法律规定作狭义的理解，而不是从有利于环境公益诉讼发展的角度对有关立法作扩大解释。在这种情况下，由于一些地方对环境公益诉讼的种种担心，环境行政公益诉讼在实际上会很难开展。③

---

① 参见颜运秋、余彦：《我们究竟需要什么样的环境民事公益诉讼——最高院环境民事公益诉讼解释〈征求意见稿〉评析》，载《法治研究》，2015年第1期。

② 参见秦天宝、段帷帷：《论我国环境行政公益诉讼制度的发展——以全国首例检察机关提起环境行政公益诉讼案为例》，载《环境保护》，2015年第1期。

③ 参见张彬彬、张斗胜：《我国环境民事公益诉讼制度的不足与完善——以新环境保护法第58条为视角》，载《贵州警官职业学院学报》，2015年第1期。

（三）赔偿金管理与使用规则欠缺

《司法解释》第 24 条第 1 款规定："人民法院判决被告承担的生态环境修复费用、生态环境受到损害至恢复原状期间服务功能损失等款项，应当用于修复被损害的生态环境。"该条款是关于环境赔偿金专款用于修复环境、恢复生态的原则性规定，但款项归属、怎样使用、谁来监督、谁来评估等一系列问题并没有得到明文规定。赔偿金的管理和使用关系到对被损害的生态环境进行修护的成效，从而关系到提起环境公益诉讼的意义是否实现，也涉及新的公益诉讼是否能得到资金支持而顺利开展。虽然少数政府和社会组织通过设立财政专户或基金等方式对此进行了一些尝试，① 但总体上来讲，各地关于赔偿金管理的制度还处于混乱状态，急需中央制定统一规定加以规范。

参照各地实践，本文认为设立基金会是解决此问题的可行方案。由设区的市以上政府设立环境公益诉讼基金（或专项资金），胜诉的环境公益诉讼中案件的赔偿金构成基金的主要来源，为诉讼活动的进行提供资金支持，为受损害的环境后期修复工作提供资金保障。制定出台环境公益诉讼基金管理办法。对环境公益诉讼基金设立的目的，环境公益诉讼资金的概念、来源、使用范围、申请程序、借支（垫付）办法、预结算、使用和公开、监管等，作出明确、细致、可操作性的规范。应允许提起环境公益诉讼的社会组织通过一定的程序借支必需的资金，明确胜诉后归还的办法，以及出现胜诉却无法执行到位等情况时，借支资金免于归还的办法等，以解决环境公益诉讼费用的预交和负担问题。从而减轻环保社会组织在提起环境公益诉讼时的资金压力，保障环境公益诉讼健康发展。

除了上述比较明显的问题之外，我国环境公益诉讼制度可能还存在其他问题，如诉讼程序不够明确、与环境行政执法衔接不够充分等。这一制度的建立才刚刚迈出第一步，其完善和发展还需在实践中逐步进行。

（作者简介：吴珏，武汉大学法学院 2014 级宪法与行政法学硕士研究生）

◎ 点　评

第一，环境公益诉讼的价值导向和理论基础问题。为什么要有公益诉讼？我们现在通过《环境保护法》、通过《民事诉讼法》以及一系列司法解释以及在各地方成立专门的环境实务庭这样一些举措来推动环境公益诉讼，它的价值导向是什么？在比较长的时期内，我国的法院，一直持有为经济保驾护航的立场。涉及经济发展、GDP 与环境矛盾的时候，我们过去倾向于保护经济增长。而对于环境污染及其问题，我们肯定是意识到了，但在司法政策上却没有向环境倾斜。直到现在，我们在这个过程中逐渐转向，来保

① 无锡、昆明、贵阳等地采取的是将环境修复基金和服务功能损失等款项缴入专户或基金的方式管理使用，其中贵阳市设立了生态修复基金专户和生态文明建设基金，昆明市建立了环境民事公益诉讼专项基金，无锡则设立了财政专户。环保组织自然之友在阿里巴巴公益基金的支持下已发起成立了"环境公益诉讼行动网络"和"环境公益诉讼支持基金"。

护环境。以泰州这个案子为例，我们惩罚企业意味着牺牲了经济的增长，这个企业可能因此消失、破产。这就是价值导向发生变化所发生的必然性结果。并且发生这样的变化不是偶然的，是有一定的条件的。这个条件是我们GDP增长达到了一定的数量，在这个条件下，牺牲一两个企业，对于当地GDP不会有太大损失，我们在风险可控的情况下，发生了司法价值转移。此外，环境公益诉讼基于什么样的理论基础？我们的私益诉讼是当我们个人的法益受到侵犯，我们应该受到相应的救济。而当我们代表国家，国家的公共秩序和利益受到侵犯的时候，我们有固定的检察机关代表国家提起公诉。这是两种诉讼最基本的因果关系，就是有侵权，侵权的对象和法益有直接的利害关系。典型的公诉就是刑事案件，刑事案件除了侵犯公民和组织或国家的财产之外，侵犯公民的人身之外，还有一个法益是公共秩序，这个秩序的所有权人是国家，而检察机关就是在这种情况下获得诉权。公益诉讼的公益和原告之间是没有传统上所说的直接利害关系，而是一种相关的或变相的关系。不是一种保护自己的利益，而是基于保护不特定人的利益，或者说是虚拟的生活环境，即我们共同享有的资源，以此来提起诉讼。而对于这种诉讼理论来说，可以算是一种突破。

第二，环境公益诉讼的诉权分配问题。在这个国家的法律制度中，我们将这种公益诉讼的诉权如何分配，分配给哪些人，为什么个人不行，一般的社会组织不行，检察机关也不行？我们只设定了特定的组织，这个组织有两个条件：第一个条件是设区的市级以上的民政部门登记，并且从事环境公益有关的事务五年以上，并且没有违法记录的组织。这样一来，就排除了其他组织、公民个人、检察机关。诉权控制在特定的组织之中，与原告资格的确定，在我们国家的环保法、司法解释、民事诉讼法里面是有规定的。

第三，有关环境公益诉讼之诉讼标的的问题。我们诉什么，是诉企业排污，因为排污行为造成的环境污染，还是诉政府机关监管不力导致企业违法排污？诉的对象，标的不一样，那么被告的资格是不一样的。在现有的体制之下，我们的诉讼标的直接是指向污染行为的，也就是指向环境侵权行为的，而不是环境监管行为。所以在这个情况下，相当于平等主体之间的诉讼，所以是属于民事诉讼的范畴，纳入民事诉讼法的调控范围，适用民事诉讼法的一般程序。这是诉讼标的和被告资格的问题。

第四，诉讼的性质是什么。它是民事诉讼、行政诉讼、刑事诉讼之外的一种诉讼。还有一种说法是说，诉讼主要是针对纠纷的性质，这是按照诉讼类型来说的。一个刑事案件，涉及的是违反了刑事法律，行政案件是违反了相关的依法行政的规则，民事案件是违法了民事相关的法律。这个环境公益诉讼的性质到底是什么？性质不同涉及的管辖是不一样的。环境侵权的问题是不是具有特殊性的？我们主张环境诉讼的专业化，有教授呼吁搞专业化的环境诉讼、环境司法。环境纠纷、环境侵权是不是具有独立于其他的民事纠纷、行政纠纷的独立性质？如果没有独立的性质，适用一般的民事管辖就行了。如果它仅仅是一种民事争议，也就是侵犯我的权利，我要求赔偿，那就是直接适用于司法的规定。现在的问题是环境纠纷，不是简单的说，只是涉及公共利益，公共利益是抽象的，在这种公共利益的情况之中，涉及具体的个人、企业、组织。在这种情况下，管辖怎么分配？民事诉讼中，可以是侵权发生地、被告所在地。作为有一定特殊性的纠纷，像原来的民事一般管辖原则，是不是要作一定的调整？可不可以主张被告就原告的原则？因为原告所在地法院起诉时最符合环境侵犯诉讼的管辖原则。第一，原告所在地管辖的案件对于原告来说，是十分便利的。第二，原告所在地通常可以认定为侵权所在地，尽管侵权所在地可能不在同一个地方，空气是流动的，水流是流动的。这个原则可能是一个比较好的解决方案。

第五，环境公益诉讼裁判的基准问题。环境保护法是不足以作为裁判环境侵权的法律依据的，那应该依据什么法律来进行判决，判决的依据是什么？例如，在泰州案中，判决1.6个亿的依据是什么？这些是没有办法计算的东西。如果空气污染了，那么怎么计算污染价值、侵权的程度、赔偿的数额？社会的发展总是阶段性的向前发展。价值导向在这个时代会发生转移，那是因为在经过那么多年的污染之后已经积累了很多财富了，可以说有钱废掉那些污染企业。就像区域发展，过去，沿海地区，广东深圳，上海浙江也有很多污染企业，他们在完成资本积累了，就拆掉污染企业，让西部向中部转移。当西部发展到东部那个程度，它有GDP了，有基础了，也可能不要污染了。这个标准问题到底依据什么，依据美国的标准，还是中国自己的标准？这个问题是需要进一步进行探索的。

第六，关于环境公益诉讼的举证责任问题。举证责任的问题，在环境问题中是很特殊的，这与原告资格密切相关。但是有原告资格的可能并没有举证的能力。那么举证责任在原被告间如何分配？原告可能只能提出排污的事实证据，但如何确定被告？一个污染的发生可能不只是一家企业造成的，可能是多家造成，那么我们认为被告需要证明的就是自己的排污是否在环境部门准许的范围之内。

（点评人：武汉大学法学院　江国华教授）

司法责任制的正当性质疑：表现、影响与出路

庞远福

摘　要：司法责任制自诞生以来便“聚讼纷纭”，其正当性基础亦饱受质疑。在规范主义论域内其合法性存疑，在功能主义视野下其有效性堪忧，在实践主义层面中其可操作性也难以令人满意。传统“规则主义”理论将其定位为“立法他制型规范”的进路显然难以弥合其正当性裂隙，唯有从“司法自制”理论出发，将其定位为一种“司法自制型规范”，才能从合法性、有效性与可操作性三个层面证成其正当性。

关键词：司法责任制；正当性；司法自制；合法性；有效性

引　言

人财物统一管理的体制、与行政区划适当分离的管辖体制和司法责任制①无疑是当前司法改革的“三驾马车”，② 分别代表本轮司法改革的不同制度侧面和目的价值取向，

---

① 必须说明：(1)本文所用的“司法责任”概念，并非指与刑事责任、民事责任、行政责任这三大既有法律责任类型相并列的第四大法律责任类型(此种责任类型至少目前看来并不存在，因为前三者已经囊括了我们已知的所有法律责任)，其内涵有二：一是司法机关、司法辅助人员及司法从业人员依法应当承担的法定职责，属于角色义务；二是因其职业行为不当引起的依法应当承担的不利法律后果，即相应的刑事责任、民事责任或行政责任，换言之，司法责任可从这三个方面来认定。(2)所用“司法责任制”概念是指基于司法机关的法定职权，明确司法责任范围和追责条件、方式等方面的管理制度，与其说它是与“司法责任”相对应的一种问责机制，毋宁，是一种桥接司法人员特定之不当行为与既有法律责任体系的程序机制，因其存在并作用于司法系统内部，故称之为“司法责任制”。相似观点请看董治良：《司法责任制的建立与实践》，载《人民法院报》，2015-05-06，第5版；张建伟：《法官错案责任的抚今追昔》，载《人民法院报》，2014-01-24，第5版。

② 中共中央十八届三中全会通过的《中共中央关于全面深化改革若干重大问题的决定》明确提出：“改革司法管理体制，推动省以下地方法院、检察院人财物统一管理，探索建立与行政区划适当分离的司法管辖制度，……改革审判委员会制度，完善主审法官、合议庭办案责任制，让审理者裁判、由裁判者负责。……健全错案防止、纠正、责任追究机制，……”；十八届四中全会通过的《中共中央关于全面推进依法治国若干重大问题的决定》则进一步提出：“……完善确保依法独立公正(转下页)

而其中的司法责任制则是针对当前司法人员素质普遍有待提高、司法腐败多发、冤假错案频现等现象的应激性制度回应，无疑引起社会各界的高度关注。改革决策者意图经司法责任制的完善促进司法公平正义、维护司法权威；社会公众则希望经司法责任制纠正和预防冤假错案，并追究相应司法人员的责任，惩戒其违法违纪行为；司法实务界和法学界则对此抱持相对理性客观的态度，指陈分析司法责任制的利弊，并提出相应的解决策略。

从宏观的部门划分来看，司法责任制存在三种类型：一是法院系统的司法责任制①；二是检察院系统的司法责任制②；三是仲裁等专门系统的司法责任制③。三者虽有诸多共性，但其内部制度机制均有不同，本文的分析对象仅限于法院系统的司法责任制。在法院系统内部，司法责任制包括两大方面的构成要素：一是"让审理者裁判"；二是"由裁判者负责"。前者指向"审判中心主义"，经审判权力运行机制的改革，淡化法院的行政色彩，突出法官办案的主体地位，确保法官独立行使审判权；后者指向"司法责任主义"，经司法责任追究机制的完善，强化法官责任意识，关注法官行为的合法合纪性，督促法官在个案中依法实现程序正义和实体正义。易言之，司法责任制的逻辑核心有两点：一是放权确权；二是明责追责。④ 前者指的是斩断院长、庭长和其他领导干部对办案法官的干预，将审判权充分交给法官，并辅之以一定的职业保障机制，这意味着审判权配置的重组；后者指的是明确不同办案参与人的角色及其审判责任，若发生法定之问责情形，即追究相应司法人员的责任。二者并存的原因在于：一方面，前述意

(接上页)行使审判权和检察权的制度。……改革司法机关人财物管理体制，探索实行法院、检察院司法行政事务管理权和审判权、检察权相分离。……最高人民法院设立巡回法庭，审理跨行政区域重大行政和民商事案件。探索设立跨行政区划的人民法院和人民检察院，办理跨地区案件。……建立司法机关内部人员过问案件的记录制度和责任追究制度。完善主审法官、合议庭、主任检察官、主办侦查员办案责任制，落实谁办案谁负责。……实行办案质量终身负责制和错案责任倒查问责制，……"；最高人民法院于2015年2月26日发布的《最高人民法院关于全面深化人民法院改革的意见——人民法院第四个五年改革纲要(2014—2018)》(法发〔2015〕3号)则更是进一步突出深化法院人事管理改革、探索建立与行政区划适当分离的司法管辖制度、健全审判权力运行机制与完善审判责任制这三个方面的内容。详细内容参见中华人民共和国最高人民法院网：http：//www.court.gov.cn/fabu-xiangqing-13520.html，最后访问：2015年10月26日。

① 参见《最高人民法院关于完善人民法院司法责任制的若干意见》、《人民法院审判人员违法审判责任追究办法(试行)》、《人民法院审判纪律处分办法(试行)》、《广西壮族自治区高级人民法院错案问责办法(试行)》、《河南省高级人民法院错案责任终身追究办法(试行)》等规范性文件。

② 参见最高人民检察院发布的《关于完善人民检察院司法责任制的若干意见》、《检察人员执法过错责任追究条例》、《关于建立健全防范刑事冤假错案工作机制的意见》、《人民检察院错案责任追究条例(试行)》等规范性文件及各地人民检察院发布的相应规范性文件。

③ 参见《广东省劳动仲裁错案责任追究试行办法》、《河北省劳动仲裁错案责任追究试行办法》、《天津市劳动争议仲裁委员会错案追究办法(试行)》等规范性文件；另见阿欣：《河北试行劳动争议仲裁错案责任追究制》，载《中国劳动保障报》2007-01-23，第1版。

④ 参见杨胜坤：《公诉权内部控制方式的改革难题与破解路径——以检察官办案责任制改革为背景》，载《宁夏大学学报》(人文社会科学版)，2015年第2期。

义上的司法独立已构成评判司法正当与否的核心标志，司法的“去地方化”、“去行政化”是主流趋势；另一方面，司法品质尚令人堪忧，司法不公现象屡见不鲜，司法独立之后，谁能确保法官恪尽职守，对当事人、对公众充分负责？如此语境下，对司法负责的警惕与忧虑可谓由来已久，且有理有据。①

故“学者与改革者在寻求加强司法独立途径的同时，必须充分理解司法独立概念的复杂性及司法独立与司法责任及司法限制等概念的合理并存，成熟的法律制度特点是既有司法独立也有司法责任”。② 本文即是在此旨趣下，以司法责任制第二个方面为主要考察对象，③ 质询司法责任制的正当性，具体理路则是从规范主义层面、功能主义层面、实践主义层面，对司法责任制的合法性、有效性、可操作性展开论述，梳理实务界和理论界对司法责任制之正当性的诸质疑观点，并分析其对司法责任制之实践认识产生的消极影响，最终从制度属性定位出发，探究司法责任制正当性确证的可能理论路径。

一、规范主义论域内的合法性质疑

一项制度机制的出台，必以宪法法律的相关规定为依据，从合法性的角度探讨司法责任制的宪法法律依据之存在与否实有必要，便于正本清源。

（一）司法责任制在组织性立法方面的合法性问题

依据《宪法》第 124 条第 3 款之规定，法院的组织由法律加以规定，此为法律保留之事项。依据《立法法》第 8 条④之规定，依据《法院组织法》第 32 条⑤及《全国人民代表大会常务委员会关于加强法律解释工作的决议》⑥的相关规定，最高人民法院仅具有

---

① 参见陈杭平：《在司法独立与司法负责之间——美国州法官考评制度之考察与评析》，载《当代法学》，2015 年第 5 期。

② ［美］葛维宝：《法院独立与责任》，葛明珍译，梅江中校，载张明杰主编：《改革司法——中国司法改革的回顾与前瞻》，社会科学文献出版社 2005 年版，第 119-133 页。

③ 当然，侧重司法责任制的第二个方面并不意味着笔者对其第一个方面的忽视；相反，笔者认为后一方面的司法责任制之实践落实，以前一方面的审判权配置与运行之科学化为前提，若无明确的审判权限划分，则后续的审判责任追究自成空话。

④ 该条规定：下列事项只能制定法律：（一）国家主权的事项；（二）各级人民代表大会、人民政府、人民法院和人民检察院的产生、组织和职权；（三）民族区域自治制度、特别行政区制度、基层群众自治制度；（四）犯罪和刑罚；（五）对公民政治权利的剥夺、限制人身自由的强制措施和处罚；（六）税种的设立、税率的确定和税收征收管理等税收基本制度；（七）对非国有财产的征收、征用；（八）民事基本制度；（九）基本经济制度以及财政、海关、金融和外贸的基本制度；（十）诉讼和仲裁制度；（十一）必须由全国人民代表大会及其常务委员会制定法律的其他事项。

⑤ 该条规定：最高人民法院对于在审判过程中如何具体应用法律、法令的问题，进行解释。

⑥ 全国人大常委会于 1981 年 6 月 10 日第五届全国人民代表大会常务委员会第十九次会议通过，并于即日起生效。

司法解释权而无组织性的立法权。但《最高人民法院关于完善人民法院司法责任制的若干意见》①(以下简称《意见》)中的相关规定以及司法责任制的改革，毫无疑问会涉及法院的组织构建与职权配置调整问题，此种调整是否在《宪法》、《立法法》、《法院组织法》等法律授权范围内，实存争议。

(二)司法责任制在人事性立法方面的合法性问题

依据《法官法》第8条第3款②之规定、《公务员法》第九章有关"公务员惩戒"之规定与《各级人大常委会监督法》第八章有关"撤职案的审议和决定"之规定，对法官的惩戒必须依据法定事由经法定程序作出。《意见》第37条规定："对应当追究违法审判责任的相关责任人，根据其应负责任依照《法官法》等有关规定处理。"然依据《意见》第34条、第35条、第36条第1/2款、《人民法院审判人员违法审判责任追究办法(试行)》③(以下简称《办法》)第28-31条之规定，司法责任的追究程序一般是由司法人员④所在的法院内部机构(如监察部门和审判管理办公室等)主持进行的，它是一种内部问责程序，并不具备完全的诉讼样态，以此方式问责司法人员，是否符合《法官法》和《公务员法》对于"法定事由"、"法定程序"的要求，是否有超越《法官法》和《公务员法》擅自创制"法律"侵犯法官权益的嫌疑?⑤ 或说，法院出台的相关司法责任制规则是否属于《法官法》和《公务员法》所规定的"法"的范畴?有论者即循此理路，认为：现行错案责任追究制度之法律依据位阶最高的才是地方性法规，有的甚至连法规也不是，而是法院的内部文件，而此类内部文件中关于法官惩戒的规定与《法官法》的内容明显冲突，其中规定的违法行为与错案范围超过《法官法》规定的内容，因此，这些规范性文件是违法的。⑥

(三)司法责任制在基本权利立法方面的合法性问题

在作用力层面，理论界和实务界均不否认司法责任制在司法系统内的约束力，然而更进一步地，此种拘束力不但是对司法人员职权与责任的明确，也可能产生外部法律效力，影响个案当事人的权益。一方面，司法责任制迫使司法人员谨慎依法行使司法权，积极保护个案当事人的合法权益；另一方面，诸如赵作海案、张氏叔侄案等冤假错案的平反与相应责任人员的责任追究之个案实践也充分表明，司法责任

---

① 法发〔2015〕13号，2015年9月21日。

② 该款规定：非因法定事由、非经法定程序，法官不被免职、降职、辞退或处分。

③ 1998年9月4日颁行。

④ 本文所用之"司法人员"概念，若无特别说明，仅特指法院的司法工作人员，尤其肩负审判职责的法官。

⑤ 参见丁文生：《"错案追究"司法效应考——兼论我国法官惩戒制度》，载《湖北警官学院学报》，2013年第1期。

⑥ 参见程延军：《论错案责任制度的运作制约》，载《内蒙古大学学报》(人文社会科学版)，2000年6月第32卷增刊。

制的运转会直接影响个案当事人的权益。如此，司法责任制在涉及当事司法人员之外的个案相对人之人身财产权益时，其在宪法框架与司法体制内的合法性问题便凸现，尤其在《立法法》所规定之“法律保留”原则的映照下，当其在实践中涉及司法人员与个案当事人之合法权益时，便有违《立法法》第 8 条所展现之基本权利事项当由法律加以规制的立法精神。

（四）司法责任制在相关国际法方面的合法性问题

有观点认为，司法责任制与法官独立的司法运作规律和发展趋势相悖，不符合相关国际法上有关法官责任豁免的规定。如 1982 年在印度新德里举行的国际律师协会第 19 届年会全体大会通过的《司法独立最低标准》第 44 条规定，“法官对其执行法官职务之有无事务，其享有不受诉讼及不出庭作证之免责权”；1983 年在加拿大蒙特利尔举行的司法独立第一次世界会议全体大会一致通过的《司法独立世界宣言》对此亦有类似规定；1985 年第七届联合国预防犯罪和罪犯待遇大会通过的《关于司法机关独立的基本原则》第 16 条规定，“在不损害任何法律惩戒程序或者根据国家法律上诉或要求国家赔偿的权利的情况下，法官个人应免于其在履行司法职责时的不当行为或不行为而受到要求赔偿金钱损失的民事诉讼”；《国际刑事法院规约》和《罗马规约》亦规定，“法官……而且在其任期结束后，应继续享有豁免，与其公务有关的言行、文书和行为，不受任何形式的法律诉讼”。有关司法责任制尤其错案责任追究之规定，并未区分法官的职务行为和职务外行为，明显侵入国际法划定的有关法官豁免的职务与权益保障空间，是与前述国际法之规定及司法独立、法官独立精神相悖的。①

二、功能主义视野下的有效性质疑

应当说，司法责任制作为针对当前司法不公现象的应激性制度回应，其反映了群众对司法公平和个案正义的迫切渴望，也折射出司法改革制度设计者们的拳拳之心和殷殷之情。但除了来自前述规范主义层面的合法性质疑外，亦有论者认为：将司法责任制置于功能主义视野中加以检讨，其对于监督司法权运行、促进司法公平正义、追究相关司法人员的责任等方面的有效性依旧值得商榷。

（一）司法责任制存在司法权独立运行与司法责任有效落实的平衡难题

对司法责任（制）的高密度规范和过严适用，虽然会满足社会公众对预防司法腐败、避免冤假错案多发等方面的规则期待，但其对司法权的公正行使、对冤假错案的有效预防之真实效果存疑。僵化的责任规制会将人民司法应有的司法正义逐渐推向消亡，司法实践中所需要的个案正义之努力会招致司法责任制的违法性谴责，司法人员独立行使司

① 参见谭世贵、孙玲：《法官责任豁免制度研究》，载《政法论丛》，2009 年第 5 期。

法职权的行为也容易引来司法责任制的问责。① 在严格而繁密的责任机制下，法官独立公正办理案件的勇气也会受挫。试想，裁判者在办案时跋前疐后、动辄得咎，其遇有应当根据法律和事实独立断案的场合自会畏缩不前。② 或许，司法责任制改革的难题并不在于是否要推行该制度，而在于如何实现司法独立与司法问责的平衡——既要防止过分独立，又要防止过度问责；司法过于独立而缺乏问责机制的制衡容易失去社会公信力，过于重视司法问责又难免侵蚀法官的独立性。③ 此外，在宏观层面上，司法责任制有可能在其功能上背离形式法治向实质法治转型的时代趋势，因而在法治发展规律层面上不具正当性。

（二）司法责任制的前提预设存在认识论方面的误区

司法责任制（主要是其中的错案问责制）存在如下假定：一个案件只有一个正确的判决。这个认识论假定是不成立的。④ 法官并非“自动售货机”，司法裁判亦非简单的“教条涵摄”，因为法律运行过程中存在如下三个方面的不确定性：法律条文的不确定性、事实认定的不确定性、法律以外的社会和个人因素（甚至非理性因素）的不确定性，⑤ 故司法裁判不可能存在“唯一正解”⑥。司法裁判活动绝不是“法律确定主义”⑦下司法人员机械式地自动映射，也不是“法官决断主义”⑧下司法人员存乎一心的乾纲独断，它需在法律规则指引下经过合理合法的法律论证，法官裁判既非对法律的单纯“适用”，亦非法官任意的行为，而是未由法律（完全）确定，但确是理性（可理性证立）的决定。⑨ 如此法官才能在众多待选结论中，择其相对最佳者处置之。此一司法裁判活动过程，正是罗尔斯在《正义论》中所言之“不完善的程序正义”。⑩ 故在司法实践中，因证据不足、侦查能力有限、法官知识水平与个人偏见等客观因素的存在而导致逃脱法网制

---

① 如在中国的刑事司法实践中，证明标准已前移到立案甚至初查阶段，承办人必须确保案件可捕、可诉、可判方敢立案，公诉人必须保证案件可作出有罪判决，审判人员必须保证案件为涉稳、涉访，否则均可能受到问责。凡此种种，时常会令一线司法人员心惊胆战，可以说司法人员也是“弱势群体”。参见参见施鹏鹏：《“恐怖的司法官”?》，载《法制日报》，2014-09-03，第10版。

② 参见张建伟：《法官错案责任的抚今追昔》，载《人民法院报》，2014-01-24，第5版。

③ 参见陈杭平：《在司法独立与司法负责之间——美国州法官考评制度之考察与评析》，载《当代法学》，2015年第5期。

④ 参见王晨光：《法律运行中的不确定性与“错案追究制”的误区》，载《法学》，1997年第3期。

⑤ 详见王晨光：《法律运行中的不确定性与“错案追究制”的误区》，载《法学》，1997年第3期。

⑥ 参见[美]德沃金：《法律帝国》，李常青译，中国大百科全书出版社1996年版。

⑦ “确定主义”即认为任何法院裁判由法律完全确定之观点，法官经过涵摄教条即可获得确定之判决结论。[德]乌尔弗里德·诺伊曼：《法律论证学》，张青波译，法律出版社2014年版，第2页。

⑧ “决断主义”即认为法院裁判只是法官的意志行为之观点。[德]乌尔弗里德·诺伊曼：《法律论证学》，张青波译，法律出版社2014年版，第2页。

⑨ [德]乌尔弗里德·诺伊曼：《法律论证学》，张青波译，法律出版社2014年版，第2页。

⑩ 参见[美]约翰·罗尔斯：《正义论》，何怀宏、何包钢、廖申白译，中国社会科学出版社1988年版。

裁的情况时有发生，无辜公民因案情巧合、证人或受害人认知能力存在偏差等而蒙受冤屈的情况在所难免。可以说，这是世界各国所面临的共同难题，也是司法制度必须承受的代价。① 所谓的“不枉不纵”与其说是司法追求的目标，毋宁是司法理想主义的“乌托邦”。②

（三）司法责任制的负面影响难以消除，不容忽视

司法责任制的负面影响林林总总，概括起来，主要有如下四种相关情形：(1)它会使当前的审级制度沦为形式，间接侵犯当事人上诉方面的程序性权利，并且会制度性地强化司法的行政化，破坏司法独立，与当前司法改革追求司法权运行的独立化、司法机关的去行政化趋势相违背。(2)司法责任制所造成的无形压力会导致司法人员趋利避害，宁愿主动放弃司法职权的独立行使，以规避独立行使该职权所带来的风险。此种规避行为往往是经过程序以外的途径实现的，常见的有求助于院长或审判委员会决议、个案请示、案件汇报、和稀泥式的无原则调解等。③ 毫无疑问，此种“逆向激励”后果会对我国司法机关分工负责、互相制约的原则造成冲击，加剧审级制度虚化，妨碍司法公正。④ 此外，司法责任制使得案件处理结果与司法人员个人利益产生关联，易使法官失去公正、中立的立场。⑤ (3)它可能会引起司法系统内部“相互包庇”，导致“将错就错”，甚至“将错进行到底”。因为法院考评机制的存在，办成一个错案可能就会一票否决整个单位的成绩，因此错案一旦发生，责任单位为了不让整体受影响，反而缺乏纠错的动力，甚至想方设法掩盖错误。⑥ 尤其在司法行政化尚未根本改变的情况下，司法追责或许会促使上下级司法机关、公检法不同部门达成一致，害怕错案曝光后“拔出萝卜带出泥”，这就难免导致将错就错、永不纠正的后果。⑦ (4)它会侵蚀司法判决/裁定应

① 参见陈光中、宋英辉、张青松：《不可避免的错案与可以完善的司法》，载《法制日报》，2013-05-08，第7版。

② 参见施鹏鹏：《“恐怖的司法官”?》，载《法制日报》，2014-09-03，第10版。

③ 参见蒋银华：《法官惩戒制度的司法评价——兼论我国法官惩戒制度的完善》，载《政治与法律》，2015年第3期；唐延明：《反思错案责任追究制》，载《东北财经大学学报》，2008年第2期。

④ 参见方江、宋英辉：《错案责任追究制要不要取消》，载《检察日报》，2005-12-12，第6版。

⑤ 以法院审判为例，一审法院的合议庭/独任法官对法律的适用或事实的认定把握不大时，就会将案件上交审判委员会或以口头/书面的形式向上一级法院请示，而在错案问责机制的利益衡量机制下，二审法官往往倾向于维持原判或发回重审，如此经一审法院改判便不存在错案追究的问题。再审阶段，由于错案问责机制要求法院在纠正“错案”的同时，必须追究相关司法人员的职务责任，原审判决往往由院长或审判委员会成员参与，或者由于法院领导连带责任机制的牵连，相关领导为了保全自己或是为了袒护属下，常不愿启动再审程序，即使启动，改判的可能性也不大。如此，错案将一错到底。参见丁文生：《“错案追究”司法效应考——兼论我国法官惩戒制度》，载《湖北警官学院学报》，2013年第1期。

⑥ 参见魏文彪：《错案追究制度亟需完善》，载《检察日报》，2009-01-09，第4版。

⑦ 参见赵发中：《法官错案责任追究制前景难卜》，载《中国商报》，2012-03-27，第3版。

有的终局性和司法的权威性。① 当前司法领域之所以存在官司久拖不决，再审反复受理的“累讼”情形，与一贯奉行的“实事求是，有错必纠”不无关系。其后果不仅严重侵蚀司法权威，也导致司法资源的严重浪费和影响司法效率，从而在整体上影响司法公正。②

（四）司法责任制存在“手段”与“目的”之间的紧张

在技术层面，司法责任制亦不是一种可在各地各级司法机关大规模推广适用的司法权自我控制技术，其实际功效与舆论的热烈程度并无关联，其本身亦存在“手段”与“目标”之间的紧张关系。司法责任问责之目的不在惩戒司法人员，而在于以惩戒为手段促进司法公正。然而，以严格落实责任为手段并不必然能促进司法权运行的相对独立化，也不必然能有效预防冤假错案的发生；司法责任规则足够细化尽管会达成明确司法人员之职务责任的目标，但也容易导致司法人员畏首畏尾、消极避险；反之，若不加以细化，错案发生时又无法有效追究相关责任主体，则这又将导致以司法责任制倒逼司法人员严格依法司法、促进公平正义的目标难以实现。在结果层面上，实践中以“错案”结果为导向的司法责任问责，难以在整体上实现惩戒效果。③ 首先，“错案”的标准难以明确界定，以“错案”结果为导向对司法人员展开问责，容易出现“误伤”，却难以对真正的违法审判人员形成有效威慑。其次，“错案追究”只关注与司法审判活动相关的职务内行为，对司法人员在司法审判活动外可能损害司法公信的行为缺乏必要关注，使得惩戒事由过于狭窄，无法对司法人员的行为构成全方面的有效监督。再次，过分追求案件结果的“正确”容易忽视对程序合法与否的关注，正确的判决结果并不意味着司法人员在行使司法权的过程中不存在不当行为，以“错案”结果为导向，往往会疏漏对此类被“正确”结果掩盖的不当行为之追究。最后，以“错案”结果为标准问责，需考察司法人员的主观方面，而对主观方面过错与否的认定，实难寻求相对确定的标准，也无法有效征诸司法人员的内心。总之，司法责任制的运行效果远不如预期，各地法院之实践效果寥寥，并未实现其制度设置之初衷，依赖司法责任制预防冤假错案、遏制司法腐败、提升法官素质的设想，无疑是开错了药方，至少它并不是良方。④

（五）司法责任制加剧司法制度机制的叠床架屋

有论者认为：我们长期形成一种思维定势，即总是认为问题原因是机制不健全，于是在已有机制上又叠加机制。⑤ 在此思维定势下，司法责任制或还会加剧司法制度机制

---

① 参见王利明：《司法改革研究》，法律出版社 2001 年版，第 439 页。

② 参见施鹏鹏：《“恐怖的司法官”？》，载《法制日报》，2014-09-03，第 10 版。

③ 参见蒋银华：《法官惩戒制度的司法评价——兼论我国法官惩戒制度的完善》，载《政治与法律》，2015 年第 3 期。

④ 参见李富金：《错案追究：效果不如预期》，载《检察日报》，2000-05-22，第 3 版。

⑤ 刘波：《防冤错案不需叠床架屋》，载《21 世纪经济报道》，2013-11-08，第 4 版。

的叠床架屋，不仅会造成制度资源浪费，而且还可能导致司法改革陷入“补丁再打补丁”的制度陷阱。事实上，上诉程序、再审程序、抗诉程序等既有诉讼机制即具有防错纠错、救济当事人权益的功能，国家赔偿制度的存在也保证遭受错误裁判的当事人能够获得相应赔偿，如此，司法责任制（尤其其中的错案责任追究制）的存在便有制度重复之嫌。如果前述相对完善的制度机制尚不足以预防错案的发生和纠正被发现的错案，我们又有何理由能够期待粗糙的司法责任制能够堵住司法的疏漏和错误呢？针对法官的程序性违法，我国已确立相应的程序性制裁机制，对于法官在办案过程中的程序性违法行为，通过诉讼程序内的途径进行处理，即可发挥相应的遏制与问责效果，且可避免司法责任制的负面效应。如此，各级法院再追究违反法律程序的法官的责任，就显得不必要也不合理了。① 此外，司法责任制和法官职业伦理责任机制及关于法官涉嫌贪污受贿、枉法裁判、徇私舞弊等职务犯罪的刑罚机制，多有重叠之处。或者说，司法责任制中所规定的多种司法责任类型最终都要靠前述制度机制，才能得以启动追究和落实到位。那么，此种“中介性制度”之存在是否必要，实值得怀疑。有论者即旗帜鲜明地提出：防冤错案不需叠床架屋，扎扎实实地把相关程序执行到位就可避免绝大多数冤假错案。②

三、实践主义层面中的可操作性质疑

司法责任制的可操作性与其合法性、有效性紧密相关，司法责任制具备充分的合法性才有可操作化的可能，而只有具备可操作性才可付诸实践并产生相应的制度效应。然而，司法责任制在实践层面上，一直饱受可操作性的质疑。③

（一）司法责任制缺乏统一的操作规则

目前关于司法责任制的规范性文件种类繁多，且多有差异甚至矛盾。在国家法律层面，《公务员法》第9章有关“公务员惩戒”之规定④、《法官法》第11章等仅对司法责任

① 参见陈瑞华：《法官责任制度的三种模式》，载《法学研究》，2015年第4期。

② 参见刘波：《防冤错案不需叠床架屋》，载《21世纪经济报道》，2013-11-08，第4版。

③ 参见薛应军：《办案质量终身负责制立与破》，载《民主与法制时报》，2015-03-08，第6版。

④ 对于《公务员法》中有关公务员惩戒的规定是否适用于法官等司法人员，构成司法责任制的上位法依据，有论者提出否定性观点，认为：自《法官法》制定颁行后，法官便不再受公务员方面的法律规制，而是受《法官法》的专门规制，这意味着从法律形式上把法官从公务员队伍中分离出来，自然地有关法官的惩戒当以《法官法》为准绳，不得逾越。（参见廖丽环：《法官错案责任追究制度的转向——违法审判责任制的规范》，载《东南大学学报》（哲学社会科学版），2015年6月第17卷增刊。笔者认为：《公务员法》的规定同样适用于法官等司法人员，并构成司法责任制的上位法依据。理由如下：（1）《公务员法》和《法官法》均是全国性法律，二者构成普通法与特别法的关系，一般情况下，优先适用后者，但后者并不排除前者在司法人员群体中适用，当面临后者无明确规定之情形，自可适用前者之规定；（2）司法人员因专业性而有别于政府机关或立法机关的一般公务员，但其在法律上与后者同属公务员序列，虽然当前司法改革试点意欲实现法院人财物的统一管理以增强司法人员的职务保障，但仍未改变司法人员的公务员属性；（3）法院内部规范性文件有明文规定《公务员法》在司法人员群体中的适用，如《人民法院工作人员处分条例》（法发〔2015〕13号，2015年9月21日）第10条规定：“……根据《中华人民共和国公务员法》和《法官法》，制定本条例”。

制作出原则性的规定，虽涉及法官的禁止行为、惩戒和处分种类、处分权限和程序等，但单凭这几条粗疏的规定显然不可能实现司法责任制的可操作化和现实化。在司法系统内部，则最高人民法院、高级人民法院、中级人民法院、基层法院四级法院均多有制定相关司法责任制规范性文件。在最高法院层面，除前述《意见》外，还先后出台有：《人民法院工作人员纪律处分的若干规定（试行）》①、《人民法院审判人员违法审判责任追究办法（试行）》、《人民法院审判纪律处分办法（试行）》②、《人民法院执行工作纪律处分办法（试行）》③、《人民法院工作人员处分条例》④、《法官职业道德基本准则》⑤、《最高人民法院关于"五个严禁"的规定》⑥、《最高人民法院关于违反"五个严禁"规定的处理办法》⑦等；在省级法院层面，除当前最具代表性的《河南省高级人民法院错案责任终身追究办法（试行）》（以下简称《河南办法》）和《广西壮族自治区高级人民法院错案问责办法（试行）》（以下简称《广西办法》），其他省区还先后有：《江西省司法机关错案责任追究条例》、《海南省各级人民法院、人民检察院、公安机关错案责任追究条例》、《陕西省各级人民法院、人民检察院、公安机关错案责任追究条例》、《内蒙古自治区各级人民法院、人民检察院、公安机关错案责任追究条例》、《广东省高级人民法院关于违法审判责任终身追究办法》等。市县两级法院有关司法责任制的规范性文件更是俯拾皆是，代表性的有：《彭州市人民法院错案责任追究办法（试行）》、《杭州市冤案错案责任追究监督办法》、《本溪市中级人民法院错案责任追究办法（试行）》、《淮南市司法机关追究错案责任条例》等。⑧

比照有关司法责任制的法律规定和不同层级或同一层级法院规范性文件，不难发现：（1）国家法律和中央司法机关的规范性文件构建的是涵括道德责任、纪律责任和错案责任三种平行责任在内的大司法责任制，并将违法审判责任置于此三种责任之中加以强调，以期对司法人员的司法行为和司法外的行为进行全面规制；（2）高级人民法院、

① 最高人民法院1991年3月2日颁行，于2010年1月27日废止。

② 最高人民法院1998年9月7日颁行，于2010年1月27日废止。参见法律图书馆网：http：//www. law-lib. com/law/law_view. asp? id=308488，最近访问：2015年11月4日。

③ 法发[2002]15号，2002年9月12日最高人民法院审判委员会第1243次会议通过，2002年9月25日最高人民法院公布。参见中华人民共和国法律大全网：http：//ds. eywedu. com/law/ssf/200706/20070615095403. htm，最近访问：2015年11月4日。

④ 法发（2009）61号，2010年1月27日颁行。参见法律图书馆网：http：//www. law-lib. com/law/law_view. asp? id=308488，最近访问：2015年11月4日。

⑤ 法发[2010]53号，2010年12月6日颁行。此为新《法官职业道德基本准则》，该《准则》将最高人民法院于2001年10月18日颁行的旧《法官职业道德基本准则》予以废止。参见法律图书馆：http：//www. law-lib. com/law/law_view. asp? id=336403，最近访问：2015年11月4日。

⑥ 最高人民法院于2009年1月8日颁行。参见中华人民共和国最高人民法院网：http：//www. court. gov. cn/jianshe-xiangqing-48. html，最近访问：2015年11月4日。

⑦ 法发[2009]2号，2009年1月8日颁行。参见中华人民共和国最高人民法院网：http：//www. court. gov. cn/jianshe-xiangqing-413. html，最近访问：2015年11月4日。

⑧ 相关文献参见北大法宝数据库：http：//www. pkulaw. cn/，最后访问：2015年10月28日。

中级人民法院、基层人民法院三级系统的相关规范性文件则重点突出错案责任(以违法审判导致的错案责任为主)，而忽视了道德责任和纪律责任，不免加重司法责任制在地方司法实践中的“结果主义”归责倾向；(3)从省市县三级规范性文件规定的司法责任范围来看，其责任种类设定往往比中央层级规范性文件更为严厉，甚至有违上位法规范；(4)层级不一、种类繁多的司法责任制规范性文件在错案认定标准、司法责任事由、责任种类、责任比例配置、问责主体、问责程序、救济程序等方面，均有所差异甚至相互矛盾。① 司法责任制规范的不统一、不协调，必然引发司法责任制在实践过程中的操作难题。

(二)司法责任制的构造和机制距离可操作化为时尚远

首先，司法责任尚无共识性的认定标准，问责事由尚未有法律统一明确规定。是采用地方法院司法问责实践所用之“错案”认定标准与错案责任范围，还是采用最高法院在其规范性文件中推行的“违法审判行为”标准和违法责任范围？若依前者，则“错案”当如何界定？采取“结果”归责(即只要出现错案并造成严重后果，即对办案司法人员可以处罚)抑或“行为”归责(即只要存在违法审判的行为，则不论案件结果如何即予以追究)？针对此一“错案”认定标准与认定机制问题，可谓仁智互见，莫衷一是。② 若依后者，则司法人员在办案过程中的主观方面当如何认定和评价？若主观上并无过错，但客观上仍出现裁判错误且造成严重不良后果的，是否属于不承担司法责任的情形？此外，认定标准具有历史性，“当年定罪不需要铁证，现在纠正错案却必须要铁证，这是很荒唐的”。③

其次，司法问责原则未明。考察英、美、德、法、日等国家的司法问责实践，通行之归责原则有三：④ (1)结果导向的主观过错规则原则，亦即发生了错案结果且司法人员对此结果之发生有主观过错(故意或重大过失)⑤，则应就追究其司法责任，此原则采行于司法问责制之早期实践，时下单独采此原则的极为少见，多与其他原则混合采用；(2)行为导向的客观归责原则，即不论是否存在错案结果，只要司法人员在客观上

---

① 参见廖丽环：《法官错案责任追究制度的转向——违法审判责任制的规范》，载《东南大学学报》(哲学社会科学版)，2015年6月第17卷增刊。

② 参见李春刚：《关于司法体制改革的几个基础性问题——以人民法院司法体制改革实践为视角》，载《人民法院报》，2014-10-15，第5版。

③ 徐秋颖：《何家弘：“我不是改革派，我是改良派”》，载《民主与法制时报》，2014-08-11，第9版。

④ 关于域外司法责任归责的一个梳理分析，可看蒋银华：《法官惩戒制度的司法评价——兼论我国法官惩戒制度的完善》，载《政治与法律》，2015年第3期。

⑤ 依据卡多佐：法官具有广泛的判断裁量权，但“如果滥用了这种权力，那么他们也就违反了法律；如果他们恶意违反，也就是说问心有愧的邪恶意图，那么他们就铸成了法律上的过错，他们也许会被撤职或受到处罚”。[美]本杰明·卡多佐：《司法过程的性质》，苏力译，商务印书馆1998年版，第80页。

存在违法行为或不当行为①，即应追究其司法责任，英、美、澳等国多采此原则；(3)以行为为主、结果为辅的混合归责原则，即针对违法行为/不当行为采取客观主义的规则原则，针对错案结果采取主观过错的归责原则，德、法等国即采此原则。从我国相关司法责任制规范性文件之规定来看，显然难以断定其采取前述何种归责原则。地方司法问责实践似倾向于第一种，但又多有忽视司法人员之主观方面；最高法院或倾向于第二种，但最高法院的相关规范性文件在规定了广泛违法责任事后，又规定相应的不属于错案范围的免责情形，且其违法责任事由中又有考察错案结果与司法人员主观方面的规定；综合来看，我国的司法责任制更具混合归责色彩，最高法院文本规定似是以"行为为主、结果为辅"，地方司法问责实践却又是"结果为主、行为为辅"，归责原则的混乱，无疑严重影响司法责任范围的划定和具体问责程序的推进。

再次，司法责任制的问责主体混乱且多不适格。就问责程序的启动而言，有上级法院、本院审委会与院长、人大代表、案件当事人、舆论媒体甚至社会公众等；错案线索收集主体则多规定为法院内部的纪检监察部门或审判管理办公室；评查主体多规定为法院审判委员会；问责决定主体则多位法院内部的政治部门或纪检监察部门(在司法改革试点地区则为法官惩戒委员会)；惩戒执行主体则分别是对应的纪检监察、政治部门、行政部门或刑事法庭等。如此众多的问责主体负责不同的问责环节，其间如何协调衔接，必是实践中的难题。另外，司法问责的不同阶段负责主体大多是法院内设机构，由法院内设机构发现、评查、决定和纠正自己的错误并追究自己内部成员的相应司法责任，则不免陷入自断其案、自我监督的悖论，② 亦有违不能强迫当事人自证其罪、不能担任自己案件法官的自然正义原则。③

再其次，司法责任承担如何具体到个人仍是实践难题。在司法责任问责实践中，除法官违法行为之责任较为清晰外，其他诸如针对错案的问责情形，往往引发责任承担难以具体化到个人的实践难题。错案的成因是多元的，有学者从证据制度与侦查制度的视

① 在英美法中，不当行为的认定标准是在法院的个案审判实践中逐渐发展起来的，被界定为是否对公众信心构成侵害，如果一名法官的行为在考虑到所有因素后，损害了公众对他(她)在道德上的诚实性和判决中的诚实性的信任，那么该行为就使得他(她)不适合继续担任司法职务。See Wilian R. Anson. The Law and Custon of Constitution. Clarendon Press, 1907: 219.

② 如《广西壮族自治区高级人民法院错案问责办法(试行)》(以下简称《广西办法》)第5条规定，"案件是否构成错案由各级法院审判委员会依照本办法确认。对审判委员会确认为错案的案件，纪检监察、组织人事部门根据有关规定，对相关人员进行问责"。虽然《广西办法》在第10条第5款规定，"错案的责任人为审判委员会成员的，在案件提交审判委员会讨论确认时应当回避"，但因法院系统内部尤其审判委员会成员内部不可避免地存在诸多人际关系与利益关联，要保证审判委员会自我认错、纠错并问责其成员，实有强人所难之嫌。参见李卫红、李莹莹：《法院错案追究制度的困境分析与重构》，载《河南高等专科学校学报》，2007年第5期。

③ 参见[英]戴维·沃克：《牛津法律大辞典》，光明日报出版社1988年版，第628页，"自然正义"词条。

角将其归结为十大方面：由供到证的侦查模式、违背规律的限期破案、先入为主的片面取证、科学证据的不当解读、屡禁不止的刑讯逼供、放弃原则的遵从民意、徒有虚名的相互制约、形同虚设的法庭审批、骑虎难下的超期羁押、证据不足的疑罪从轻等;① 亦有论者从当下的司法环境与司法制度背景出发，认为：除司法政策与司法绩效考核带来的压力、权力与利益配置结构的缺陷、事实认定机制的证据链裂痕外，法官独立性之缺失也是主要原因。② 由此观之，大多数错案成因显然难以单纯归结为某一司法人员的个人问题，将前述原因引发之错案的责任追究到特定人员身上，是否有错误问责的嫌疑？又如，经审判委员会讨论决定的案件、合议庭讨论决定的案件，其司法责任比例当如何配置，此种配置依据何在？向上级请示并获得批示/指示的案件、被法院领导或其他党政领导过问的案件等，其司法责任又当如何配置？可见，谁承担司法责任、谁应负主要责任、谁应负次要责任、什么情况下个人应当承担责任等，此间的责任关系是复杂而难定的。且在确定具体的责任主体后，该责任主体当承担何种责任类型又是一实践难题。依据当前相关法律规定与司法规范性文件，司法责任的类型有三③：一是行政责任(如通报批评、警告、记过、记大过、降级、撤职、开除等)；二是经济责任(如扣发工资、停发奖金、承担民事赔偿责任、国家赔偿后的追偿责任等)；三是刑事责任(触犯刑律而被移送司法机关依法课以刑罚)。何种程度之司法责任对应何种责任类型、应受何种程度之具体处分，目前尚无明确的规则指引，似乎也难以制定出明确的指引规则。

最后，司法责任制的相关程序机制或缺乏协调或尚付阙如。虽然最高法院及各地法院的诸多司法责任制规范性文件中均对司法责任问责启动程序、线索采集程序、评查认定程序、司法责任确认程序、惩戒程序等均有所规定，但各地规定和做法均有所不一，且各阶段程序间的衔接仍是实践操作的难题。④ 另外，与国家赔偿制度之结合机制的缺失，⑤

① 参见徐秋颖：《何家弘："我不是改革派，我是改良派"》，载《民主与法制时报》，2014-08-11，第9版。

② 参见廖丽环：《法官错案责任追究制度的转向——违法审判责任制的规范》，载《东南大学学报》(哲学社会科学版)，2015年版，第122-128页。

③ 参见李琦：《规范错案责任追究制度的法律思考》，载《执法责任制度研究——"完善责任制，确保司法、执法公正"理论研讨会论文集》，山东省法学会："完善责任制，确保司法、执法公正"理论研讨会，2001年第1期。

④ 参见于海瑞：《法院纪检监察部门在落实司法责任制中的职能发挥》，载《人民法院报》，2015-03-04，第8版。

⑤ 参见杨贵宏：《关于建立错案责任追究制度的几点思考》，载《法律适用》，1998年第7期；李琦：《规范错案责任追究制度的法律思考》，载《执法责任制度研究——"完善责任制，确保司法、执法公正"理论研讨会论文集》，山东省法学会："完善责任制，确保司法、执法公正"理论研讨会，2001年第1期。

无疑会导致冤假错案的受害人无法有效获得相应的赔偿;① 公众参与机制的缺失，致使受害人缺乏有效的救济途径和社会公众缺乏畅通的监督渠道，有的受害人和社会公众向提出司法责任追究的建议，但不知该向哪个部门提出以及如何提出，最后只好放弃念头。

四、正当性质疑对实践认识的消极影响

上述质疑的整体影响在于，不论在规范主义的论域中考察司法责任制的合法性，抑或从功能主义的视角检讨司法责任制的有效性，还是从实践主义的层面研判司法责任制的可操作性，其正当性基础均不是尘埃落定的结论。更为重要的是，这种关乎正当性基础的不确定态度已经从一种担忧、怀疑的形式延伸到司法责任制的实践推广与发展完善过程中，且引起实践认识的模棱两可和制度决策的犹豫不决。

(一)起源与衰颓

从司法责任制的发展历程来看，前述正当性质疑几乎左右其兴衰存废，司法责任制自诞生以来便在质疑与攻讦中蹒跚前行。作为司法责任制之前身的错案责任追究制度，起源于河北省秦皇岛市于1990年1月1日的率先实践，1992年河北省在全省法院系统将其推广。最高人民法院在1992年底的全国法院工作会议上决定将该制度推广至全国，至1993年底，已有河北、河南、海南、甘肃、宁夏、天津、山东、湖南、江苏、江西等省、直辖市、自治区在三级法院系统中全面推行错案责任追究制度，其余省区也纷纷开始试点或在部分地区试行。② 然而，由于“错案”标准难以界定、错案责任问责事由难以明确，且该制度自推行后产生诸多负面效应，也引起法理上和实践中的难以妥协的争议，最高人民法院最终在1998年8月26日出台的《人民法院审判人员违法审判责任追究办法(试行)》中对其作出损益，将“错案责任追究机制”融入“违法审判责任制”当中，以回避“错案”概念引发的诸多纷争和法理上的缺陷。然在实际操作中，依然难免“结果反溯”之弊,③ 尽管各地法院司法责任问责实践已更加重视办案过程程序正当性与合法性的考量，错案责任追究机制在许多地区仍磕绊前行(也有地区将其置于沉睡状

---

① 亦有学者认为：国家赔偿制度不应与错案责任追究机制挂钩，旧的《国家赔偿法》实施效果不理想的主要原因之一，便是二者的挂钩导致国家赔偿变成了责任追究。这样，只要发生赔偿，就存在追究造成错案的责任人的责任问题。没有人愿意承担责任，只有想办法不赔偿。(详见：马怀德教授2006年5月19日在西北政法大学所作的主题演讲——“《国家赔偿法》的修改与完善”)马怀德教授近年来多次在相关场合表述同样的观点，而该观点也有不少赞同者，(参见《专家称国家赔偿不等于追究错案责任》，载《新京报》，2010-04-27，第A04版)如高家伟即认为，应当将国家追偿与错案追究在制度上分离，二者“各行其道”。(参见高家伟：《国家赔偿法≠“错案追究法”》，载《检察日报》，2006-04-24，第6版)。

② 参见张骅：《神圣天平——“错案追究制”出台前后》，载《民主与法制》，1999年第15期。

③ 参见游伟：《错案追究不以成败论英雄》，载《法制日报》，2011年12月28日第7版。

态），且基于前述合法性、有效性、可操作性的质难一直不断。2005年，北京市第一中级人民法院率先向其发难，宣布取消错案追究制度，代之以“法官不规范行为追究制”，① 突出强调规范法官行为，强化法官严格依实体法和程序法办案的意识，被誉为抓住了司法责任制“问题的核心”。② 由此，错案追究制度由此陷入发展的低谷，并逐渐被违法审判责任制度取代。

（二）峰回与路转

晚近十年，由于冤假错案、司法腐败等现象的披露，导致防范和纠正冤假错案又成舆论焦点，追究相关司法人员的司法责任问题也引发社会各界重视。③ 每一起冤假错案的报道，均会因其社会的广泛关注，也会引发学术界和实务界对错案成因、责任追究及其制度完善等一系列问题的反思和讨论，④ 人们意图总结冤假错案发生、发现的规律，找出法院以及其他政法机关在司法理念、诉讼模式、证据规则以及裁判机制方面存在的突出问题，切实端正理念，完善立法，健全机制，⑤ 进而推动制度性的变革。⑥ 2008年，云南省高级人民法院曾尝试建立对违法审判的法官实行终身问责；⑦ 2012年4月5日，在明星法官张立勇的强力推动下，河南省高级人民法院出台《河南省高级人民法院错案责任终身追究办法（试行）》，正式推行错案责任终身追究制度，使得沉寂多年的“错案”议题纷争再起，司法责任制前景如何也一时难以卜断；⑧ 2014年4月17日广西高级人民法院颁布《广西壮族自治区高级人民法院错案问责办法（试行）》，错案问责制

---

① 参见李卫红、李莹莹：《法院错案追究制度的困境分析与重构》，载《河南高等专科学校学报》，2007年第5期。

② 参见方江、宋英辉：《错案责任追究制要不要取消》，载《检察日报》，2005-12-12，第6版。

③ 参见张玉洁：《错案追究终身制的发展难题——制度缺陷、逆向刺激与实用主义重构》，载《北方法学》，2014年第5期。

④ 参见陈磊、罗沙、张丽娜、于嘉：《呼格案沉冤昭雪，期待反省与追责》，载《新华每日电讯》，2014-12-16，第4版；烨泉、许辉：《呼格案改判是对法治尊严的维护》，载《法制日报》，2014-12-16，第7版。

⑤ 参见张立勇：《防范冤假错案的理念、机制和责任》，载《法制日报》，2013-10-16，第9版。

⑥ 参见游伟：《错案追究不以成败论英雄》，载《法制日报》，2011-12-28，第7版；游伟：《防范冤假错案需强化违法审判机制》，载《人民法院报》，2013-05-13，第2版；李娜：《地方两会法院报告齐刷反思冤假错案》，载《法制日报》，2015-02-13，第5版；叶俊：《个案纠错推动司法改革》，载《民主与法制时报》，2015-01-11，第8版。

⑦ 参见：《云南出台强制规定，对违法审判责任人终身责任追究》，载《法制日报》，2008-09-11。

⑧ 参见赵发中：《法官错案责任追究制前景难卜》，载《中国商报》，2012-03-27，第3版；邓红阳：《法官办错案即使退休也不能“豁免”》，载《法制日报》，2012-04-06，第5版；谢建晓、王聪儿：《法官办错案，退休亦追责》，载《河南日报》，2012-04-06，第1版。

度似又重新恢复活力。① 不过，在第四轮司法改革酝酿已久的情况下，其他省区并未风行景从、贸然跟进，而是采取审慎态度，静候中央的司法改革策略。② 在中共中央第十八届三中全会和四中全会对司法责任制的改革完善作出方向性指引、最高法院在多份规范性文件中反复酝酿提及后，最高法院于 2015 年 9 月 21 日出台《最高人民法院关于完善人民法院司法责任制的若干意见》，对司法责任制之目的与原则、审判责任范围、审判责任承担、违法审判责任追究程序、法官的职务保障等均作出较为详尽之规定。纵观该《意见》，最高法院并未采取地方法院实践的错案问责模式，而是融合了错案责任在内的违法审判责任模式，于违法审判责任事由内规定有相关的错案责任事由，并规定相应的不属于错案责任范围的事由。不过，该《意见》仅适用于中央确定的司法体制改革试点法院和最高法院确定的审判权运行机制改革试点法院，不得不说这是司法改革决策者基于前述司法责任制之诸多正当性质疑，所采取的一种谨慎态度。又，尽管最高法院明确其对司法责任制的支持与发展态度，但司法责任制在实践中的实质性进展如何，尚难断定，因为试点法院改革进程的缓急与改革有效性程度仍有待进一步观察确认。个中缘由，与前述正当性质疑之检讨及相应的否定性结论，显然不无关联。

(三)“名”之无奈与“实”之尴尬

司法责任制制度之“名”的变化，凸显其在正当性质疑下的无奈。从早期各地推行的“错案责任追究制”到 1998 年最高法院提倡的“违法审判责任制”，从 2005 年北京市一中院宣称的“法官不规范行为追究制”到河南、广西等地推出的“错案责任终身追究制”和“错案问责制”，最终到最高法院新近确立并界定的“司法责任制”。③ 制度之名的混乱及演变，亦可见前述正当性质疑对该制度的消极影响，司法改革决策者一直努力寻求更具科学性、客观性和可接受性的概念，以回避前述诸多纷争，并提升司法责任制的正当性与可接受性。然而，这种试图在制度规范上终结“错案”概念纷争的努力，实际并未收到预期效果，在强大的行政化管理惯性面前，“错案责任追究制”不论在“名”与“实”上仍为各地实践所采用，且依然饱受争议。④

司法责任制实践之“实”的无力，暴露其在正当性质疑下的尴尬。在个案实践中，

---

① 《河南办法》与《广西办法》的出台，将作为司法责任制之重要构成的错案问责制又推向了舆论的风口浪尖。参见陈海发、冀天福：《河南出台错案责任终身追究办法》，载《人民法院报》，2012-04-06，第 1 版；曲昌荣：《河南法院首推错案责任终身追究机制》，载《人民日报》，2012-04-10，第 4 版；陈曦、杨帅杰：《河南省高院实行错案责任终身追究》，载《中国纪检监察报》，2012-04-08，第 1 版；李贤：《广西高院出台错案问责办法》，载《广西日报》，2014-06-12，第 5 版。

② 参见赵发中：《法官错案责任追究制前景难卜》，载《中国商报》，2012-03-27，第 3 版。

③ 此外，还有学者提议借鉴欧美诸国通行做法，以“法官惩戒制度”(参见蒋银华：《法官惩戒制度的司法评价——兼论我国法官惩戒制度的完善》，载《政治与法律》，2015 年第 3 期；廖永安：《关于错案责任追究制度的反思》，载《江苏社会科学》，1999 年第 3 期)或“法官弹劾制度”(参见梁慧星：《错案追究叫停　法官弹劾上马》，载《民主与法制时报》，2015-04-02，第 7 版)取而代之。

④ 参见余海燕：《规范错案追究制，还原司法理性》，载《学理论》，2010 年第 14 期。

基于欠缺正当性确证，法院在纠错问责的过程中，往往欠缺最基本的问责准则和可操作化的程序机制，而这最终影响了司法责任制的发展与完善。现实中被纠正的诸多错案，其揭露事由大多具有偶然性，如呼格吉勒图案、王本余案、杜培武案等是因为真凶出现，赵作海案、佘祥林案等是因为被害人出现。① 在错案得到纠正、受害人获得赔偿后，对相应司法人员的责任追究又显苍白无力，其问责功能基本难以彰显。尽管这种尴尬或与当前司法体制的内在缺陷有关，但我们亦应看到，若司法责任制的正当性基础获得确证，法院自会对自己出台的制度机制予以最基本的尊重，并认真贯彻执行。可见，这仍然可归结为正当性质疑所带来的消极影响。

五、司法责任制的属性定位、待证对象及路径选择

依据上述理解，意欲谋求司法责任制的进一步发展完善，我们无法回避其正当性质疑。否则，基于正当性的担忧，前述司法责任制的诸多不合理因素便会进一步扩大，其规则的统一性问题及各地司法问责实践的混乱现象必然加剧，最终将会导致司法责任制与其制度初衷日渐背离，并异化为法院行政化的帮凶走向司法独立/法官独立的反面。然而，通过制度细节予以一一堵疏回应，肯定无法穷尽所有问题，亦无法完全解决既有问题。问题的真正根源在于我们对司法责任制的根本制度属性存在理解上的偏差或遗漏。那种仅将司法责任制定性为“规则统治”的片面认识，给其正当性基础带来的只能是片面判断，为制度实践带来的也只能是片面理解。因此，对正当性问题的根本回应，必须追溯到司法责任制之制度属性定位上。遗憾的是，当前有关司法责任制的研究文献与报道评论中，鲜有论及其制度属性者。因此，为推进在此方面的认识，有必要探讨司法责任制的制度属性定位。

(一)“规则主义”路径难以弥合正当性裂隙

现实中，作为司法责任制这一司法控权与问责机制载体的，多是诸如《人民法院审判人员违法审判责任追究办法(试行)》、《人民法院审判纪律处分办法(试行)》、《法官职业道德基本准则》、《人民法院工作人员处分条例》、《河南省高级人民法院错案责任终身追究办法(试行)》、《广西壮族自治区高级人民法院错案问责办法(试行)》等法院内部的司法规范性文件，抑或诸如《江西省司法机关错案责任追究条例》、《海南省各级人民法院、人民检察院、公安机关错案责任追究条例》②、《陕西省各级人民法院、人

① 参见汤瑜：《法学专家：追责比追偿更重要》，载《民主与法制时报》，2014-06-05，第10版。

② 1997年9月26日海南省第一届人民代表大会常务委员会第31次会议通过，1997年10月22日海南省人民代表大会常务委员会公告第46号公布自公布之日起施行；2007年11月29日海南省第三届人民代表大会常务委员会第三十四次会议通过《海南省人民代表大会常务委员会关于废止〈海南省各级人民法院、人民检察院、公安机关错案责任追究条例〉的决定》予以废止。参见新华网海南频道：http：//www.hq. xinhuanet. com/hngov/2007-11/30/content_11805997. htm，最近访问：2015年11月4日。

民检察院、公安机关错案责任追究条例》、《内蒙古自治区各级人民法院、人民检察院、公安机关错案责任追究条例》等司法人大常委会制定的地方性法规，因此，有必要先简述与司法责任制息息相关的司法规范性文件制定制度之基本属性及司法规范性文件的属性。法院系统内部出台的司法规范性文件与地方人大常委会制定的错案责任条例无疑均具有“规则主义”特征，尤其后者更直接表现为一种立法。因此，学界对司法责任制之属性的最初解读，便自然而然地偏向“规则主义”路径。

依此路径，相关司法责任制之规范性文件的制定，本质上就是一种司法立法权或地方立法权的行使，是司法机关或地方立法机关对法律的立法意图、立法目标及相应规定予以进一步解释和明确，司法责任制规则的制定本质上是“次级立法”。① 根据该次级立法之主体的不同，有地方人大常委会制定的地方性法规，有法院内部制定的司法规范性文件。前者的规则主义特质无可争议，系属地方立法，其效力及于该地区所有国家机关及公民群体，它在本质上体现的是地方人大及其常委会对法院司法权的监督和对司法裁量权的控制，可归于“他制”的范畴；后者虽具有规则主义的成文化特质，但并不是严格意义上的法律法规，其效力仅及于司法系统内部，目前仍适用的司法责任制规则大多属于后者。这实际表明司法责任制未来发展的两种可能模式：(1)经地方立法甚至中央立法的形式予以明确设置的“规范化立法控制”模式，此前采此模式的有江西、海南、陕西、内蒙古等省区，后因《监督法》的出台造成制度的叠床架屋与矛盾冲突而被废弃，此种模式在规范主义层面上面临较大的合法性质疑。② (2)经地方法院或最高法院以司法规范性文件之形式予设置的“规则化司法自制”模式，目前最高法院和地方法院均采此模式，此一模式的主导权控制在法院，便于法院根据司法改革实际作出适应调整，该模式在合法性层面面临的质疑相对较弱。

(二)司法自制理论的运用

由此可见，前述基于“规则主义”立场对司法责任制之属性的“次级立法”定位并不周全，它没有指出司法责任制异于传统的立法控权与立法问责的理论，而仅仅是将其视为“规则统治”的一种外部控权手段。囿于这一认识，司法责任制的正当性便只能在规则主义论域中经受考察，而在规则主义的论域下，司法责任制必然面临合法性的严格拷问，其正当性基础便遭受“有待商榷”的不良待遇。然而，基于司法问责实践的观察，司法责任制是地方法院自下而上自我探索的产物，其经由“市级法院创先实践→省级法院认可推广→各地法院跟进推行(试点)→最高法院肯定并在全国择地试点推广→……”

① 所谓“次级立法”是指：一级立法机关授权特定机关(二级立法机关)就特定范围内的事项作出细化规定，该规定系数立法范畴。可参见周佑勇：《裁量基准的制度定位——以行政自制为视角》，载《法学家》，2011年第4期。

② 一则其作为下位法的错案问责条例与上位法(如《监督法》、《法官法》等)之相关规定存在矛盾冲突且难以通过解释的方式予以缓解；二则其作为地方性法规与最高法院的司法规范性文件之矛盾冲突亦难以化解，而地方法院在具体问责实践中当适用地方性法规还是最高法院的规定，实为一法理与实践难题。

的发展完善路径。毫无疑问，该制度是地方法院在司法纠错与问责实践中，不断总结经验与创新探索，并经由最高法院逐步完善推广的结果，目前其尚未发展到全国普及并获得立法明确确认保障的最终阶段(甚至是否有此阶段尚有待进一步观察)。这意味着，一直以来为多地效仿和各方关注的司法责任制之原初，可能只是出自地方法院某个极具“能动性”、“积极性”、“创造性”的法院领导或法官之手，而绝非来自最高法院的系统性司法改革布局，更不是出自作为中央立法机关的全国人民代表大会及其常务委员会的立法设置结果。相应的，地方法院的初衷也只是为预防和纠正冤假错案、强化司法人员的责任意识、控制司法的任意裁量和司法专断等，提供一种具体化的内部约束标准和操作规则，而并不构成地方立法规则或国家法律规范。因此，司法责任制追求的是一种“司法自制”风格的责任追究与裁量控制体系，是司法系统内部的一种自我监督体系，或说一种“内部监督惩戒机制”①，是法官的“自律机制”②。显然，依据前述理解，我们便需要修正对司法责任制制度属性的最初判断。

从法院的司法解释体制与司法规范性文件制定制度之制度属性，及作为司法责任制之规则依据的《办法》、《意见》、《条例》、《河南办法》、《广西办法》等的属性来看，司法责任制(规则)在性质上应当被定位为一种司法自制规范，或者说是一种自制型的司法行为指引规范。具体而言，即具有司法规范性文件制定权的司法机关，对其法定授权(或允许)范围内的司法裁量权与内部管理权，予以情节上的类型细化和效果的具体格化，并且事先以规则的形式(表现为司法规范性文件)设定的一种具体化的判断选择与责任追究标准，其目的在于对司法权的正当行使形成一种“法定”的自我约束。相对于纯粹的“规则主义”立场而言，作为“司法自制规范”的司法责任制，更加关注的是其特有的自我控权与自我问责品格，尽管因存在与上位法的有效协调衔接问题，尽管其规则化倾向日渐明显(甚至出现了法律化的现象)，但其作为“司法自制规范”的品格仍然强于其“立法他制规范”的特性。这一控权与问责逻辑的载体形式诞生于法院“摸着石头过河”的司法探索实践，而非改革决策者或立法者的宏观理性设计。

当然，面对司法实践中普遍采取规范性文件或规则设定方式的现实，司法责任制之概念内涵自不可忽略其中的“规范”意义，那种与纯粹的“规则主义”相反、排除司法责任制作为规则而具有拘束力的观点是欠妥的，同样不利于司法责任制的实践落实与发展完善。“立法他制规范”与“司法自制规范”之间的重要区别之一，即是前者更多体现在其制定主体的权威性与表现形式的规范性上，而后者更多关注对司法权的适度监督和司法问责的有效落实。“立法规范”的具体要求是司法责任制的设定必须根据宪法或基本法律的明确授权意旨，包括宪法、法律、法规等的立法目的、法律原则、条文规范，目的在于确保司法责任制的设置只是在宪法、法律授予法院司法权与相应的组织职权后，

① 参见刘晓明：《论人民法院错啊责任追究制度》，载《西南民族大学学报》(任务书科学版)，2004 年第 5 期；樊崇义、刘文化：《客观与理性：刑事错案责任追究制度的理念构建》，载《安徽大学学报》(哲学社会科学版)，2015 年第 4 期。

② 廖永安：《关于错案责任追究制度的反思》，载《江苏社会科学》，1999 年第 3 期。

对其进行合法性控制的一种制度延伸。但是，对司法责任制之制度属性定位具有决定性影响的，依旧是其中的“司法自制”成分而非“立法规范”成分，因为司法责任制的发生机制、控权逻辑、问责模式等与传统的或者纯粹的“规则化”立法控权/立法设计/立法问责存在本质性差异。

（三）待证对象与出路

以上论证说明，作为“司法自制规范”的司法责任制能够同时获得形式上“规则统治”、功能上“司法自制”、实践上“程序问责”三种层面的含义，因此对于司法责任制正当性基础的确证对象及其可能路径，我们需要在规范主义、功能主义、实践主义三个层面上分为三个待证主题来加以考察：(1)在规范主义层面，形式上体现为司法规范性文件(甚至地方性法规)的司法责任制其合法与否，其(不)合法性何在？(2)在功能主义层面上，功能上表现为司法自制机制的司法责任制其能发挥控权与问责的实效性与否，有效或无效之表现与缘由何在？(3)在实践主义层面，依赖于特定程序机制的司法责任制其具可操作性与否，其科学问责程序当如何设定？此三大方面的主题实值得在理论上做进一步的论证分析，因为这很大程度上决定司法责任制的兴衰存废、左右司法责任制的发展完善。

（作者简介：庞远福，武汉大学法学院2014级宪法与行政法学博士研究生）

◎点　评

第一，我们是否需要追究法官行为失范的责任，即是否需要构建司法追责制度？法官是人，法官的职责和法官的身份是由法律规定的，但凡被给予了公权力的人都应为自己的违法行为承担相应责任，这是司法追责的基本逻辑。扩大而言，任何的行为违反了法律都应承担相应的后果。但是司法责任制一定要与法官的豁免联系起来，法官有些行为和内容需要法律给予特别保护，进行责任豁免。

第二，司法责任是什么性质的责任？这要根据有关的法理和规定进行分析。如果说司法责任可以与刑法责任、行政责任等概念相对应的话，那么是否需要在刑法外再加设一个新“枉法裁判罪”，这显然不合法理。所谓责任制，就是要借由制度来追究法官在司法过程中涉嫌违法的行为。至于责任的形式和性质，还是应落于我国现有的法律体系中。

第三，法官责任追究或惩戒的依据是什么？我们强调责任法定、惩戒法定，在进行惩戒追究的时候一定要有法律上的依据。依据法律以外的任何规则对法官进行奖励、处罚都违背了这一基本法律原则。简单套用行政自我规制理论形成的法院自我规制不仅忽略了两者性质上的区别，且缺乏法律依据，违背了法治的基本原则。法院内部的奖励、升职等行为不能等同于行政内部行为，司法内部问题涉及法官职业的特殊性，应准许提起行政诉讼。

第四，法官责任制的依据是什么？这是一个根本性的问题。主讲人对规范分析不够，例如，1998年出台的《人民法院审判人员违法审判责任追究办法(试行)》和现今出台的《意见》是否与法律相抵触，是否违宪需要进一步地分析。如果这些规定是对上位法实施细则性方面的规定，那么依据该规定进行惩处就具有法律依据。如果没有上位法规定，那么法官有权拒绝并提起诉讼。

（点评人：武汉大学法学院　江国华教授）